Franz Heinrich Költzsch

Melanchthons philosophische Ethik

Franz Heinrich Költzsch

Melanchthons philosophische Ethik

ISBN/EAN: 9783743365810

Hergestellt in Europa, USA, Kanada, Australien, Japan

Cover: Foto ©Thomas Meinert / pixelio.de

Manufactured and distributed by brebook publishing software
(www.brebook.com)

Franz Heinrich Költzsch

Melanchthons philosophische Ethik

Melanchthons philosophische Ethik.

Inaugural-Dissertation

zur

Erlangung der Doktorwürde

vorgelegt

der philosophischen Fakultät der Universität Leipzig

von

Franz Költzsch,

Domdiakonus in Freiberg.

Freiberg

Gerlach'sche Buchdruckerei

1889.

Inhalts-Verzeichnis.

~∽~

Einleitung.

1. Die Aufgabe.

Wie um die übrigen Wissenschaften hat die Reformation sich auch hohe Verdienste erworben um die Ethik. Da diese im Mittelalter verirrt und verfinstert war, hat sie zu ihrer Erneuerung geführt. Es ist Pflicht der Pietät, auf die zurückzugehen, die den ersten Anstoß zu solcher Erneuerung gaben. Es ist auch eine Notwendigkeit, will man die nachfolgende große Arbeit der evangelischen Kirche und der protestantischen Geisteswelt gerade auf dem Gebiete der Ethik geschichtlich begreifen. Und die Arbeit belohnt sich reich und ganz von selbst: gerade aus der Quelle, auf die wir hier zurückgeführt werden, fließt uns immer von neuem Erquickung und Erfrischung. Es handelt sich um die beiden großen Reformatoren Luther und Melanchthon. Vor allem des Letzteren Verdienste um die Ethik haben noch nicht die gebührende Beachtung gefunden. Man erkennt es an, daß er „derjenige geworden ist, welcher das Studium der Ethik zuerst anregen sollte,“ [1] ja, „daß er der eigentliche Ethiker des Reformationszeitalters geworden ist.“ [2] Aber daß ihm in der Geschichte der Ethik eine selbständige Bedeutung zufallen könnte, daran hat man noch nicht gedacht. Eine Ehrenschuld an Melanchthon wird abgetragen, wenn im Folgenden seine Ethik und zwar seine philosophische behandelt wird.

2. Die Quellen der philosophischen Ethik bei Melanchthon.

Zu einer Behandlung gerade der philosophischen Ethik Melanchthons fordert schon der Umstand auf, daß ihr Melanchthon selbst ein ganz vorzügliches Interesse zugewandt und eine Reihe besonderer Schriften gewidmet hat. Seine eigentlich moralphilosophischen Schriften finden sich hauptsächlich im 16. Band des Corpus Reformatorum

---

[1] Gaß, Geschichte der christlichen Ethik, 2. Bd., 1. Abt. 1886 p. 57 f.
[2] Luthardt, Melanchthons Arbeiten im Gebiete der Moral, Universitätsprogramm, Leipzig 1884 p. 7.

(herausgegeben von Bindseil), die Schriften über die anderen philosophischen Disziplinen, die aber für jene die Voraussetzung bilden und
für uns unentbehrlich sind, im 13. Band des Corp. Ref. (herausgegeben
von Bretschneider).

Die Einleitungsfragen zu Melanchthons ethischen Schriften sind
ausführlich behandelt in den Prolegomena zu Corp. Ref. XVI, p. 1—20.
Hier werden uns die einzelnen Schriften in ihrer historischen Auf-
einanderfolge vorgeführt. Ebenso, im Anschluß an die Prolegomena,
verfährt Luthardt, Melanchthons Arbeiten im Gebiete der Moral, für
die philosophische Ethik II. Teil p. 45—62, cf. p. 7. Wenn wir das
Ganze der Ethik Melanchthons darstellen wollen, so sind wir an jene
historische Reihenfolge nicht oder wenigstens nur beschränkt gebunden.
Für die Voranstellung der einen oder anderen Schrift ist uns entscheidend der Inhalt.

Schon der Titel zweier Schriften sagt es uns, daß wir sie in
den Mittelpunkt unserer Untersuchung zu stellen haben: die philosophiae moralis epitome C. R. XVI, 21—164 und die ethicae
doctrinae elementa C. R. XVI, 165—276.

Im Anschluß an seine philosophischen und besonders aristotelischen
Studien gab Melanchthon 1538 als eine Zusammenfassung der 3 ersten
Bücher und des 5. Buches der Nikomachischen Ethik des Aristoteles
(Melanchthon selbst nennt es in der Widmung an Pontanus C. R. III,
359 ff. einen commentarius) in zwei Büchern eine philosophiae
moralis epitome heraus (C. R. XVI, 9 f.). Schon im nächsten Jahre,
1539, folgte eine zweite Auflage und 1540 eine dritte, letztere im Titel
mit der ausdrücklichen Bemerkung philos. mor. epitomae libri duo
emendati et aucti. Diese dritte Auflage ist sachlich erweitert: zu
der Tugend der Wahrhaftigkeit, von der die 1. und 2. Auflage allein
handeln, kommt hier eine Besprechung der Wohlthätigkeit, Dankbarkeit
und Freundschaft (cf. Luthardt, a. a. O. 49). Auch in schon be-
handelten Stoffen zeigt der Text jetzt bedeutende Abweichungen
(C. R. XVI, 11, 12 f.) Man ersieht daraus, wie Melanchthon in
diesen Stoffen weiter arbeitete. Eine 4. Auflage, ein Abdruck der 3.,
erschien 1542. Eine neue (5.) Auflage kam 1546 heraus, wieder mit
der Bemerkung libri duo aucti et emendati (C. R. XVI, 14 f.) Doch
sind die Abweichungen gegen die vorige Auflage nur unbedeutend.

Eine in manchen Stellen vollständige Umarbeitung erfuhr die
Schrift in der 6. Auflage vom Jahre 1550 mit dem Titel ethicae
doctrinae elementa. In den prinzipiellen Fragen des 1. Buches und
in denen des 2. Buches stimmt diese Schrift so ziemlich mit den Ausgaben der epitome. Die Hauptabweichungen finden sich im 2. Buch
in den kasuistischen Fragen. Hier hat Melanchthon viel ausgewiesen,
nicht zum Nachteil der Sache: die weggelassenen Erörterungen gehören
mehr der theologischen Ethik an. Wir haben, das lehrt uns schon

der erste Blick, die philosophische Ethik Melanchthons, wenn er eine
solche geben wollte, in reinerer Gestalt als dort. Von dieser Bear=
beitung haben wir noch drei Ausgaben vom Jahre 1553 und 1554
(C. R. XVI, 13 f.), vom Jahre 1557 (XVI, 165) und die letzte von
Melanchthon selbst besorgte Ausgabe von seinem Todesjahr 1560
(XVI, 15 f.).

Dieser kurze geschichtliche Überblick lehrt uns ein Doppeltes.
1) Daraus, daß Melanchthon diesen Abriß der Ethik so oft ver=
öffentlicht hat (9 mal) und daß er den Kern desselben stets unver=
ändert beließ, erhellt, daß er auf diese Schrift selbst größeren Wert
legte. Wir dürfen von vornherein annehmen, daß ihr Inhalt der
eigentliche Ausdruck der ethischen Anschauungen Melanchthons und selbst
in seiner äußeren Anordnung, die sich immer auch im wesentlichen
gleich bleibt, nicht zufällig ist. — 2) Da die einzelnen Ausgaben auf
einander in ziemlicher Regelmäßigkeit in ziemlich kurzen Abständen folgen
und da Titel und Inhalt uns zeigen, daß Melanchthon immer an ihrem
Inhalt gearbeitet, so wird klar, daß Melanchthon selbst in den letzten
Ausgaben seiner Moralphilosophie seine Ethik gab und geben wollte,
wie sie in der Arbeit von Jahrzehnten in ihm zur Reife und Ab=
rundung gekommen war.

So führen uns schon diese äußeren Gründe notwendig auf seine
ethicae doctrinae elementa als die eigentliche Quelle seiner
philosophischen Ethik. Eine Darstellung dieser Ethik hat diese
Schrift, wenngleich sie natürlich vor allem mit der epitome stets ver=
glichen werden muß, in den Mittelpunkt zu stellen. Ob zu diesen
äußeren Gründen dafür noch innere kommen, d. h. ob wir aus dem
Inhalt der elementa eine bestimmte Planmäßigkeit feststellen und
damit beweisen können, Melanchthon wollte mit ihnen gewissermaßen
ein System der Ethik geben, muß vorläufig dahingestellt bleiben. Ver=
muten läßt es sich.

Jedenfalls liegt auf der Hand, welche Vorteile wir für die Dar=
stellung der Ethik Melanchthons daraus gewinnen, daß wir die Elementa
so vor allen seinen übrigen ethischen Schriften betonen dürfen. Wenn
er im Laufe der Jahre langsam ausreisen mußte und später oft frühere
Ansichten verwarf, so haben wir hier seine Anschauung in wenigstens
relativer Geschlossenheit. Und wenn seine ethischen Ausführungen ver=
streut sind durch seine Werke und niedergelegt in einer großen Anzahl
größerer und kleinerer Abhandlungen und Schriften, so gewinnen wir
hier für all diesen Stoff einen festen Kern. Alles andere, so weit
es heranzuziehen ist, gruppiert sich um ihn und dient nur zur Ergänzung
und Bestätigung. In der That findet sich nirgends bei Melanch=
thon moralphilosophischer Stoff, der sich nicht in den
Elementa unterbringen ließe. Entweder haben wir es mit
reinen Wiederholungen zu thun. Das ist vielfach der Fall. Der Text

1 *

der Elementa ließe sich aus den übrigen Schriften mindestens einmal noch zusammenstellen. Melanchthon war zu sehr praeceptor, der eigentlich nur für konkrete Bedürfnisse und für immer verschiedene Zwecke schrieb. Oder der Stoff in den weiteren Quellen ist die Aus= führung, die spezielle Anwendung dessen, was in den Elementa prin= zipiell erörtert ist. Beides giebt uns das Recht, ja macht es uns vielleicht zur Pflicht, nicht allen Stoff aus den weiteren Quellen für unsere Arbeit noch ausdrücklich anzuführen und zu verwenden. Wo es notwendig ist, wird es geschehen. Uns muß hauptsächlich daran liegen, das Gerüste des Aufbaues, das Melanchthon in den Elementa giebt, recht deutlich aufzuzeigen.

Als weitere Quellen der philosophischen Ethik Melanch= thons haben seine übrigen Schriften mit ausgesprochen moralphilo= sophischem Inhalt zu gelten (Luthardt, a. a. O., II. Teil, p. 47 ff.). Zunächst die Kommentare zu antiken Werken: Prolegomena in officia Ciceronis C. R. XVI, 533 ff. (529 ff.) — 614 mit aus= führlicher Vorrede, mit besonderem Eingehen auf die disciplina und mit einer collatio actionum Atticarum et Romanarum ad Decalogum 593—614 — ein argumentum in officia Ciceronis XVI, 627—632 — enarrationes aliquot librorum ethicorum Aristotelis, C. R. XVI, 277—416, und zwar des 1. Buches der Nikomachischen Ethik 277—310, des 2. 309—330, des 3. 329—359, des 4. 359—362, des 5. 363—416. Wuttke (Handbuch der christ= lichen Sittenlehre p. 149) nennt sie „wertvolle Erklärungen." Am wertvollsten sind sie jedenfalls durch das Streben Melanchthons, dem großen Ethiker des Altertums immer selbständig gegenüberzustehen. Durch die steten Vergleiche des Aristoteles mit Plato können sie gleichzeitig als Kommentare über letzteren gelten (cf. z. B. p. 290 f.). Mit ihnen stehen in Verbindung commentarii in aliquot politicos libros Aristotelis C. R. XVI, 417 ff., des 1. Buches p. 421—430, des 2. 430—434, des 3. 433—452.

Weiter sind in Betracht zu ziehen verschiedene einzelne Abhand= lungen über ethische Fragen: quaestiones aliquot ethicae XVI, 453 ff. und zwar de iuramentis 453—470, de discrimine potestatis politicae et ministerii evangelii 469—482, de excom= municatione 481—488, ein Aufsatz 489—494 de iure sociorum, de contractibus 495—508, de arbore consanguinitatis et affinitatis s. de gradibus 511—524. Daran schließen sich noch besonders de= clamationes aus dem 11. und 12. Bande des Corpus Reform. über ethische Fragen, Philosophie und die Philo= sophen, von denen Melanchthon vornehmlich abhängig ist. Nur einige der Vorträge seien hier angegeben: de artibus liberalibus (1517) XI, 5—14, de corrigendis adolescentiae studiis (1518) XI, 15—25, de legibus (1525) XI, 66—86, praefatio in officia Ciceronis (1525) XI, 86—90 (ganz wie C. R. XVI, 627), de vestitu oratio contra

affectationem novitatis in vestitu (1527) XI, 139—149, de capta
Roma (1527) XI, 130—139, de dialectica (1528) XI, 159—163,
de ebrietate (1529) XI, 168—181, 2 Reden (1532) de scripto
iure XI, 215—218, 218—223, de gratitudine (1534) XI, 251—257,
praefatio in officia Ciceronis (1534) 257—261, de dignitate astro-
logiae (1535) 261—266, de amore veritatis (1535) 266—271, de
philosophia (1536) 278—284, de Aristotele (1537) 342—349,
de dignitate legum (1538) 357—364, de Platone (1538) 413—425,
de officio principum quod mandatum Dei praecipiat eis tollere
abusus ecclesiae (1539) 431—438, de vita Galeni (1540) 495—503,
de odio sophistices (1541) 544—550, de aequitate et iure stricto
(1542) 550—555, de physica (1542) 555—560, de dignitate legum
(1543) 630—636, de iure possidendi (1543) 636—641, de Aristotele (1544) 647—658, de stricto iure et aequitate (1544)
669—675, de legibus (1550) 908—916, de veris legum fontibus
et causis (1550?) 916—924, de doctrina physica (1550) 924—931,
de definitione institiae (1551) 992—999, de ordine politico (1552?),
1011—1015, de legum institia et disciplinae praestantia ac necessitate (1552) 1016—1020 — aus dem 12. Bande des Corp.
Ref.: de reverentia legum (1553) 12—19, de dignitate doctrinae
legum et iurisconsultorum (1553) 19—27, de lege Placuit (1554)
95—101, de coniugio (1555) 127—138, 2 Reden über den Unter=
schied der weltlichen und kirchlichen Gewalt (1556) 138—146, 146—152,
de studiis veteris philosophiae (1557) 240—264, an virtutes sint
habitus (1559?) 324—330. — Man sieht aus dieser Übersicht, wie
reiches ethisches Material auch in diesen declamationes niedergelegt
ist und wie diese der Zeit nach das ganze öffentliche Leben Melanch=
thons umspannen. Aber man darf auch das andere nicht übersehen,
daß viele Themata denjelben oder verwandten Stoff behandeln. Es
sind bestimmte Gedankengänge, auf die er immer und immer wieder
zukommt. — Gute Ausbeute bieten weiter Melanchthons Briefe
in den ersten 9 Bänden des Corp. Reform. Und ebenjo sind
noch die anderen philosophischen Schriften in ihrer Bedeutung
für die Ethik zu prüfen: die erotemata dialectices XIII, 513 ff.,
initia doctrinae physicae XIII, 179 ff. und de anima
XIII, 5 ff.

Aus der Thatjache, daß bei Melanchthon das Gebiet der Dogmatik nicht allzu scharf begrenzt ist, daß von ihr z. B. die „theologische
Ethik" noch gar nicht geschieden ist, ergiebt sich für uns die Notwendigkeit, endlich noch die dogmatischen Schriften Melanch=
thons zu berücksichtigen (angeführt von Luthardt, a. a. O., I. Teil,
p. 8 ff.) Moralphilosophischer Stoff findet sich namentlich in den
Loci. Doch ist dieser von uns auch nur wieder jo zu verwenden,
daß er als Ergänzung und Bestätigung der ethicae doctrinae elementa gilt.

3. Literatur.

Es fragt sich, ob und inwieweit unsere Aufgabe schon bearbeitet
worden ist.

Wir besitzen zunächst:

I. Kommentare über die ethischen Schriften Melanchthons.

Und zwar aus dem Reformationszeitalter selbst! Dienten doch
damals Melanchthons Abhandlungen über die philosophischen Disziplinen fast allgemein als Lehrbücher auf Akademien und Gymnasien.
Es ist namentlich Viktorin Strigel, der Melanchthon kommentiert hat.

Zu erwähnen ist hier zuerst sein Kommentar über Melanchthons
Ethik: In Epitomen Philosophiae moralis Philippi Melanchthonis ἐπιτομήματα Victorini Strigelii. Excepta de ore
ipsius in praelectionibus publicis: quibus in Academia Lipsensi
ante annos quindecim, ratione docendi ad captum inventutis scholasticae accommodata, illustravit initia doctrinae ethicae. Nunc
primum contexta et in lucem edita opera et studio Christophori
Pezelii sacrae theologiae doctoris. Neapoli Nemetum MDLXXXII.

Bei genauerer Betrachtung stellt sich dies Buch doch als ein
Kommentar zu den Elementa heraus. Es ist ziemlich umfänglich:
einschließlich einer appendix de arbore consanguinitatis et affinitatis p. 898 ff. enthält es 925 Seiten. Über seine Methode, zu kommentieren, spricht sich Strigel p. 138 aus: Haec videtur mihi optima
ratio docendi esse, quando primum idea aliqua et summa totius
rei proponitur, postea textus quorumcunque authorum facile
potest accommodari sine multis glossis. Strigels „Glossen" in
vorliegendem Kommentar sind allerdings völlig wertlos. Sie lassen
den Standpunkt der Studenten, für den sie bestimmt waren, als einen
sehr niedrigen, vielleicht als den von Gymnasiasten unserer Tage, erkennen. Auch die übrigen Erläuterungen sind oft nichts weiter als
breite Wiederholungen der Sätze Melanchthons. Originelles bieten sie
so gut wie nicht. Sie verraten kein tieferes Verständnis der Gedanken
Melanchthons und des Zusammenhangs in seinem Buch. Bei diesem
Urteil bleiben wir trotz G. Th. Strobel (Neue Beyträge zur Literatur
besonders des 16. Jahrhunderts, 1793, IV, 1. Melanchthons Verdienste
um den Aristoteles 151 ff.), der p. 172 Strigel für „einen der besten
Schüler Melanchthons" und seine Vorlesungen über dessen Ethik für
„vortrefflich" erklärt. Dennoch soll, da das Buch oft citiert wird, aber
wenig gekannt zu sein scheint, es für diese Arbeit verwendet und verglichen werden, so viel als möglich ist. Strigels Standpunkt in diesem
Buch ist der aus seinen übrigen Schriften und seinem Leben bekannte.
Die Frage seines Lebens ist die Frage über das liberum arbitrium.

Strigel wollte nichts anderes lehren als Melanchthon. Ohne Schwanken vertrat er nach der Abfassung des Weimarer Konfutationsbuches 1558 und nach der Weimarer Disputation 1560 den Synergismus und besonders offen und deutlich zur Zeit seines Wirkens in Leipzig, aus der unser Kommentar stammt.

In Beziehung zu unserer Aufgabe stehen noch folgende Kommentare Strigels:

Loci Theologici viri clarissimi D. Vict. Strigelii. Quibus Loci communes reverendi viri D. Philippi Melanchthonis illustrantur et velut corpus doctrinae Christianae integrum proponitur. In usum docentium ac discentium doctrinam, quae est Ecclesiae Christi propria. Contexti et nunc primum in lucem editi. Labore et studio Christophori Pezelii Sacrae Theologiae Doctoris. Neapoli Nemetum MDLXXXII, 486 Seiten groß Octav. Für uns käme aus diesem Kommentar vor allem in Betracht Locus de libero arbitrio sen de viribus humanis 324—424, auch Locus de peccato p. 426—486. Behandelt sind diese Fragen jedoch schon im Kommentar über die Ethik.

In Erotemata Dialecticae Philippi Melanchthonis ἐπομνήματα Victorini Strigelii, excepta de ore ipsius, ex praelectionibus publicis in Academia Lipsensi, quibus et praecepta et usus huius artis sic illustrantur, ut tam docentes quam discentes commode iis uti possint. Neapoli in Palatinatu MDLXXIX (1196 S.). Die Vorlesungen wurden gehalten vom 19. November 1563 bis 12. Februar 1566. Für uns haben sie Bedeutung für die Punkte, in denen die Dialektik bei Melanchthon mit der Ethik zusammenhängt.

Ebenso steht Strigel unter Melanchthons Einfluß in seiner Disputatio de iustitia ex libro qainto ethicorum Aristotelis ad Nicomachum proposita a Victorino Strigelio in Academia Lipsica VIII. Calend. Maii Anno Christi MDLXIII. In 26 Sätzen auf 10 Seiten giebt Strigel hier, oft wörtlich, Melanchthons Ansichten wieder. Neues bringt er gar nicht.

Wie Strigels Arbeiten zumeist herausgegeben wurden von Pezel, so tritt dieser auch als selbständiger Kommentator Melanchthons auf, und zwar seiner Ethik: Epitome Philosophiae Moralis sive Ethice Philippi Melanchthonis: duobus libris sen partibus distincta: enm explicationibus ad discentium usum accommodatis et in Gymnasio Bremensi traditis a Christophoro Pezelio Sacrae Theologiae Doctore, Servestae MDXIC (das 1. Buch hat 418 Seiten, das 2. 374). Das Buch wird öfters citiert. Nirgends fanden wir darüber eine Kritik. Thatsächlich hat es, wenigstens für uns, keinen Wert. Sein Sohn Tobias, professor moralium am gymnasium illustre, an dem seit 1584 auch der Vater thätig gewesen war, gab es heraus. Das Urteil, das er in dem Widmungsbrief zum 1. Buch an den Herzog von Holstein Georg Adolf und auch in dem Widmungsbrief zum 2. Buch an das collegium capituli dioeceseos metropolitanae Bremensis über Melanchthons Ethik fällt, ist ziemlich seicht und äußerlich und ist doch gewissermaßen mit für den Vater gesprochen. Über den Wert des Kommentars ist schon genug gesagt, wenn der Sohn in der Widmung zum 1. Buch den Vater verteidigen muß: non dubitavi hanc ἀνάλεσιν Epitomes philosophiae moralis, traditam ab eodem carissimo patre meo, in usum iuventutis scholasticae permissu illius in publicum emittere eamque adiungere ipsi textui Philippico, cuius nativam sententiam recte ac perspicue explicari et ad captum discentium propositis certis quaestionibus dextre accommodari haud dubie intelligent, qui candore adhibito aspicere has pagellas et cum Melanchthonianis conferre volent. Quod si qui nimis puerile hoc esse putabunt, quod ad singulas Melanchthonianarum pagellarum partes velut commentarioli quidam adduntur, breves quidem illi, sed repetentes tamen atque inculcantes Melanchthoniana eadem, mutatis verbis, ut fit in paraphrasi, quam multi existimant non valde necessariam esse in scriptis eiusmodi, quae a mediocribus ingeniis vel sine interprete legi atque intelligi posse videntur — hi sibi responsum hoc habeant: non doctis hunc laborem, qui adminiculis eiusmodi non egent, sed mihi meique similibus, h. e. primum discere atque considerare ista incipientibus hanc operam datam esse. Was der Kommentar geben will, ist hier deutlich gesagt. Die Erläuterungen mögen gewiß dem Verständnis der Schüler Pezels entsprochen haben, aber sie sind durchweg elementar, ja trivial. Uns fördern sie im Verständnis der Ethik Melanchthons gar nicht. Daß Pezel entschiedener Melanchthonianer und Freund und Schüler Strigels ist, verrät er wie in allen seinen Schriften so auch in dieser. Übrigens behandelt auch dieser Kommentar wie der Strigels nicht die Epitome Melanchthons, sondern die Elementa. Und das ist bemerkenswert, daß Strigel wie Pezel unwillkürlich den Elementa den Vorzug vor der Epitome geben.

Erwähnt mögen an dieser Stelle noch 2 Kommentare über Melanchthons Psychologie werden, da diese bei Melanchthon mit als Quelle für die Ethik erscheint. De partibus corporis humani et de anima eiusque potentiis libri duo, ex schola VII — virali ad Albim, Matthaeus Dresserus, Witebergae 1580, 107 Seiten — und De Anima commentarii clarissimi atque doctissimi viri, D. Philippi Melanchthonis explicatio. Tradita a Johanne Stigelio. Witebergae MDLXXXI (221 Seiten). Der Kommentar von Dresser, der ihn für die Schule, für das Gymnasium schrieb, ist ohne Bedeutung. Dresser selbst spricht sich in der Vorrede sehr bescheiden darüber aus: quae Dominus Praeceptor fusius aliquanto declaravit, ego contraxi et in angustum adduxi, ut comprehendi facilius a rudioribus possent. Beachtenswert ist der Kommentar Stigels, der nach seinem Tode auf Veranlassung des Buch

druckers Welack in Wittenberg herausgegeben wurde — beachtenswert
schon darum, weil dieser Kommentar ein seltenes Buch (H. R. E.
2. Aufl. XIV, 728) und das einzige prosaische Werk ist, das wir von
Stigel, dem Dichter der Reformationszeit, haben, beachtenswert aber
auch wegen des Inhalts. Stigel war ein treuer Freund und Schüler
Melanchthons, der seine Treue auch in schwierigen Verhältnissen in den
flacianischen Streitigkeiten bewährte, so daß ihm Melanchthon noch
1557 (C. R. IX, 188) danken konnte, quod durissimis temporibus
meis benevolentiam erga me tuam non mutasti. Er vertrat den
Synergismus. Dennoch steht er den Lehren Melanchthons immerhin
selbständig gegenüber und erklärt stets, warum er sie angenommen.
Die Darstellung ist energisch und fesselnd.

Gleichsam abgeschlossen wird die Bewegung, die von Melanchthon
für erneutes Interesse an der Ethik und an Aristoteles ausgegangen
war, durch Richter, Crises Melanchthonianae oder indicia
florentis scholae Melanchthonis de lectione bonorum auctorum,
Viteb. 1592. P. 720—733 werden hier die Lobsprüche gelehrter und
berühmter Männer über Melanchthons Epitome angeführt. Die Ur=
teile sind überschwenglich. Albrecht Lemiger sagt: Etsi Socrates, Plato,
Aristoteles de morali philosophia multa copiose et erudite disse-
runt, tamen longe praefero scriptum Rev. Praeceptoris, qui —,
ut nemo sit in hoc genere, qui eum aequare, tantum abest, ut
superare posse videatur. Ähnlich sprechen der französische Rechts=
gelehrte Franciscus Duremus und der französische Kanzler Michaelis
Hospitalis über hic noster sanctissimus senex. Jedenfalls läßt uns
das Buch Richters erkennen, wie am Anfang des 17. Jahrhunderts
Melanchthon um seiner Ethik willen im höchsten Ansehen stand.

Fast scheint es wie natürlich, daß auf die Überspannung eine Ab=
spannung folgen mußte. Sie folgte. Es erschienen keine neuen Kom=
mentare. Die früheren, wie Melanchthon selbst, wurden vergessen. In
der neueren Zeit haben wir zu fragen nach:

II. selbständigen Bearbeitungen der Ethik Melanchthons.

Zu solchen hätten schon anregen können die Bemühungen G. Th.
Strobels um Melanchthon. Von ihm haben wir (1771, Altdorf)
Melanchthoniana oder Sammlung einiger Nachrichten zur Erläute=
rung der Geschichte Philipp Melanchthons. (1777, Altdorf) Kursächsische
Visitationsartikel vom Jahre 1527 und 1528 lateinisch und deutsch
(mit historischer Einleitung), (1778, Nürnberg) Miscellaneen literari=
schen Inhalts, 1. Sammlung, IV. Apologie der Schriften Melanch=
thons p. 109—130, endlich (1793) Neue Beyträge zur Literatur be=
sonders des 16. Jahrhunderts, IV, 1. Melanchthons Verdienste
um den Aristoteles p. 151—180. Strobels Verdienst besteht einzig
darin, fast zuerst wieder kräftig auf Melanchthon hingewiesen und das

literarhistorische Material zusammengestellt zu haben. In diesem Sinne wohl nur ist das Urteil Bindseils C. R. XVI, 19. 20 zu verstehen: in his Prolegomenis scribendis magnum cepimus fructum e u. s. w. Zum Verständnis Melanchthons hat Strobel nichts gethan.

Strobels Arbeiten blieben zunächst ohne Nachfolge. Erst die Mitte dieses Jahrhunderts brachte verschiedene Arbeiten über Melanch= thon als Ethiker und verwandten Stoff. Wir finden sie besonders in den Studien und Kritiken. L. Pelt (Stud. und Kr. 1848, 2. Heft, p. 271—319) schrieb über: Die christliche Ethik in der lutheri= schen Kirche vor Calixt und die Trennung der Moral von der Dogmatik durch denselben. Über Melanchthon handelt nur p. 273 f. und zwar über seine Abhängigkeit von Aristoteles. Für uns hat der Aufsatz so gut wie keinen Wert. Ähnlichen Stoff behandeln die Aufsätze von Alexander Schweizer (Stud. u. Kr. 1850, 1. Heft, p. 5—78): Die Entwicklung des Moralsystems in der refor= mirten Kirche, u. von J. C. E. Schwarz (Stud. u. Kr. 1850, 1. Heft, p. 79—142): Thomas Venatorius und die ersten Anfänge der protestantischen Ethik im Zusammenhang mit der Entwicke= lung der Rechtfertigungslehre — doch ohne Wert für unsere Auf gabe. Wichtig dagegen ist für uns ein weiterer Aufsatz von Schwarz (Stud. u. Kr. 1853, 1. Heft, p. 7—45): Melanchthon und seine Schüler als Ethiker (über Melanchthon speziell p. 7—34). Wir haben hier vor allem eine gute Inhaltsangabe der Hauptschriften Melanchthons über Ethik und Philosophie und darüber hinaus wenige, aber anregende Bemerkungen, die zu einem tieferen Verständnis Melanchthons hinleiten, wenn wir ihnen auch nicht völlig beistimmen können. Sie beschäftigen sich besonders mit der Frage nach dem Verhältnis von philosophischer und theologischer Ethik bei Melanchthon und kommen darauf hinaus, daß in den Elementa, die auch Schwarz; in den Vordergrund stellt, gegen die Epitome schon ein „Fortschritt zu einer eigenen theologischen Ethik vorliege“ (p. 29) und daß diese Ansätze ihre Weiterbildung ge= funden in den Loci seit Anfang der 40er Jahre (p. 33 f.). Und so schließt sich an diese Andeutungen seine spätere Abhandlung an (Stud. u. Kr. 1857, 2. Heft, p. 297 ff.): Melanchthons Loci in ihrer weiteren Entwicklung. Wir kommen auf ihn zurück.

Am ausführlichsten behandelt die Ethik Melanchthons Herrlinger, Theologie Melanchthons in ihrer geschichtlichen Entwicklung, Gotha 1879. Der 2. Teil ist überschrieben: Die Ethik Melanchthons p. 209—343. Anzuerkennen ist der Fleiß in der Stoffsammlung. Aber die Ausführungen gehen zu wenig in die Tiefe, und die ganze Arbeit ist dadurch verfehlt, daß Herrlinger nicht scheidet zwischen philo= sophischer und theologischer Ethik (nur nebenbei in einem kleinen Unter= teil p. 219—226), daß er selbst keinen Einblick hatte in den Zusammen= hang der ethischen Grundgedanken Melanchthons, und daß er durch eine ganz willkürliche Disposition diesen Einblick völlig verbaut. Wir werden auf seine Behandlung gründlich eingehen und auch den Stoff aus dem übrigen Buch, so weit er uns angeht, heranziehen.[1]

Eine gesonderte Behandlung hat Melanchthons Ethik noch erfahren durch Luthardt, Melanchthons Arbeiten im Gebiete der Moral, Universitätsprogramm Leipzig 1884. Er scheidet zwischen theologischer und philosophischer Moral, aber führt sie vor „weniger in systematischer Gestalt als in einem Bericht über den Inhalt der betreffenden Schriften" p. 7. Dazu sieht er sich genötigt, „die Darstellung der philosophischen Moral (nach der theologischen) auf kürzere Mitteilungen zu beschränken," p. 45. Den Hauptraum dieses 2. Teiles (p. 45—62) nimmt eine Inhaltsangabe der Epitome ein (p. 50—58). Trotz mancher schönen Bemerkung, vor allem über das Verhältnis der theologischen und philosophischen Ethik bei Melanchthon, ist die Frage der Ethik Melanchthons damit noch nicht abgeschlossen.

Ebensowenig wird sie erledigt:

III. in der entfernteren übrigen Literatur, die auf Melanch= thons Ethik sich bezieht.

1) Es handelt sich hier zunächst um die Literatur vom Gebiete der Ethik.

Am ältesten sind die Arbeiten C. F. Ständlins, Geschichte der christlichen Moral seit dem Wiederaufleben der Wissen= schaften 1808, und Geschichte der Moralphilosophie, Hannover 1822. Dort findet sich Stoff über Melanchthon p. 223—234, hier p. 584—586. Ständlin giebt die ethischen Anschauungen Melanchthons in ihren Hauptpunkten wieder, sonst nichts. Er leugnet die Möglich= keit, philosophische und theologische Ethik bei Melanchthon scheiden zu können.

Es folgen die Arbeiten von E. Feuerlein: Die Sittenlehre des Christentums in ihren geschichtlichen Hauptformen, Tü= bingen 1855, und Die philosophische Sittenlehre in ihren ge= schichtlichen Hauptformen 1857 und 1859. Das 2. Buch bietet uns nicht die geringste Ausbeute, die wir doch gerade in ihm suchen möchten. Feuerlein erwähnt Melanchthon und die reformatorische Zeit mit keinem Worte. Darnach bestimmt sich auch schon der Wert des anderen Buches. Feuerlein ist der Unterschied einer philosophischen und theologischen Ethik, der fast allen anderen, die sich mit Melanchthon beschäftigt, so viel Mühe macht, ganz entgangen. In der That betrifft das, was Feuerlein in seiner Sittenlehre des Christentums über Me= lanchthon sagt, fast ausschließlich das Verhältnis Melanchthons zu Luther, ihre beiderseitige verschiedene Individualität (besonders § 24:

---

[1] Cf. die Rezension von Tschackert über Herrlingers Buch in Theol. Stud. u. Krit. 1881, 1. Heft, p. 189—196.

Der Lutheranismus und Philippismus 161—170). Hier finden sich allerdings seine Bemerkungen. Zu vergleichen ist noch § 33 Das Gesetz, p. 232 und § 36 Die Pflichtenlehre, p. 248 ff.

Wuttke, Handbuch der christlichen Sittenlehre (3. Auflage von Ludwig Schulze 1874) beschäftigt sich in § 37: Die evangelische Sittenlehre des 16. und 17. Jahrhunderts, p. 149—153 mit Melanchthon und giebt vor allem eine gründliche Inhaltsangabe der Elementa. Besonderen Wert hat diese für uns doch auch nicht: sie ist zu referierend. Wie schon die Überschrift des § 37 zeigt, weiß auch Wuttke nichts von einem Unterschied zwischen philosophischer und theologischer Ethik bei Melanchthon. In § 40: Die philosophische Ethik vor Kant, p. 176 ff. bestreitet er nur das sehr energisch, daß man „die gesamte, auch die widerchristliche Philosophie der neueren Zeit aus der Reformation herleiten oder gar als zu ihr mitgehörig betrachten" könne (p. 177). Das ist aber zu negativ nur.

Zu erwähnen ist weiter hier Luthardt, Die christliche Ethik in Zöckler, Handbuch der theologischen Wissenschaften, 2. Auflage 1885, III, p. 297 ff. Über Melanchthon handelt p. 326 f. mit Literatur=angaben p. 332 f. Das hier Gesagte entspricht dem citierten Universitäts=programm.

Über eine Dissertation von P. Kirmß, das Verhältnis der Moral zur Religion bei Melanchthon, Jena 1874, werden wir später sprechen.

Mit Erwartung wegen seines ziemlich neuen Datums geht man an W. Gaß, Geschichte der christlichen Ethik, 2. Band, 1. Abt., Berlin 1886. Das Buch täuscht aber die Erwartungen. In Frage kommt Kap. 2 der Einleitung: Die Reformation, deren Grundrichtung. Verhältnis zur Scholastik und zum Aristoteles. Die ethischen Begriffe. Die Heilsgewißheit und „das Lebensideal" §§ 7. 8. 9. p. 24—38. Die Einwirkung des Alten auf das Neue, Wirkung des Schriftprinzips §§ 10. 11. p. 38—45, aus dem 1. Kapitel des 1. Abschnittes § 14, p. 55—58: Melanchthon als ethische Persönlichkeit, aus dem 3. Kapitel, §§ 22.—24, p. 92—102: Melanchthon als der Anfänger in der Be=arbeitung der Ethik. Was hier gesagt wird, ist viel zu allgemein ge=halten. Außer einigen geistreichen allgemeineren Bemerkungen zur Würdigung Melanchthons erhalten wir keine Förderung.

Erwähnt mag hier noch werden Friedrich Jodl, Geschichte der Ethik in der neueren Philosophie, 1. Band, Stuttgart 1882, aber erwähnt nur zum Beleg dafür, wie wenig man noch vielfach ge=neigt ist, die Verdienste Melanchthons und der Reformation anzuer=kennen. Nur der 4. Abschnitt des 2. Kapitels in den wenigen Seiten p. 79—84 handelt über Humanismus und Reformation, und was hier namentlich über die Bedeutung der Reformation für die Ethik ge=sagt wird, ist sehr dürftig: der Name Melanchthons wird nicht einmal erwähnt.

Dieses Buch führt

2) zur Literatur auf dem Gebiete der Philosophie.

Auf Melanchthons Bedeutung speziell für Philosophie und Aristo teles wies, nachdem man ihn vergessen hatte, zuerst wieder hin Elswich in einer Vorrede zu Launoy und Jonsius: Ioannis Launoii theologi Parisiensis de varia Aristotelis in academia Parisiensi fortuna et Joannis Jonsii Holsati de historia peripatetica dissert. Jo. Hermannus ab Elsvich edidit et de varia Aristotelis in scholis protestantium fortuna schediasma praemisit adiecto indice necessario, Viteb. 1720. Die Schrift gipfelt in dem Satze, daß durch Melanchthon ein Umschwung in der Wertschätzung des Aristoteles statt= gefunden habe (XIII, p. 36—40). Ihr Resultat ist der Satz (XIV, 40—42): Sie igitur Aristoteles in Academia Vitebergensi obste- tricante Philippo caput iterum extollebat, liberatus tamen a trieis, quibus plus caliginis quam lucis ipsi affuderant Scholastici. XIV, p. 42—44, behandelt die Gründe, warum Melanchthon sich der Philosophie nach der Abneigung durch Luther wieder zuwandte, und sein Verhältnis zu Aristoteles und Plato, wenngleich letztere Frage nicht ganz zutreffend.

Wenn wir sodann absehen von den älteren Werken: Buhle, Ge= schichte der neueren Philosophie, Göttingen 1801, II, 2. p. 478 ff. und Ritter, Geschichte der Philosophie, wenn wir auch absehen von Moritz Carrière, über die philosophische Weltanschauung der Reformationszeit, Stuttgart und Tübingen, 1847, 2. Anflage 1886, der über Melanchthon nicht das geringste sagt, so ist weiterhin zu nennen Zeller. Geschichte der deutschen Philosophie, Mün= chen 1873; über Melanchthon p. 21—40. Zeller ist wertvoll dadurch, daß er die Ansichten Melanchthons auf die Prinzipien zurückzuführen suchte. Er hat Recht, wenn er Melanchthon für seine philosophischen Arbeiten „bahnbrechende Gedanken, neue Methoden, rücksichtslose wissen= schaftliche Konsequenz" abspricht. Aber er ist ungerecht, wenn er gar nichts weiß von einer selbständigen Bedeutung des Reformators, un= gerecht wenigstens bezüglich der Ethik desselben. Über sie, p. 38—40, wird in der That auch nichts Bemerkenswertes gesagt.

Überweg=Heinze, Grundriß der Geschichte der Philo= sophie, 3. Teil, Berlin 1888, 7. Aufl., p. 20—23 beschäftigt sich fast nur mit Melanchthons Dialektik und Psychologie. Die Ethik wird nur in wenigen Zeilen erwähnt.

Mit Achtung behandelt B. Pünjer, Geschichte der christlichen Religionsphilosophie seit der Reformation, 1. Band, Braunschweig 1880, Melanchthon p. 98—102: doch sind die Ausführungen zu allgemein, um uns nützen zu können.

Wichtig ist für uns Arthur Richter, Melanchthons Verdienste um den philosophischen Unterricht, Leipzig 1870, mehr um der

Einleitung willen, p. 3—16, über Melanchthons „Vorläufer im philosophischen Lehramt," als um des willen, was über seine Ethik gesagt ist, p. 56—60. Das ist fast nur eine Inhaltsangabe der Elementa. Etwas Weiteres bietet auch nicht die Dissertation von L. Riemann, Philippi Melanchthonis studia philosophica quam rationem et quid momenti ad eius theologiam habuerint, quaeritur. Halle, 1885 (über die Ethik, p. 34—50), der überhaupt ganz nur auf der Oberfläche sich bewegt.

3) Ausbeute für unsere Aufgabe dürfen wir von vornherein erwarten in den Lehrbüchern der Geschichte der protestantischen Dogmatik.

Friedrich Galle, Versuch einer Charakteristik Melanchthons als Theologen und einer Entwickelung seines Lehrbegriffs, 2. Aufl., Halle 1845, hat seine Bedeutung verloren durch die späteren Arbeiten, besonders die von Herrlinger.

Wichtiger für uns fast als in seiner Geschichte der Ethik ist W. Gaß in seiner Geschichte der protestantischen Dogmatik in ihrem Zusammenhang mit der Theologie überhaupt, 1. Band: Die Grundlegung und der Dogmatismus 1854. Über die Loci handelt er hier p. 26—50 mit steter Betonung ihrer Bedeutung für die Ethik, über Melanchthons Arbeiten für die Ethik p. 173—178, über seine Verdienste um die Philosophie p. 178—206, über das Verhältnis der Theologie zur Philosophie bei Melanchthon p. 206—224. Er sucht Melanchthons Anschauungen vom prinzipiellen Standpunkt aus zu begreifen. Aber er ist darin etwas einseitig (cf. p. 173) und hat für dessen Verdienste um die philosophische Ethik nicht Raum und Würdigung.

H. Heppe, Dogmatik des deutschen Protestantismus im 16. Jahrhundert, 3 Bände, 1857, bietet uns nichts Nennenswertes. Über „Die Dogmatischen Lehrbücher Melanchthons" handelt er Band 1, § 3, p. 14—34 und p. 25 ff. insonderheit über Melanchthons philosophische Studien.

Ebenso ist von wenig Bedeutung für uns, obwohl reich an geschichtlichem Material, Dorner, Geschichte der protestantischen Theologie 1867. Verglichen kann werden der Abschnitt p. 251—272: Die innere Zusammengehörigkeit von Schrift und Glauben unbeschadet ihrer relativen Selbständigkeit, Verhältnis des reformatorischen Prinzips zu den verschiedenen geistigen und sittlichen Gebieten — und zwar p. 251—257 Verhältnis zur Wissenschaft, 257—272 Das Gebiet des christlich Sittlichen unter dem Gesichtspunkt des reformatorischen Prinzips, 272—274 Die Augsburgische Konfession vom Jahre 1530. Vom 3. Hauptabschnitt gehört die 1. Abteilung hierher, p. 330—374.

Albr. Ritschl, Die christliche Lehre von der Rechtfertigung und Versöhnung, 1. Band: Die Geschichte der Lehre, 2. Aufl., Bonn 1882, handelt in Nr. 27 und 28, p. 185—198, p. 198—203 über die Lehre Luthers und Melanchthons von der Rechtfertigung und Wiedergeburt und von der Bekehrung durch Gesetz und Evangelium. Außerdem vergleicht Nr. 30 Luther und Melanchthon mit Calvin. Ritschl spricht nun zwar auch über Inhalt und Bedeutung des Gesetzes bei Melanchthon, besonders p. 188 ff., aber doch immer nur in Beziehung auf das Evangelium und in der Bedeutung für geistliche Handlungen und Rechtfertigung. Einen Beitrag für unsere Aufgabe finden wir daher bei Ritschl nicht. Nur erwähnt mag werden, daß Ritschl im allgemeinen Melanchthon doch zu mißgünstig beurteilt.

Auch Fr. H. R. Frank, Die Theologie der Concordien-formel, historisch dogmatisch entwickelt und beleuchtet, 4 Bde., Erlangen, 1858—1865, geht immer auf Melanchthon zurück, ohne uns in unserer Aufgabe zu fördern.

Zu erwähnen sind hier noch zwei Monographien von G. Plitt, Melanchthons loci in ihrer Urgestalt (mit besonders wertvoller Einleitung über die innere Entwicklung Melanchthons bis 1521) und Einleitung in die Augustana, Erlangen 1867. Letztere Schrift betrachtet Luther als den intellektuellen Urheber der Augustana und behandelt Melanchthon nur im Vorübergehen, am meisten noch p. 535 bis 554 in der Frage nach dem „Verfasser des Bekenntnisses." Daß Melanchthon auch Systematiker gewesen sei, will Plitt in keiner der beiden Schriften zugeben (Einleitung in die Augustana 536 ff.).

Die Abhandlung von C. E. J. Natz, Was hat Luther durch Melanchthon gewonnen, in Zeitschrift für historische Theologie 1870, III, wird an der betreffenden Stelle ihre Beachtung finden.

4) Weiter ist für unsern Zweck, schon weil die ethischen Schriften Melanchthons Lehrbücher sein wollten, zu vergleichen Literatur vom Gebiete der Geschichte der Pädagogik.

Speziell über Melanchthon handelt A. Koch, Phil. Melanch-thons Schola Privata, Gotha 1859, und H. v. Dadelsen, Die Pädagogik Melanchthons, Straßburger Dissert., Stade 1878. Beide sind für uns völlig wertlos und überflüssig gemacht durch das jüngst erschienene Werk von K. Hartfelder, Phil. Melanchthon als Praeceptor Germaniae, Berlin 1889 (VII. Bd. der Monumenta Germaniae Paedagogica, ed. Kehrbach). Hartfelder wollte nicht über Melanchthons Ethik schreiben (cf. p. 237). Indessen was er p. 231 bis 238 darüber sagt, steht noch nicht auf der Höhe der Leistungen vor ihm. Wertvoll für uns ist besonders der geschichtliche Stoff des Werkes.

Ohne Ausbeute ist K. v. Raumer, Geschichte der Pädagogik, 3. Aufl., 1857. Über Melanchthon handelt er 1. Band p. 180—213, p. 205 über seine „wissenschaftliche Gesinnung."

K. A. Schmid, Encyklopädie des gesamten Erziehungs- und Unterrichtswesens 1865, 4. Band (über Melanchthon p. 653

bis 678) spricht anerkennend über Melanchthons Leistungen im Gebiete der Philosophie und Ethik, ohne sein Urteil allzutief zu begründen.

F. Paulsen, Geschichte des gelehrten Unterrichtes auf den deutschen Schulen und Universitäten vom Ausgang des Mittelalters bis zur Gegenwart, Leipzig 1885, der über Melanchthon besonders p. 73—77 handelt, ist für uns gar nicht verwendbar.

5) Besondere Beachtung verlangt noch das biographische Material über Melanchthon.

Der eigentliche Biograph Melanchthons ist C. Schmidt, Philipp Melanchthon, Leben und ausgewählte Schriften, Elberfeld 1861. Durch diese Biographie sind die meisten früheren und gleichzeitigen Versuche, deren sehr viele besonders aus dem Jubiläumsjahr 1860 vorliegen, antiquiert. Sie wird eingehend in unserer Arbeit benutzt werden. Hier nur ein Wort über den Anhang: Melanchthon als Gelehrter, Theolog und Mensch p. 669—722. Was hier gesagt wird über Melanchthon als Humanisten p. 669—675, über seine Verdienste um die philosophischen Wissenschaften p. 676—692, um Dialektik, Physik, besonders Astronomie, Psychologie, Ethik und Politik, über seine Wirksamkeit für Errichtung von Schulen p. 692—696, über ihn als Theologen p. 696—700 und 701—722 — das ist alles viel zu allgemein und zu bloß referierend, um für uns Bedeutung zu haben.

Neuer noch als Schmidts Werk ist D. Nisard, Renaissance et Réforme, Érasme — Thomas Morus — Mélanchthon, 2. Aufl. 1877, 2 Bände, Paris — über Melanchthon II, 197—411 (418). Wir können nicht einmal sagen, was Hartfelder p. 635 sagt, daß Nisard nur „deutsche Forschung verarbeitet" habe. Er setzt sich im allgemeinen stolz über sie hinweg. Er ist höchst oberflächlich in seinen Urteilen. Überdem ist sein Werk Tendenzschrift. Melanchthon soll auf Kosten Luthers, an dem wenig Gutes mehr bleibt, erhoben werden. Man kann auf das übrige Buch schließen, wenn man p. 213 f. über das ursprüngliche Verhältnis der beiden Freunde liest, daß einzig und allein Luther von Melanchthon Nutzen hatte. Ob es nicht gerade umgekehrt fast war?! Und wiederum stellt Nisard sich selbst ein eigentümliches Zeugnis über seine Befähigung zu einer Biographie Melanchthons aus p. 313 f.: Je n'ai ni le talent qu'il faut pour exposer des questions si ardues, ni le goût, presque plus nécessaire que le talent, et qui seul peut ouvrir l'esprit et le soutenir dans l'étude de ces mystères de la théologie chrétienne. Dann hätte es Nisard eben unterlassen müssen, über Melanchthon zu schreiben. Das biographische Material ist aus Schmidt bekannt und bei diesem viel gründlicher zu finden. Und was in Abschnitt 17 p. 386—395 und 18 p. 395—401 zur allgemeinen Würdigung Melanchthons gesagt ist, ist überaus dürftig. P. 398—401 handelt Nisard über Melanchthons Stellung zu Scholastik und Dialektik, p. 401—403 über

seine Stellung zur Jurisprudenz. Von Melanchthons Verdiensten um
die Ethik ist mit keinem Wort die Rede.

Neben Schmidt verdient noch heute Erwähnung K. Matthes,
Phil. Melanchthon, sein Leben und Wirken, Altenburg 1841.
Indessen der „Beschluß" des Buches: „Allgemeiner Überblick über
Melanchthons Verdienste um die Wissenschaft" p. 396—427 hat nur
das Verdienst, auf die Sache hingewiesen und verschiedene Fragen an=
geregt zu haben. — Und neben Schmidt behaupten noch heute ihre
Stellung die Artikel in Herzog, Real=Encyklopädie für prote=
stantische Theologie, 9. Band, 1. Aufl. 1858 p. 252—300 von
Landerer und 2. Aufl. 1881 p. 471—525 von Herrlinger. Beide
Artikel betonen namentlich das ethische Moment in Melanchthon. —
Nur erwähnt soll daneben werden der Artikel von Wagenmann über
Melanchthon in der allgemeinen deutschen Biographie,
21. Band 1885 p. 268—279: er enthält nur einige biographische
Notizen, nichts Neues. — Aber vorüber gegangen soll endlich nicht
werden an Leopold v. Ranke, Deutsche Geschichte im Zeitalter
der Reformation, 5. Aufl. 1873. In Betracht kommen 1. Band
p. 274—289, 2. Band p. 9 ff. für Melanchthons Leben, 2. Band
p. 26 über die loci, 3. Band p. 172 ff. über Augustana und Confu-
tatio, 5. Band p. 351 f. über Melanchthons philosophische Studien.
Sind die Bemerkungen auch nur kurz, so sind sie doch zutreffend und
schwerwiegend.

Zum Schluß seien hier noch zwei Monographien erwähnt. Adolf
Planck, Melanchthon, praeceptor Germaniae, Nördlingen 1860.
Es ist ein liebliches Buch und ein schätzenswerter Beitrag zu einer
mehr ästhetischen Würdigung Melanchthons. Wir werden des öfteren
darauf zurückkommen. Verwandt damit ist Constantin Schlottmann,
de Philippo Melanchthone reipublicae litterariae refor-
matore commentatio, Bonn 1860. Doch sind die Ausführungen
zu allgemein gehalten: sie fördern uns zu wenig.

Es ließen sich noch mehrere Abhandlungen hier anführen, die
teils einzelne Abschnitte aus Melanchthons Leben, teils einzelne Seiten
seiner Bedeutung behandeln (z. B. Dr. C. Hagen, Melanchthon
als Politiker in Prutz' literarhistorischem Taschenbuch 1845, Wiskemann, Darstellung der in Deutschland zur Zeit der Reformation herrschenden nationalökonomischen Ansichten, Leip=
zig 1861, P. Erhardt, die nationalökonomischen Ansichten der
Reformatoren, III. Philipp Melanchthon, Theol. Stud. u. Krit. 1881,
1. Heft p. 118—129, Heyd, Melanchthon in Tübingen, Tübinger
Zeitschrift für Theologie 1839 u. s. w.). Doch werden diese Abhand=
lungen besser im Laufe der Untersuchung an ihrem Platz verwendet.

Im allgemeinen kann nach dieser Übersicht über die Literatur
gesagt werden, daß unsere Aufgabe noch nicht erledigt ist. Es ist

ermüdend, die Literatur über Melanchthon durchzugehen und fast über=
all wieder die gleichen allgemeinen Urteile zu finden, oft im besten Falle
Inhaltsangaben seiner Bücher. Es thut not, daß man in die Tiefe
geht. Da der Reformator ein durchaus universalistischer Geist war,
der nicht mit Einem Blicke voll gewürdigt werden kann, so muß er zu=
nächst stets nur nach Einer Seite hin gründlich behandelt werden. In
diesem Sinne will die nachfolgende Arbeit über Melanchthons philo=
sophische Ethik ein Beitrag zu seiner Würdigung sein.

4. Voraussetzungen und Bedingungen der Ethik Melanchthons.

Zum rechten Verständnis seiner Ethik ist es vor allem notwendig,
ihre Bedingungen und Voraussetzungen zu prüfen.[1]

1) Zu diesen gehört zuerst Melanchthons eigene Persön=
lichkeit. Sie ist der eigentliche Naturboden seiner Ethik. Melanchthon
war durch und durch eine ethische Natur. Dies wird von allen, die
über Melanchthon geschrieben, anerkannt. Seine ethische Anlage
war ein Erbteil von seinen Eltern. Wird doch sein Vater als ein
Mann von „rechtlichem, gewissenhaftem, wahrheitsliebendem, menschen=
freundlichem und strengreligiösem Charakter,"[2] seine Mutter als eine
„kluge, sparsame und dabei wohlthätige Hausfrau" geschildert.[3]

Diese Anlage wurde gefördert durch eine entsprechende Er=
ziehung. Es war vornehmlich sein erster Lehrer in Bretten Unger
(seit 1504), dessen Einfluß entscheidend wurde für Melanchthons ganzes
Leben: er weckte in dem Knaben Bescheidenheit, Maßhalten und Be=
sonnenheit, Geradheit und Wahrheitsliebe.[4] Daneben ging der Einfluß
des Hauses selbst weiter. Von tiefem Eindruck auf den zarten Knaben
waren die letzten Worte des sterbenden Vaters Schwarzerd an seine
Kinder: „ich wünsche, daß -- ihr die Erkenntnis Gottes bewahrt."
Melanchthon besinnt sich auf dies Wort noch in seinem späten Alter.[5]
Das Vermächtnis des sterbenden Vaters, wurde es gleichsam die Seele
seiner Ethik. Die Anerkennung Gottes und den Gehorsam gegen ihn
stellt Melanchthon stets als das Ziel alles sittlichen Strebens hin.
Von dem Studenten in Heidelberg (1509) wissen wir, daß er am
meisten angeregt wurde durch das Studium Geilers von Kaiserberg,
jener tiefethischen Persönlichkeit,[6] und durch seinen Lehrer, Pallas
Spangel, den „treuen, frommen, gerechten."[7]

[1]) Der Forderung Hartfelders p. VIII, daß Melanchthon „historisch ge=
würdigt" werde, pflichten wir völlig bei. — [2]) Galle 1 f., Hartfelder 4. — [3]) H. R. E.
1. Aufl. IX, 252; 2. Aufl. IX, 471; Plitt, Loci 22. — [4]) Schmidt p. 4. — [5]) Mel.
an Georg Fabricius, 27. Oktober 1554. C. R. VIII, 36 f., Plitt, Loci 22,
Planck 9 f., Galle 2. — [6]) Schmidt 8. — [7]) Hartfelder 23.

Hartfelder zeichnet uns p. 44—55 den Kreis seiner Freunde in Tübingen. Es waren edle, feine Charaktere. Der Freundschaftsver= kehr war ein gegenseitiges Geben und Nehmen. So hielt Melanch= thon, was er dereinst versprochen. Der Grundzug seines Charakters bleibt große Mäßigung, Liebe zum Frieden und zur Eintracht, Wider= wille gegen Streit und Zwietracht und alles Maßlose. „Schwäche" ist das nicht.[1] Aber das ist zuzugeben, daß an jenen Tugenden fast notwendig die Fehler der Halbheit, der Unentschiedenheit und Ängst= lichkeit hängen. Wundern dürfen wir uns nicht, wenn wir auch sie in Melanchthons Leben finden.

Die Eigenart seines Charakters ward gefestigt noch durch seine besondere Lebensführung, durch seine Erfahrungen sowohl in seinem Familienleben, die freudigen und traurigen, wie durch die im religiös=politischen Leben seiner Zeit.[2] Hagen findet (p. 164) „das Leben Melanchthons bis in den tiefsten Grund verbittert" und zwar zu allermeist durch sein Verhältnis zu den protestantischen Fürsten seiner Zeit, denen (cf. p. 180 f.) es nicht um die Religion zu thun war, die nur der Eigennutz gegen den Kaiser auftreten ließ, an deren Höfen nur Intriguen und Kabalen herrschten, denen jedes höhere Streben und jede Sorge für das allgemeine Beste abging, die darum allein schuld waren an den traurigen Verhältnissen der damaligen Zeit. Was Hagen hier sagt, ist nicht richtig. Melanchthon ließ oft sich im Leben niederdrücken, betrüben, entmutigen, doch im Grunde niemals „verbittern," trotzdem so vieles auf ihn einstürmte, was ihn hätte verbittern können. Und auf die Bildung seines Charakters und Wesens hatte nicht nur das Verhalten der Fürsten seiner Zeit Ein= fluß, sondern in erster Linie auch das, was gegen die Fürsten und die Autorität überhaupt sich auflehnte. Und wiederum — wo immer ihm Maßlosigkeit entgegentrat, die die ethischen Grundordnungen zu stürzen suchte, machte sie ihn nur sicher in seiner ethischen Grundüber= zeugung, daß rechtes Maßhalten stets nötig und geboten sei. Das war für ihn die Frucht all der stürmischen Bewegungen, in die er hineingestellt ward — der Bewegung von 1521 und 1522, die von den Zwickauer Schwärmern ausging und an dem fanatischen Karlstadt einen Förderer fand[3] — der ganz ähnlichen Bewegung, die sich an die Namen eines Johann Strauß und Münzer knüpft,[4] — der sich unmittelbar daran= schließenden Bauernkriege, durch die Melanchthon um so mehr nieder= gedrückt wurde, als er schon 1514 den Aufruhr des armen Konrad

---

[1] Hagen, Mel. als Politiker p. 161. — [2] cf. hierfür Hagen, a. a. O. 161 ff. — [3] Schmidt 85 ff., cf. Mel. an Camerarius 6. März 1525, C. R. I, 727; Mel. an Myconius 1530, C. R. II, 31; Planck 22 ff.; Hagen p. 162 f. verkennt die Bedeutung der hier gemachten Erfahrungen für Melanchthons Leben viel zu sehr. — [4] cf. Mel. an Spalatin, 4. Apr., Oct., Dezember 1524, C. R. I, 652. 655. 676. 694.

mit seinen Greueln in Tübingen aus nächster Nähe mit angesehen hatte,[1] — seiner Kämpfe mit den Römischen und seiner Kämpfe mit den Ultras der protestantischen Partei.

Gerade die letzteren machten sein Leben, das sie in seiner reich=lichen 2. Hälfte ausfüllten, geradezu tragisch. Man braucht nur zu denken an die Namen eines Aquila, Agricola, Cordatus, Osiander, Flacius Illyricus und an dessen theologischen Anhang,[2] an die endlos vielen Kongresse, deren keiner fast ohne ihn nur möglich zu sein schien, die so wenig Früchte brachten und ihm so viel Zeit und Mühe kosteten,[3] um die Tragödie seines Lebens vor Augen stehen zu haben. Bedeutsam für uns ist, daß fast alle jene Streitigkeiten sich um die ethischen Fragen über gute Werke und freien Willen bewegten.

Beugten sie ihn auch aufs tiefste nieder, „verbittern" konnten sie ihn dennoch nicht. Er flüchtete sich in die Kinder= und Familienstube, zu Spiel und Scherz seiner Enkelkinder, an deren Kindlichkeit seine kindliche, keusche Seele sich erquickte. Und je häßlicher ihm die Fehde=lust und Maßlosigkeit seiner Gegner entgegentrat, um so erstrebens=werter mußte ihm das Maßhalten in allen Dingen erscheinen, um so mehr mußte er sich überzeugen, daß das Volk der sittlichen Be=lehrung bedürfe, daß vor allem die Jünglinge zu rechtem sittlichen Wandel anzuhalten seien.

Ja, der Grundzug seines Wesens befähigte ihn und mußte ihn mit antreiben, gerade die Ethik auch wissenschaftlich zu bebauen. Aus seiner sittlichen Grundstimmung können wir auch schon den Inhalt seiner Ethik erraten: sie mußte im letzten Grunde zu einer Verherr=lichung des edlen Maßhaltens, des harmonischen Zusammenstimmens aller sittlichen Kräfte im Menschen werden. Und das ist das Wohl=thuende bei dem Studium seiner Ethik, daß ihre Ausführungen durch=weg getragen sind von seiner Persönlichkeit. Lehre und Leben stehen im reinsten Einklang.

2) Woher und wodurch ist nun weiter der Inhalt seiner Ethik im einzelnen bedingt?

a. Wir prüfen zuerst seine gegensätzliche Stellung zur römischen Kirche! Nicht seinen inneren Gegensatz, weil dieser sich von selbst ergiebt bei der Betrachtung seines Verhältnisses zu Luther und zur Reformation, sondern sein Verhältnis zur römischen Kirche als äußerem Rechtsorganismus. Im Streite mit ihr kamen seine recht=lichen Grundsätze zur Klarheit. Die Hauptfrage, die von den prote=

[1] An Camerarius 16. April 1525, C. R. I, 738; 7. Juni C. R. I, 748; Heyd, Melanchthon in Tübingen, p. 83 und 84; cf. sein Gutachten „wider die Artikel der Bauerschaft" C. R. XX, 61, das nicht minder hart ist wie Luthers Schrift „wider die räuberischen und mörderischen Bauern:" Schmidt 120 ff.; Planck 25. — [2] Schmidt, 149 ff., 326 ff., 335 ff., 337 ff., 468, überhaupt 455—568. — [3] Planck 35. — [4] Planck 39 f.

stantischen Fürsten selbst immer wieder angeregt und ihren Theologen zur Entscheidung unterbreitet wurde, deren Entscheidung aber von den Katholiken immer wieder in Zweifel gezogen wurde, war die Frage um die Gewalt der Bischöfe und des Papstes, um das Recht der protestantischen Fürsten zu reformieren, und in späterer Zeit (1546) auch die Frage, ob man gegen den Kaiser die Waffen ergreifen dürfe. Schon frühzeitig (1520) war Melanchthon veranlaßt, sich über die Klostergelübde aussprechen zu müssen,[1] und 1521 über eine damit in Verbindung stehende Frage, über die Priesterehe.[2] Bald wurde er auch in die großen Rechtsfragen seiner Zeit hineingezogen. Für den Reichstag zu Speier verlangte der Kurfürst von Sachsen, Johann der Beständige, von Luther und Melanchthon Gutachten über das Recht der Landesherren, in ihren Gebieten die Kirche zu reformieren. Ehe Melanchthon auf diese Frage einging, stellte er sich erst die andere, ob die Reformatoren recht gethan, ihre Lehre zu predigen, bevor sie von den Bischöfen bestätigt worden sei.[3] Von der Bejahung dieser Frage aus ergab sich ihm das ins reformandi der Fürsten von selber. Er sprach sich also ganz ähnlich aus wie Luther; doch war er selbständig zu seinem Resultat gekommen. Jene Frage kehrte dann immer wieder — mit besonderer Bedeutung vor dem nach Mantua ausgeschriebenen Konzil.[4] Seine Rechtsanschauungen zu vertiefen, gab Melanchthon dann der 1546 gegen den Kaiser ausbrechende Krieg Veranlassung. Im April 1546 verlangte der Kurfürst von Sachsen den Rat der Wittenberger Theologen über das Recht der Gegenwehr. Melanchthon[5] entschied sich für das Recht der Notwehr, bestimmte den Umfang, aber auch die Grenzen der Macht der Obrigkeit und des Kaisers im besonderen und die Rechte wie Pflichten der Unterthanen[6]. Ähnliche Fragen traten ihm auch später noch entgegen, schon in den Interimsverhandlungen und in den späteren Unionsversuchen.[7]

Daß Melanchthon sich so viel mit staats- und kirchenrechtlichen Fragen zu befassen hatte, hat zur Folge, daß sie vielfach auch Aufnahme finden in seiner Ethik und daß diese den Charakter einer mehr sozialen Ethik annimmt — letzteres allerdings auch mit durch den Einfluß der antiken Ethik. Er suchte jene Fragen gern zu entscheiden vom allgemeinen Standpunkte des natürlichen Rechtes aus.

[1] C. R. I, 191, Schmidt 76. — [2] C. R. I, 420. 131. 118. 421, Schmidt 77. [3] C. R. I, 763, Schmidt 129. — [4] C. R. III, 235, Bedenken Melanchthons für den Kurfürsten über das ius reformandi des Landesfürsten mit eingehender Bestimmung der politischen und kirchlichen Gewalt nach alttestamentlich theokratischen Grundsätzen. — [5] cf. sein Bedenken C. R. VI, 122. - [6] cf. noch weitere Beiträge zu dieser Frage bei Schmidt 456 ff. — [7] cf. Regensb. Gespräch über Gewalt der Bischöfe und des Papstes; Melanchthons Schrift über die päpstlichen Anmaßungen für Ferdinand als Kaiser C. R. IX, 887, Schmidt 645; Melanchthons Gutachten für König Maximilian von Böhmen über die reformatorischen Fragen, 24. März 1556, C. R. VIII, 899; Melanchthon über Servet C. R. VIII, 521. 523.

b. Seinem Gegensatz gegen Rom entspricht seine Zuneigung zu
Luther und der Reformation.

Es wäre zu fragen, ob und wie durch Luther auch die ethische
Eigenart des Freundes beeinflußt ward. Ratz weist in seiner Abhand=
lung: Was hat Luther durch Melanchthon gewonnen? (in Zeitschrift
für die historische Theologie, Jahrgang 1870, 3. Heft) im 1. Abschnitt
p. 311—323 nach), daß Luthers „melancholisch=cholerisches Naturell
ein sänftigendes, moderierendes Gegengewicht" durchweg in Melanch=
thons „Seele von vorwiegend weiblichem Element" fand. Umgekehrt
läßt sich nur sagen, daß letzterer sich Luther niemals assimilierte. Aber
das muß gesagt werden, daß Melanchthon vom großen Reformator,
dem Manne der Religion, für seine ethischen Anschauungen mächtig
befruchtet ward. Ihm zum Teil verdankt er ohne Zweifel das religiöse
Prinzip für seine Ethik, auch für die philosophische. Von ihm über=
kam er die großen Gedanken des Glaubens und der Rechtfertigung
und Gerechtigkeit aus dem Glauben: auch seine philosophische Ethik
ist ein Widerklang dieser Gedanken. An Luthers Seite überzeugte er
sich - was er früher schon gefühlt — von der Unhaltbarkeit des
katholischen Standpunktes, wonach das sittliche Handeln des Menschen
von der Religion völlig losgelöst ward.[1] Auf Wittenberger Boden
in den wirrenreichen Jahren 1521 und 1522 gelangte in ihm die
andere Überzeugung, die ihm ja schon früh gekommen[2] und die er
nun fortan beständig zur Geltung brachte,[3] zur Reife, daß die lite=
rarische Reformation, welche er vorhatte, sich an die religiöse anschließen
müsse, sollte sie nicht wie die früher in Italien versuchte in Gleich=
gültigkeit gegen Kirche und Glauben, in völliges Heidentum umschlagen.
Daß Melanchthon sich trotz alledem seine volle Selbständigkeit neben
Luther wahrte, zeigt Ratz a. a. O. p. 355, 363 f., obwohl seine Arbeit
uns sonst für unsern Gegenstand nichts bietet.

Wir hätten weiter zu fragen nach Melanchthons Verhältnis
zur Philosophie. Aber diese Eine Frage zerlegt sich in die 3fache
nach seinem Verhältnis zur Scholastik, zum Humanismus und
zur antiken Philosophie. Also —

c. hat Melanchthon für seine Ethik Anregung empfangen von der
Scholastik? Die Frage kann nur beschränkte Bedeutung haben, weil
die Scholastik neben Aristoteles und neben der Kirchenlehre so wenig
selbständig war.

Im Gewande aber der Scholastik lernte Melanchthon die Phi=
losophie kennen. So zuerst in Heidelberg, wo nur die alte Dialektik
und ein wenig unverstandene aristotelische Physik getrieben ward.

[1] cf. dazu die sonst verfehlte Dissertation von Kirmß, das Verhältnis
der Moral zur Religion bei Melanchthon p. 7 ff. — [2] Schmidt 36. — [3] cf.
Melanchthon an Spalatin Juli 1522, C. R. I, 575: an Eberhard von Than
1522, I, 593: an Eoban Heß April 1523, I, 613.

Melanchthon konnte sich nicht davon befriedigt fühlen.[1] Nicht anders
war es in Tübingen. Noch war, als Melanchthon dorthin kam, der
alte Streit zwischen Nominalismus und Realismus nicht beendet.[2]
„Philosophie" war nur leidenschaftliches Zanken um leere Worte ohne
alle Originalität,[3] eine hohle, unnütze Dialektik. Reuchlin verwarf sie als
überflüssig, und Melanchthon dachte wie sein Großonkel.[4] Er schloß
sich dem Nominalismus an, doch nur mit halbem Herzen. Er studierte
Okkams Werke, auch Gerson und Johann Wessel, war magister artium
liberalium im Contubernium und beauftragt mit dem Fache der Eloquenz.[5] Es ist oft und ausführlich behandelt, wie er noch Jahre lang
schwankte, bis er in Wittenberg in seiner Streitschrift gegen den Italiener
Rhadinus und in seinem Antwortschreiben an die Sorbonne[6] offen mit
der Scholastik bricht, unter Luthers Einfluß Paulus studiert und erhebt gegenüber der Theologie der Scholastik.[7] Es will öfters scheinen,
als ob Gedanken in Melanchthons Ethik aus Thomas Aquinas genommen seien. Doch ist Täuschung hier leicht möglich, weil Thomas
nichts weiter als den mit dem Christentum verbrämten Aristotelismus
vertritt. Wahrscheinlich hat Melanchthon die betreffenden Gedanken
direkt von Aristoteles. Wir wissen nicht, ob er die eigentlichen Hauptvertreter der Scholastik in ihrer Blütezeit studiert hat. Der Umstand,
daß keine der declamationes im 11. und 12. Band des C. R. von
Thomas Aquinas handelt, scheint zu beweisen, daß Melanchthon nicht
einmal ihn näher kannte. Sein Geist blieb von der Scholastik so gut
wie unberührt.[8]

d. Viel wichtiger ist die weitere Frage, was Melanchthon für
seine ethischen Anschauungen dem Humanismus verdankte. Humanist
war er von Haus aus. Schon durch seine Geburt war er hineingestellt
in eine durchaus humanistische Atmosphäre. Reuchlin war sein Großonkel, der ihn hielt fast wie sein Kind und der seine Erziehung leitete und
ganz beeinflußte von Melanchthons frühester Jugend an, bis ein Mäch-
tigerer, Luther, über diesen kam. Aber doch war jene erste Erziehung
folgenreich für das ganze Leben. Melanchthon „gehörte mehr und
wahrhafter als irgend ein anderer zur Schule Reuchlins."[9] In Tübingen schloß er sich zumeist an Franz von Stade und Simler an.
Simler regte ihn an, zu den reinen Quellen des Altertums zurückzugehen und den Aristoteles zu studieren.[10] Außerdem waren es Stöffler,
Brassikan,[11] Bebel und eben Reuchlin,[12] die in Tübingen noch Ein-

---

[1] cf. die Vorrede zu seinen Werken 1511 über den Stand der Philosophie
in Heidelberg in der damaligen Zeit C. R. IV, 715; Schmidt 4 f. — [2] Heyd,
Mel. in Tübingen, p. 11—21. — [3] Heyd 12. — [4] Schmidt 12. — [5] Heyd,
p. 24—38; Plitt 23—27; Schmidt 11 f. — [6] C. R. I, 366. 398; Schmidt
50 ff.; Strobel 153. — [7] Schmidt 59 ff.; C. R. I, 136; XI, 34. — [8] cf.
Hartfelder 155—160. 177 ff. — [9] Ranke, a. a. O. I, 274; cf. Heyd, Nr. 2
„Verhältnis zu Reuchlin" p. 4—10. — [10] Schmidt 11, Plitt 29 f. —
[11] Heyd 7. — [12] Schmidt 14.

fluß auf Melanchthon gewannen. Hartfelder, der überhaupt Melanch=
thon als Humanisten zeichnet (p. 3 ff.), schildert in schöner Weise
seinen „humanistischen Freundeskreis" (p. 103—152), mit dem er durch
sein ganzes Leben verbunden blieb. Es gehörten dazu die edelsten und
bedeutendsten Vertreter des Humanismus.

Gerade ihnen verdankte Melanchthon viel Anregung für seine ethi=
schen Studien, obwohl er neben ihnen selbständig arbeitete. Schon in
Tübingen, als er nach Erlangung der Magisterwürde über lateinische
Autoren Vorlesungen hielt, unterschied er sich von den damaligen Hu=
manisten in einer für ihn bezeichnenden Weise. Er blieb in seinen
Vorlesungen nicht stehen bei der sprachlichen Erklärung, sondern ver=
band damit die sittliche Anwendung. Es ist die ästhetische Erziehung,
die er an seinen Schülern erstrebte.[1] Als Mittel solcher Erziehung
pries er die Komödien des Terenz.[2] Ähnliche Gedanken finden wir in
seiner Antrittsrede in Tübingen, wo er als Lehrer der Eloquenz und
Geschichte an Bebels Stelle trat, „über die freien Künste."[3]

Sicher trugen zur Ausbildung seiner ethischen Anschauungen unter
den Humanisten am meisten bei Erasmus und Reuchlin. Ersteren
preist er wiederholt als den Lehrer und Meister der natürlichen Sitt=
lichkeit.[4] Und zweifellos gab ihm des Erasmus de libero arbitrio
diatribe s. collatio vom Jahre 1524 den bedeutsamen Anstoß, die
Freiheitslehre neu durchzuarbeiten und den absoluten Prädestinatianis=
mus zu verlassen, wie ihn die 1. Ausgabe seiner Loci vertritt, so daß
er nachmals die stoische Lehre von der Notwendigkeit als den verderb=
lichsten Irrtum verdammen konnte.[5] Aber noch größeren Einfluß in
diesem Sinne übte auf Melanchthon Reuchlin aus, wie sich das aus
dem innigen und lange dauernden Verkehr der beiden mit einander be=
greift. Die ethischen Anschauungen Reuchlins berühren sich in gar man=
chem Punkt mit denen Melanchthons. Zu erinnern ist vornehmlich daran,
daß Reuchlin wie auch Melanchthon die übrigen philosophischen Dis=
ziplinen, besonders Physik und Mathematik, in Beziehung zur Ethik
setzt, daß er dem intellektuellen Moment in der Ethik eine hervor=
ragende Stellung einräumt, daß er das ethische Ziel des Menschen
in der Gotteserkenntnis sieht, in der Ruhe der Seele in Gott.[6]

c. Das Hauptverdienst aber des Humanismus um Melanchthon
war, daß er ihn über die Scholastik hinweg hinwies auf die alte

---

[1] Schmidt 16. — [2] cf. die Zueignungsschrift an Paul Geräander,
in der Terenz et orationis et vitae magister heißt, den fast jedes Alter mit
Nutzen lesen könne. C. R. I, 9 ff.; Hend, p. 30. — [3] C. R. XI, 5; cf. auch
seine Vorrede zu seiner griechischen Grammatik C. R. I, 25. — [4] cf. das
wahrscheinlich aus dem Jahr 1523 stammende C. R. XX, 700 citierte Wort
Melanchthons (Schmidt 114) und seinen Brief an Erasmus vom 30. Sep=
tember 1524, C. R. I, 674, Schmidt 165 f. — [5] Schmidt 165 f. — [6] Richter,
Melanchthons Verdienste um den philosophischen Unterricht p. 23—25.

Philosophie und deren Ethik. Mit dem Vorsatz, den ihm der Humanist Stadian eingegeben, nämlich den Aristoteles neu herauszugeben, kam er nach Wittenberg.[1] Hier führte er sich (28. August 1518) mit seiner berühmten Antrittsrede de corrigendis studiis adolescentiae[2] ein. In beredter Sprache wies er dort hin auf den ethischen Nutzen der Philosophie und der Wissenschaften und rühmte die ethischen Schriften des Plato und Aristoteles. In Wittenberg war er zunächst durch seinen Beruf angewiesen, über die alte Philosophie zu lesen. Auf Spalatins Wunsch mußte er Vorlesungen halten über die Physik des Aristoteles, obwohl er selbst lieber über Galen und Hippokrates oder auch über die Dialektik des Aristoteles gelesen hätte: gerade die Physik hielt er für ungenügend.[3] Wir wollen nicht wiederholen, was man an vielen anderen Stellen finden kann, z. B. Plitt 49—70: wie seine Begeisterung für die alte Philosophie durch Luther umschlug in Haß gegen sie. Er fand sich bald wieder (1521, 1522) und blieb von da an bis an sein Ende dem Studium der Alten treu ergeben.[4] Er bewies seine Stellung bei allen Gelegenheiten, z. B. bei der Gründung der Schule zu Nürnberg.[5] Er bekannte sie in vielen Reden.[6] Er las fleißig über die alten Philosophen, kommentierte sie vielfach, zuerst Ciceros Officien, dann besonders die Ethik des Aristoteles und seine Politik, und schrieb Biographien der bedeutendsten Philosophen.[7]

Daß er nun, speziell in seiner Ethik, am meisten abhängig ist von Aristoteles und Plato, darüber besteht kein Streit. Das aber kann zweifelhaft sein, von welchem dieser beiden am meisten. Die allgemeine Meinung bis jetzt geht dahin: von Aristoteles![8] Man hält sich an Urteile Melanchthons über diesen, wie das in der Apologie IV (Müller, symbolische Bücher, 5. Aufl. p. 89): Aristoteles de moribus civilibus adeo scripsit erudite, nihil ut de his requirendum sit amplius (Plitt, Loci 8) und an Stellen, in denen Melanchthon dem Aristoteles selbst den Vorzug vor Plato giebt. Aber dennoch ist er in der Sache, in der Ethik wenigstens, von Plato abhängiger als von Aristoteles. Dies ist bis jetzt noch von niemandem, der sich mit Melanchthon beschäftigt hat, erkannt worden. Aber man darf nur z. B. die beiden Reden Melanchthons über Aristoteles C. R. XI, 312—349 und über Plato XI, 413—425 mit einander vergleichen. Er lobt den Aristoteles als den artifex methodi XI, 343 und rühmt

---

[1] Strobel 151, Heyd 38—46. — [2] C. R. XI, 15 ff. — [3] cf. an Spalatin C. R. I, 75. 203; Schlottmann p. 27 f. — [4] cf. hierzu die schönen Ausführungen von Planck, 108 f., auch 110—127, Schlottmann 22—26. — [5] Schmidt 111 f., Melanchthons Rede in laudem novae scholae C. R. XI, 106, Mai 1526. — [6] cf. aus jener Zeit selbst noch, Frühjahr 1523, C. R. XI, 50, encomium eloquentiae, später 1527 seine herrliche Rede de capta Roma C. R. XI, 130—139. — [7] cf. oben: „die Quellen der philosophischen Ethik bei Melanchthon." — [8] „est Aristotelicus" Strobel, 155; Wuttke 150; auch Hartfelder nennt 180 f. Plato nicht einmal, cf. 211 ff.

an ihm diligentia in quaerenda methodo et amor veritatis 341, cf. XI, 123. Aber das Lob, das er dem Plato erteilt, klingt noch ganz anders! XI, 116 heißt es von Plato: Proprium discenti finem hunc constituit, ut investigatio naturae ducat nos ad agnitionem Dei et ostendat humanis mentibus inditum esse lumen quoddam divinitus quo vita regatur, ut Deo obediat et eorum animos qui Deum agnoscentes ei obtemperent, postquam ex hac vita discesserint, in luce admiranda atque aeterna apud Deum victuros esse. XI, 421 heißt es: multa ornamenta et Aristoteles ex Platone decerpsit quae adhibita methodo explicat. Nam divisiones iustitiae quae sunt admodum utiles sumpsit a Platone easque magis inclusit dialecticis metis. Platonis etiam inventum est, discrimen specierum iustitiae iuxta proportiones, arithmeticam et geometricam. Verum in Aristotele dialectica integra est. Philosophiae finem (Plato) ubique constituit agnitionem Dei. Aber das beste Lob ist doch das, daß Melanchthon die (eben citierten) Lehren des Plato in den Mittelpunkt seiner eigenen Ethik stellt. Weil er in seinen ethischen Grundanschauungen sich eins mit Plato weiß, darum entschuldigt er auch das, was er von ihm nicht annehmen kann, z. B. seine Lehre vom Staat, von der Gemeinschaft der Güter und Weiber. Solche Lehren erklärt Melanchthon für „Ironie" von seiten Platos, und aus ihr heraus erklärt er den Mangel an Methode und System C. R. XI, 422 f. Darum behauptet er auch stets, zwischen Plato und Aristoteles bestehe eigentlich kein Widerspruch: Aristoteles habe aus Plato sich herausgebildet XI, 424. In der Theorie, so zu sagen, stellt Melanchthon (XI, 345) den Aristoteles über Plato, weil er dem traditionellen Urteil über Aristoteles nicht offen entgegentreten will. Thatsächlich hatte er ein anderes Urteil. Vielleicht war es die Reformation mit ihrem religiösen Grundzug, die ihn den Philosophen, der da im Reiche der Ideen lebte, noch besonders lieben lehrte. Und wir müssen es sagen: auch die Persönlichkeiten Platos und Melanchthons schon haben mit einander unendlich viel Verwandtes.

Offen gebrochen hat Melanchthon in der Antike mit Epikur (ebenso wie Reuchlin) und verworfen den Skeptizismus der Akademie XIII, 645. 657 f. Doch auch von der stoischen Ethik wies er alles aus, was ihm ungesund und unhaltbar erschien, das er in seinen bedenklichen Konsequenzen vor allem in der Mönchsmoral wiederfand und erkannte (besonders die falsche stoische Güterlehre).[1] Am besten und klarsten hat er seine Ansichten und Urteile darüber in seiner Rede de philosophia (C. R. XI, 282 f.) zusammengefaßt. Jedenfalls hebt er immer wieder den ethischen Gehalt der alten Philosophie hervor. Wir haben im einzelnen zu prüfen, inwieweit er in dem Inhalt seiner philosophischen Ethik von der alten Philosophie abhängig ist, ob diese

---

[1] Hartfelder 179.

Abhängigkeit vielleicht eine Originalität bei Melanchthon überhaupt unmöglich macht, worin er von den antiken Vorbildern abweicht.

Zu der Frage, von wem Melanchthon in seiner Philosophie sonst noch abhängig sein könnte, liefert einen Beitrag, obwohl er die Frage mehr nur anregt als beantwortet, Dr. A. Richter: Melanchthons Verdienste um den philosophischen Unterricht, Leipzig 1870. Er handelt zuerst von Melanchthons „Vorläufern im philosophischen Lehramt" p. 5 ff. und nennt als solche Boethius p. 5—7, Cassiodor p. 7 f., Marcianus Capella und Isidor von Sevilla p. 8. Richter schließt dieses Teilchen mit dem Urteil ab p. 8: „So sehr Melanchthon mit diesen Schriftstellern Inhalt und Anordnung der Dialektik (nur diese fast ausschließlich hat Richter zunächst im Auge) teilt, so bleibt er ihnen doch durch die Kenntnis des Aristoteles im Original wie durch selbständige methodische und didaktische Verarbeitung des Stoffes über- legen." Hier ist angedeutet, was aus der vorhergehenden Untersuchung nicht erhellt, daß eine Beeinflussung Melanchthons in seinem Stoffe durch jene Schriftsteller nicht anzunehmen ist. Ebensowenig war Melanchthon abhängig von den „Deutschen," die als die „Träger der Restauration der antiken Philosophie" vor Melanchthon auftreten, zu denen Richter weiter übergeht. Er nennt zuerst Karl den Großen und bemerkt zu ihm p. 8: „Seine Thätigkeit für die Wissenschaft hat etwas an sich, was sie mit den Bestrebungen im Zeitalter der Reformation verwandt erscheinen läßt, wenigstens besitzt Melanchthon ein bestimmtes Gefühl dieser Verwandtschaft." Aber was Melanchthon in seiner Antrittsrede in Wittenberg (C. R. XI, 17) über Karl den Großen und seine Umgebung sagt, hat doch wenig mehr als die Bedeutung einer geschichtlichen Notiz. Nachdem Richter p. 8—12 noch von Alkuin und Hrabanus Maurus gehandelt, sagt er p. 12 nur ganz unbe- stimmt: „Wir können Melanchthons Verdienste im philosophischen Lehramt nicht recht würdigen, wenn wir nicht diese dürftigen Anfänge zuvor ins Auge gefaßt haben, und darum werden sie erwähnt." Ebenso nichtssagend ist dann der Übergang p. 14: „Die weitere Entwickelung geht nun so vor sich, daß sich zunächst die Kenntnis der antiken Philo- sophie, namentlich des Aristoteles, im 13. Jahrhundert vervollständigt. Dies ist die dritte Vorstufe für die wissenschaftliche Thätigkeit des Melanchthon." Was p. 14 f. über Albertus Magnus als „Prototyp der gelehrten Thätigkeit Melanchthons" (?!) gesagt wird, hat für uns keinen Wert. Zu einem fest formulierten Resultat für diesen Teil kommt Richter überhaupt nicht. Man wird sich jedenfalls mit dem ziemlich negativen Ergebnis bescheiden müssen, daß, wie es nach den umfassenden Studien Melanchthons nicht anders zu erwarten ist, sich wohl eine entfernte Verwandtschaft zwischen ihm und dem oder jenem der genannten Philosophen annehmen läßt, nicht aber eine direkte Ab- hängigkeit von ihnen im Inhalt seiner Philosophie und Ethik. Richtig ist, was Richter p. 32 sagt: „Am selbständigsten erscheint Melanchthon

in der Ethik, dann in der Physik, am abhängigsten in der Dialektik."
Zu beklagen aber bleibt, daß man bisher viel zu wenig geprüft hat,
welche Quellen — und bis zu welchem Grade! --- Melanchthon
benützt hat. Das volle Verständnis desselben ist ohne dies unmöglich.

5. Stellung der Ethik im System der Wissenschaften.[1]

Melanchthon ist ein durchaus universalistischer Geist, ähnlich wie
Aristoteles und nach ihm Leibniz und Schleiermacher. Nach einander
hat er alle damals bekannten Zweige der Philosophie bearbeitet.

Für uns ist hier die Frage:

1. Welche Stelle wies er der Ethik im Gefüge der
philosophischen Diszziplinen an?

Er nahm den Umfang der Philosophie an, wie ihn Plato und
Aristoteles schon festgestellt hatten. Plato selbst giebt keine eigene Ein=
teilung der Philosophie. Aber seinen Erörterungen liegt überall zu
Grunde die Einteilung in Dialektik (oder Logik), Physik und Ethik.[2]
Auch bei Aristoteles finden wir keine feste Einteilung der philosophi=
schen Diszziplinen nach einem bestimmten Einteilungsgrund. Doch
müssen wir seine Schriften nach Tendenz und Inhalt scheiden in logische,
metaphysische, physische und ethische Schriften.[3] Auch Melanchthon teilt
die Philosophie ein in Dialektik (Logik), Physik und Ethik: cf. die Ein=
teilung in seiner Rede de philosophia C. R. XI, 280, 1) Grammatice
et Dialectice, 2) Physica, 3) Philosophia moralis; C. R. XII, 689
philosophia continet artes dicendi (Dialektik und Rhetorik), physio-
logiam (Physik mit Psychologie und Mathematik) et praecepta de
civilibus moribus, und noch oft![4]

Als die Grunddisziplin gilt ihm die Dialektik.[5] Sie lehrt Me=
thode und ist ihm darum unentbehrlich für alle Wissenschaften. Sie
liefert die philosophischen Definitionen, Teilungen (Buch 1) und Mo=
dalitäten (Buch 2) und Form und Methode der Beweisführung (Buch 3
und 4). Sie gewinnt damit eine weitere sachliche, nämlich „irenische"
Bedeutung. Sie macht die rechte wissenschaftliche Behandlung der
Theologie und andrer Diszziplinen möglich und manche Verwirrung
und manchen Streit damit unmöglich. Das ist Melanchthons Klage

---

[1] Herrlinger 389—406; Hartfelder 211--249. — [2] Zeller, Philosophie
der Griechen II, 1. Leipzig 1875, 3. Auflage p. 486--491. — [3] Zeller II,
2. Leipzig 1879, 3. Aufl. p. 176—185. — [4] Herrlinger 391. — [5] Erotemata
dialectices C. R. XIII, 513 ff.: über ihren Inhalt und Wert, über Melanch=
thons Abhängigkeit von Aristoteles, Porphyrius (im 1. Buch), Rudolf Agricola
(im 4. Buch in der Logik, den der Reformator überaus hochschätzte, cf. Herr=
linger 396—400, Richter 35 f. 38—45, Schmidt 677, Planck 68—71, Hart=
felder 211—220.

im Osiandrischen Streit über die iustitia essentialis und im Flacianischen Streit, daß man sich nicht von der Dialektik leiten und belehren
läßt.[1] Eine neue Scholastik wollte Melanchthon damit nicht geben.
Er wendet sich energisch gegen seine Nachfolger, die ihn in dieser Weise
mißverstanden.[2] Besonders aber wird der Nutzen der Dialektik für
die Ethik hervorgehoben. Davon später!

An die Dialektik schließt sich die Physik an, die sich mit der uns
umgebenden Erscheinungswelt, mit der Reihenfolge, den Eigenschaften,
den Bewegungen aller Erscheinungen und Körper in der Natur, mit
den Ursachen des Werdens und Vergehens beschäftigt.[3] Der Nutzen
aber der Physik ist nach Melanchthon (C. R. XIII, 195—197) ein
doppelter: sie ist die Vorstufe für die Medizin wie für die Ethik.

Damit ist aber auch das weitere schon gesagt, daß dieselbe Bedeutung für die Ethik die Psychologie haben muß. Sie ist ja ein Zweig
der Physik und beschäftigt sich mit dem vornehmsten Körper in der Natur,
dem menschlichen Körper, und zwar mit seinem vornehmsten Vermögen.[4]
Durch ihren Inhalt wird sie für Melanchthon die eigentliche Quelle für
die Ethik. Wie von ihr[5] die anderen Wissenschaften viel annehmen, so
tota philosophia moralis ex hac scaturigine manat. Die Psychologie
will geradezu als „Grundlage der Ethik" gelten.[6] Wir müssen, so denkt
Melanchthon, den Boden kennen lernen, aus dem die Handlungen er-
wachsen, und die Faktoren, die sie entstehen lassen. Dann werden wir
darnach die Handlungen selbst bestimmen können, daß sie sittliche werden.
Das sittliche Handeln aber ist der Inhalt der Ethik.

Unser Überblick lehrt uns, wie der Aufbau der Wissenschaften bei
Melanchthon allenthalben nach einer Spitze strebt und wie diese Spitze
die Ethik ist.

---

[1] C. R. VIII, 553; III, 827; IV, 717; Herrlinger 396. 399. — [2] C. R.
IV, 895; VIII, 789; XI, 343; Richter 45; Herrlinger 399. 400; Hartfelder 177 f. — [3] Initia doctrinae physicae C. R. XIII, 179 ff.; wie Melanchthon hier von Aristoteles abhängt und abweicht, in der Lehre von der
Anatomie und den Temperamenten den Galen benutzt, zusammenarbeitet mit
Paul Eber und Leonhard Fuchs, darüber vergleiche man Schmidt 680—685,
Richter 36. 45—51, Herrlinger 390—394, Planck 75 f., Hartfelder 242—247,
auch Schmid, Encyklopädie des gesamten Erziehungs- und Unterrichtswesens IV, 664—666 — wo sich auch anerkennende Urteile über die Gelehr-
samkeit und die Fülle und den Umfang des Stoffes dieses Werkes finden. —
[4] C. R. XIII, 5 ff. de anima; cf. Richter 51—56; Schmidt 685—688; Herrlinger 395, der indessen sehr wenig bietet; Planck 76—79; Hartfelder 238—242.
Auch in seiner Psychologie ist Melanchthon durch mannigfache Einflüsse bedingt. Er schließt sich an Plato an, noch mehr an Aristoteles und an dessen
Nachfolger, an Eklektiker wie Galen. Er hat die stoischen Ansichten verglichen, Ciceros Verarbeitung des Aristoteles nachgesehen (C. R. XIII, 9—12),
unter den Scholastikern Okkam studiert, unter den Neueren Vesalius und
Leonhard Fuchs benutzt. Wie die Urteile über sein Wert auch im einzelnen
lauten, die gebührende Anerkennung wird ihm von keiner Seite versagt: „wenn
wir von Albertus Magnus absehen, so ist Melanchthon der erste Teutsche,
der eine Psychologie geschrieben hat." — [5] C. R. XIII, 5—9. — [6] Richter 52.

Wir betrachten nun

II. Die Bedeutung der einzelnen philosophischen Disciplinen
für die Ethik im näheren.

a. Die Bedeutung der Dialektik für die Ethik.

Die Dialektik erklärt Melanchthon wie für jede Wissenschaft so
für die Ethik als unerläßlich. In seinen erotemata dialectices behandelt er fast den ganzen Stoff der Ethik und ihre Voraussetzungen
in Physik und Psychologie, nur um nachzuweisen, wie sie gerade für
die Ethik unentbehrlich ist.

Sie hat aber nach ihm eine doppelte Bedeutung für die
Ethik, eine formale und eine sachliche. 1) Die Dialektik ist das
äußere Hilfsmittel für die wissenschaftliche Darstellung der Ethik. Nur
um dies zu begründen, bringt Melanchthon so viel ethisches Material
in seiner Dialektik. Er sagt es selbst (C. R. XIII, 539 f.), daß z. B.
die Lehre von den Tugenden an ganz anderer Stelle zu behandeln sei,
und daß er verschiedene Definitionen von Tugenden nur gebe, um den
Wert der Dialektik zu erweisen. Sie lehrt die rechten Begriffe und
die Unterscheidung der genera kennen. Sie lehrt vor allem unterscheiden zwischen theologischer und philosophischer Ethik (C. R. XIII,
517), zwischen ihren verschiedenen Quellen (Gesetz und Evangelium),
ihrem verschiedenen Inhalt (Gebote und gratuita promissio remissionis), ihren verschiedenen Zielen und Resultaten (äußerer und politischer Zucht einerseits und innerer Gerechtigkeit der Herzen anderer-
seits). Sie liefert die termini, mit denen die Ethik selbst operiert
oder die sie voraussetzt: Begriff der Substanz (C. R. XIII, 528 ff.),
Qualität (534 ff.), habitus (535 ff.), Handeln und Leiden (555—558),
Teilung (564 ff.): das 2. Buch handelt über die Modalitäten (588 ff.),
das 3. über die Beweisführung und den Schluß (594 ff.), das 4. über
die loci argumentorum (641 ff.) und endlich über die causae (673 ff.).
Die causa finalis, die wir schon überall in der Natur finden, nennt
Melanchthon „die Quelle, aus der die Philosophen die gesamte Ethik
errichten" (684). — Die logischen Regeln und Grundsätze wendet
Melanchthon wie sonst noch so auch in seinen ethischen Schriften an.
So ausgezeichnet letztere durch flüssige, klare Darstellung sind, so leiden
sie doch auch wieder durch die stete Anwendung des dialektischen Appa-
rates, besonders des Syllogismus in seiner schwerfälligen Ausführlichkeit. Es erscheint uns selbstverständlich, daß die Ethik wie jede Wissenschaft der logischen Regeln sich bedient, aber ebenso selbstverständlich,
daß sie diesen Nutzen nicht immer wieder Lesern und Hörern ad oculos
zu führen sucht. Melanchthon ist hier doch noch zu abhängig von den
Anschauungen der mittelalterlichen Wissenschaft, die in der Logik des
Aristoteles womöglich die Wissenschaft schlechthin sah.

Wichtiger ist uns, daß Melanchthon der Dialektik für die Ethik
auch 2) eine sachliche Bedeutung zuschreibt. C. R. XIII, 536 ff. spricht

er von der certa notitia, die die Dialektik gewährt. Er meint damit, daß die Logik uns die Kenntnis der Prinzipien, der sittlichen Grund=sätze und Grundwahrheiten zum Bewußtsein bringt, so daß wir „die Prinzipien durch das Licht des Geistes, das mit uns geboren ist, er=kennen und mit festem Beistimmen ergreifen, schon nach dem natür=lichen Urteil ohne Beweisführung." Damit berührt sich, was C. R. XIII, 645 über die 3 Arten von Aussagen (wahre, ungewisse, falsche) gesagt wird. Über die Art des Wissens, das durch das reine Denken ge=wonnen wird, ist zunächst nichts gesagt. Es kommt Melanchthon darauf an, überhaupt ein sicheres Wissen, eine Gewißheit zu konstatieren, im Gegensatz zu den „Pyrrhoniern oder Akademikern," die alle Gewiß=heit aufheben (XIII, 645). Aber wenn er (XIII, 536—538) die certa notitia einteilt in scientia, ars, prudentia und fides (es sind die dianoetischen Tugenden des Aristoteles),[1] so ist, wenn wir es nicht von allen oder wenigstens noch von der ars behaupten wollen, nach seinen Ausführungen die prudentia entschieden sittlicher Art: „die wahre Kenntnis, die nach richtiger Vernunft die Erwägungen in der Auswahl ehrbarer Handlungen und nützlicher Dinge regiert." Diese Bedeutung, die somit Melanchthon der Dialektik für die Ethik beimißt, steht ihm sehr hoch: das sittliche Wissen ist ja der Ausgangspunkt seiner ganzen Ethik.

b. Die Bedeutung der Physik für die Ethik.

Weit größere und zwar ethische Bedeutung hat die Gewißheit, die die Physik darbietet. Die Physik ist bei Melanchthon ein Gegenstück zur christ=lichen Dogmatik, eine Art philosophischer, natürlicher Dogmatik. Sie handelt zum großen Teil von der „Gesetzesreligion," die der „Erlösungs=religion" gegenübersteht.[2] Melanchthon rühmt hauptsächlich das zweifache an ihr,[3] 1) daß sie ein Beweis dafür ist, daß wir eine Gewißheit haben können, und 2) daß sie uns den Umfang des menschlichen Erkennens zeigt, seine Größe, aber auch seine Schranke. Er giebt zu, daß eine völlige Er=kenntnis aller Dinge unerreichbar ist. Aber er wendet sich entschieden gegen einen Empedokles, Demokritus, gegen die neuere Akademie, die alle sichere Erkenntnis, die Gewißheit der Sinne und der Urteile des Verstandes leugnen. Er nennt solche Anschauungen falsae opiniones, Beschimpfungen Gottes, pestes vitae humanae et morum. Er be=kennt sich zu dem Worte des Sokrates: „die Menschen wissen oft nichts, oft nur wenig,[4] jedoch das, was notwendig ist für das Leben und dessen Erforschung und Nutzbarmachung Gott für das Leben will."

Welcher Art ist nun die Gewißheit, die die Physik bietet? Auch hier führt die Physik über die Dialektik hinaus.[5] Letztere hatte zwei

---

[1] Zeller, Philos. der Gr. II, 2. 649 ff. — [2] C. R. II, 852; XII, 690; XVI, 22; Herrlinger 225. 391. — [3] C. R. XIII, 179—182. — [4] aut ni=hil aut pauca, C. R. XIII, 181; cf. Richter 46. — [5] Herrlinger 392—396.

Kriterien der Gewißheit schon gezeigt: die Prinzipien und die Erkenntnis der Folge im Schluß. Als 3. Kriterium bringt die Physik
die „allgemeine Erfahrung."[1] Sie wird geschöpft aus der Beobachtung der Natur und ihrer Erscheinungen. Das corpus naturale mit
seinen Eigentümlichkeiten, Bewegung, Ort, Zeit, Veränderung ist ja der ·
Gegenstand der Physik.[2] Die allgemeine Erfahrung wird gewonnen
auf deduktivem oder — gewöhnlich — induktivem Wege. Letzteres
eben ist die Methode der Physik.[3] Mit den Sätzen der Erfahrung
werden die Prinzipien verbunden, und so kommt man auf weitere Beweise und Gewißheiten.[4]

Was die Frage nach dem Inhalt dieser Gewißheit angeht, so vermittelt die Physik[5] zunächst das metaphysische Wissen. In der Physik
ist bei Melanchthon die Metaphysik mit eingeschlossen.[6] Die Naturbe-
trachtung soll sein[7] 1) ein Weg zur Erkenntnis Gottes, 2) soll sie die
praesidia vitae zeigen. Demgemäß verläßt Melanchthon — und das
ist sehr bedeutsam! — in der Ausführung die Anordnung des Aristoteles, der von dem Stoff der Elemente ausgeht, und folgt Plato im
Timäus. Er will ausgehen von der prima causa efficiens und von
den himmlischen Körpern.[8] Und so handelt der 1. locus von Gott.[9]
Das Resultat ist: wir haben ein natürliches Wissen von Gottes Dasein
und Wesen. Freilich hat dieses Wissen seine Schranke. Wir können
nur zum Gottesbegriff des Alten Testamentes kommen, nicht zu dem
offenbarungsmäßigen des Neuen. Melanchthon führt (so noch oft in
seinen Schriften) 8 (9) Beweise für Gottes Dasein und Wesen an,
die fast alle aus der philosophischen Betrachtung der Natur genommen
sind, selbst aber schon zum Teil einen ethischen Charakter haben
(Nr. 3, 5, 6).

Mit dem Gottesbegriff hängt der Begriff der Vorsehung zusammen.[10] Melanchthon wendet sich gegen die Epikureer, welche durch
Ausnahmen von dem, was wir als die sittliche Weltordnung Gottes
ansehen, eine Vorsehung Gottes überhaupt für aufgehoben erachten.
5 Zeugnisse bringt er, die ihm die Vorsehung Gottes verbürgen. Sie
haben wiederum ein stark ethisches Gepräge.

Diese Erörterung führt ihn weiter auf die Richtigstellung der
Grundverschiedenheiten zwischen den Stoikern und Epikureern, zwischen
der Notwendigkeitslehre jener und der Zufallslehre dieser.[11] Er verwirft nach Argumenten aus Logik und Physik die beiderseitigen Lehren
in ihren extremen Konsequenzen. Er kommt so zu einem ihn selbst
befriedigenden Resultat, weist aber[12] doch auch darauf hin, daß die
Lehre von Gott, seinem Wesen und Willen schließlich aus der Schrift

---

[1] C. R. XIII, 185—189. — [2] XIII, 193. — [3] XIII, 193—195. —
[4] XIII, 185—189. — [5] Herrlinger a. a O. — [6] cf. gleich den Anfang über
den Begriff der Physik C. R. XIII, 179 ff. — [7] C. R. XIII, 189—193. —
[8] C. R. XIII, 195—197. -- [9] XIII, 198—202. — [10] C. R. XIII, 203—206.
[11] XIII, 206—213. — [12] XIII, 213.

zu erforschen ist. Im 2. Buche seiner Physik, in der „eigentlichen" Physik, kommt er nochmals auf denselben Gegenstand und gewinnt dieselben Resultate, nur von anderem Standpunkt aus (bei der Betrachtung des Zweckbegriffes in der Natur). Daß diese Erörterungen schon ganz direkt für die Ethik den Stoff vorbereiten, liegt auf der Hand. Von ihnen ausgehend behandelt Melanchthon die Centralfrage der Ethik über die Freiheit des Willens. Und die rein metaphysische Lehre von Gott selbst hat bei ihm ja auch eine hohe Bedeutung für die Ethik. Die Erkenntnis Gottes, zu der die Physik führt, und der entsprechende Gehorsam gegen Gott ist nach ihm das ethische Ziel des Menschen.

Die 2. Aufgabe der Physik besteht darin, die praesidia vitae aufzuweisen. Diese sind materiell und sittlich. Und so führt die Physik 1) zur Medizin, 2) direkt zur Ethik.[1]

Schon die Medizin hat Beziehung zur Ethik. Sie ist nütze „zur Bewahrung der Gesundheit und Lenkung der Sitten" (189 ff.) Allerdings würde das nicht über die eine Tugend der Mäßigung hinausführen, und die Sittlichkeit, deren Motiv allein die Rücksicht auf die Gesundheit ist, hat wenig sittlichen Wert.

Aber mehr noch: die Ethik erwächst aus der Physik unmittelbar.[2] Aus dieser nimmt sie die verschiedenen Stufen des Seelenlebens, verschiedene Handlungen, Begriffe, Triebe, Affekte. Daraus wieder wird die Lehre vom Ziel des Menschen und von den Naturgesetzen gewonnen, die alle Handlungen leiten, — kurz, der Hauptinhalt der Ethik hat seine Quelle in der Physik. Der Teil der Physik aber, der sich mit den eben genannten Stoffen speziell beschäftigt, ist die Psychologie.

c. Die Bedeutung der Psychologie für die Ethik.

Melanchthon legt der Psychologie eine Bedeutung für die „Kirche," d. h. für Dogmatik und theologische Ethik (unter Berufung auf Gregor von Nyssa) und für die Moralphilosophie bei.[3] Sie lehrt, aber nicht wie die Dialektik durch die Form, sondern wie schon die Physik durch den Inhalt, den Unterschied zwischen theologischer und philosophischer Ethik kennen, den Unterschied von Gesetz und Evangelium. Das Gesetz hat zu seinem Inhalt die notitiae nobiscum nascentes: diese Kenntnisse bietet uns eben auch die Psychologie dar. So weit führt sie uns, aber nicht weiter! Das Evangelium ist keineswegs mit uns geboren. Von Gott muß es uns geoffenbart werden. Aber kann die Psychologie uns den Inhalt des Evangeliums nicht offenbaren, so ist sie doch unentbehrlich für die evangelische Lehrentwickelung, für den Aufbau der Dogmatik. Die Lehre über die labes originis muß erst fragen, welche Teile am Menschen verwundet sind, welche Güter uns

---

[1] C. R. XIII, 189. 195 ff. — [2] C. R. XIII, 195 197. — [3] C. R. XIII, 5—9.

übrig sind. Die Psychologie lehrt uns hierin ein zweifaches: uns sind geblieben die notitiae legis und damit die Erkenntnis unserer Sünde und die Freiheit des Willens in regenda locomotiva. Wie Melanchthon in der Dogmatik für die Lehre von Gnade und Freiheit bedeutsam geworden ist und selbst gefördert wurde eben dadurch, daß er von der Psychologie ausging, ist bekannt.[1] Aber ebenso klar liegt damit zu Tage, welche Bedeutung die Psychologie auch für die Moralphilo= sophie hat. Ohne die Psychologie sind die Ursachen der Tugenden und die Unterschiede von Tugenden und Lastern nicht erkennbar. Sie lehrt die Genesis der Handlungen im Menschen verstehen, die die Vor= aussetzung für die Ethik bilden.[2]

Wie führt Melanchthon das im einzelnen durch?

Die Psychologie beschäftigt sich zunächst mit dem Begriff der Seele. C. R. XIII, 9 ff. Melanchthon unterscheidet die Seele im Tiere und die im Menschen. Die Seele im Tiere definiert er im Anschluß an die Philosophen als proprietas materiae, als spiritus vitalis, als tenuissima flamma genita ex sanguine virtute cordis, volitans per totam corporis machinam et largiens corpori vivificum calorem et vim ciendi motus et actiones (XIII, 9). Die Seele ist also auch schon im Tiere der Naturboden für Bewegungen und Handlungen, sofern solche von Tieren schon ausgesagt werden können.

Um die Seele des Menschen zu bestimmen, geht Melanchthon zunächst die Ansichten verschiedener Philosophen und philosophischer Richtungen durch, der Stoiker, des Hippokrates, Galenus, Plato, Aristoteles, Okkam. Er bleibt stehen bei der Definition des Aristoteles XIII, 12—13: die Seele ist endelechia prima corporis physici or= ganici potentia vitam habentis. Ausführlich bespricht er das Wort ἐνδελέχεια, die Schreibweise mit δ oder τ, begeht mit der Annahme der ersteren den alten Fehler Ciceros und macht sich noch dessen Über= setzung als continuata motio i. e. assidua agitatio zu eigen. Frei= lich von Aristoteles ist er damit schon abgefallen, da dieser die Seele

---

[1] C. R. XIII, 5—9. 135. XI, 162. VII, 1125; Herrlinger 391. — [2] C. R. XIII, 5—9. Johann Stigel macht im Eingang seines Kommentars zu Melanch= thons Psychologie p. 1 den Zusammenhang von Psychologie und Ethik bei Melanchthon klar am dialektischen Kausalapparat. Er giebt eine Disposition der Psychologie Melanchthons: Sunt antem tres causae, ex quibus haec oritur doctrina, quae naturam hominis ob oculos pingit. I. efficiens quae primam originem hominis et formationem in utero materno describit. II. materialis quae organa et partes praecipuas totius corporis apte discernit et graphice depingit. III. formalis quae ipsius animae for= mam, gradus, diversas potentias et actiones describit. Dann fährt Stigel fort: Omittit antem quartam causam sc. finalem: Quare homo sit conditus. Nam haec non ad Physicam pertinet, sed explicatur ab ea Philosophiae parte quae Ethica vocatur. Die Meinung Melanchthons hat Stigel damit getroffen.

nicht nur als Aktualität, sondern mehr als die Einheit von Potenzia=
lität und Aktualität auffaßt. Aber Melanchthon ist überhaupt mit allen
philosophischen Definitionen der Seele unzufrieden, auch mit der von
ihm zunächst angenommenen. An allen vermißt er, daß etwas gesagt
wird über die vernünftige Seele des Menschen oder über die mens,
den Geist. Er möchte die Fragen erledigt wissen über das Wesen dieses
Geistes, über seinen Ursprung, ob er sei spiritus vitalis et animalis
oder im Menschen eine res separabilis. Zur Beantwortung dieser
Fragen erklärt er für notwendig die kirchliche Definition der Seele
C. R. XIII, 16 - 18.

Diese lautet: anima rationalis est spiritus intelligens qui est
altera pars substantiae hominis nec extinguitur cum a corpore
discessit, sed immortalis (XIII, 16). Melanchthon bemerkt ausdrücklich,
daß diese Definition, die vor allem die Unsterblichkeit der Seele betont,
keine physicas rationes habe, daß sie also aus der Schrift geschöpft
sei. Er läßt sich auf eine Besprechung der Schöpfungsgeschichte ein,
die auch von der Theologie für die Bestimmung der Seele verwendet
wird. Er deutet aber diese Geschichte sehr willkürlich aus. Ein dop=
peltes Resultat gewinnt er aus ihr. Daraus, daß Gott dem Menschen
das Leben einhauchte und daß etwas derartiges nicht von der Schöpfung
der Tiere erzählt wird, schließt Melanchthon, daß man unterscheiden
müsse zwischen den Seelen der Menschen und der Tiere. Sodann
trägt er in die Schöpfungsgeschichte ein, was diese nicht sagt: was der
Inhalt jenes göttlichen Einhauchens gewesen sei, — Gott habe dem
Menschen seine Weisheit, die Kenntnis der Zahlen, den Unterschied von
Ehrenvollem und Häßlichem, andere Kenntnisse, die rectitudo voluntatis und libera electio gegeben — also ein doppeltes, ein Wissen
und Wollen. In dieser Unterscheidung liegt die ganze Psy=
chologie Melanchthons.[1] Man mag Plitt[2] beistimmen, daß diese
„psychologische Untersuchung allereinfachsten Stiles nicht tiefgehend"
sei und daß Melanchthons „Bestimmungen nicht scharf" seien. Jedenfalls aber weiß dieser unter seiner Zweiteilung das gesamte geistige und
sittliche Leben des Menschen zu entwickeln. Und jedenfalls hat er sie
mit ausnahmsloser Konsequenz überall durchgeführt. Auch seine Moral=
philosophie — das ist für uns hier wichtig — baut auf ihr sich auf.
Von Plato und Aristoteles hat er sich damit weit entfernt. Fremd ist

---

[1] Eine recht deutliche Belegstelle dafür ist der Eingang der Loci erster
Ausgabe (Plitt, Loci 107): in duo partimur hominem. Est enim in eo
vis cognoscendi, est et vis qua vel persequitur vel refugit quae cognovit.
Vis cognoscendi est qua sentimus aut intelligimus, ratiocinamur, alia
cum aliis, aliud ex alio colligimus. Vis, e qua affectus oriuntur, est
qua aut aversamur aut persequimur cognita. Hanc vim alias voluntatem,
alias affectum, alias appetitum (vocant) nominant (cf. den locus de hominis viribus adeoque de libero arbitrio). Eine einzige solche Stelle hätte
Herrlinger von der Dreiteilung, die er annimmt, abbringen sollen. - [2] Loci
107, Anm. 24.

ihm sowohl die Dreiteilung der Seele bei Plato in Vernunft, Mut und Begierde, als auch die Zweiteilung bei Aristoteles in einen vernünftigen und unvernünftigen Teil. Im Gegensatz zu beiden rechnet er die unvernünftige Begierde nicht zu den Seelenkräften. Verwandt aber mit beiden scheint er dadurch, daß auch er der Vernunft unter den Seelenkräften die herrschende Stellung einräumt. Indessen bei Aristoteles ist Vernunft und Wille überhaupt nicht geschieden: die Vernunft in ihrer praktischen Bethätigung ist der Wille, dieser ist vernünftig und in Wahrheit das herrschende Seelenvermögen. Viel mehr hat darum Melanchthon mit Plato in der Psychologie gemeinsam, obwohl dessen ἡγεμονικόν nicht der „Wille" bei Melanchthon ist.[1] Schon aus diesem einen Grund muß die Ethik des letzteren eine andere sein als die des Plato und Aristoteles.

Die Kräfte des Verstandes und Willens, in die sich die potentia rationalis zerlegt, sind ihm die eigentlichen Faktoren des Sittlichen oder auch des Göttlichen im Menschen. Das vegetative Vermögen des Menschen tritt als die unterste Voraussetzung seines natürlichen und höheren Lebens ganz in den Hintergrund. Die tierischen Vermögen des Herzens haben für die Psychologie noch Bedeutung, sofern sie mit dem Vermögen des Gehirnes, welches Melanchthon in Übereinstimmung mit Plato als den Sitz der Vernunft, des Geistes annimmt,[2] in Verbindung stehen. Die beiden Kräfte der Vernunft bilden den eigentlichen Kern der Ethik Melanchthons. Die Ausführungen darüber greifen schon in die Ethik ein. In dem letzten Teil der Psychologie Melanchthons finden sich Erörterungen, die ganz ethischer Natur sind und die in der eigentlichen Ethik sich wiederholen. Die Definitionen von Verstand und Willen sind darum ganz ethisch gehalten. Aber bemerkenswert ist sofort auch, wie Melanchthon ihr gegenseitiges Verhältnis bestimmt. Der intellectus (XIII, 142) ist potentia cognoscens, recordans, indicans et ratiocinans singularia et universalia, habens insitas quasdam notitias nobiscum nascentes seu principia magnarum artium, habens et actum reflexum, quo suas actiones cernit et indicat et errata emendare potest. Spricht nun auch Melanchthon weiterhin dem Verstand und Willen das gleiche Objekt zu XIII, 158 (was wir begreifen, da beide zusammen wirken müssen zur Hervorbringung der sittlichen Handlung,) und erklärt er, weil die Seele nach ihm eins ist: sunt reipsa una substantia intellectus et voluntas, so fährt er doch fort. sed genera actionum diversa sunt, wobei er unter den actiones voluntatis versteht velle et nolle et suspendere actionem XIII, 153, und so beweist doch schon die Definition des Willens seine Abhängigkeit von dem intellectus XIII, 153: est potentia appetens suprema et libere agens monstrato obiecto ab intellectu.

---

[1] Zeller, Phil. der Gr. II, 1. p. 713 ff., II, 2. p. 566 ff. 659 ff. —
[2] C. R. XIII, 137 ff.

Das geistige Seelenvermögen des Gehirnes tritt nun mit dem Vermögen des Herzens in Berührung und zwar durch die Affekte. Es giebt — sezt Melanchthon C. R. XIII, 57 59 auseinander — 2 Arten Bewegungen im Herzen: pulsus und affectus, beide entstanden aus den spiritus vitales.[1] Jene Bewegung ist rein physisch, sie dient zur Belebung des Herzens, XIII, 58.

Eine sehr hohe Bedeutung für die Ethik aber hat bei Melanchthon die Lehre von den Affekten.[2] Er entlehnt sie von Aristoteles — ἐπιθυμία, ὀργός, βούλησις — verwendet sie aber doch noch anders. Die Grundbedeutung des Affektes ist die des Begehrens: appetitus, appetitio. Melanchthon behält die gewöhnliche Einteilung bei in appetitus naturales, sensitivi, voluntarii. Das erste Begehren gehört zur potentia vegetativa und meint die physischen Bedürfnisse wie Hunger und Durst, hat also für die eigentliche Psychologie und Ethik keine Bedeutung. Auch Strigel 313: hinc primum gradum cuius organa sunt omnia membra servientia nutritioni, seiungamus ab his qui proprie dicuntur affectus.

Die 2. Klasse bilden die appetitus sensitivi (appetitiones sensuum).[3] Sie lassen sich alle auf 2 zurückbringen, delectatio und dolor. Aber auch diese sind wieder doppelter Natur. Entweder sie entstehen durch die „Berührung" (tactus) und hängen von den Nerven ab, gehen also die Ethik nichts an.[4] Oder sie sind motus cordis. Sie äußern sich als Freude oder Schmerz oder als Abarten von beiden, als Trauer, Hoffnung, Furcht, Liebe, Haß, Zorn, Mitleid. Auch sie entstehen zunächst auf rein natürlichem Wege durch Verengerung oder Erweiterung des Herzens.[5] Aber sie gewinnen für die Ethik eine hohe Bedeutung dadurch, daß sie „der (sittlichen) Erkenntnis folgen" (cognitionem sequentes), weshalb sie auch satellites oder executores notitiarum heißen.[6] Daß wir kurz es sagen, die in Rede stehenden Affekte machen das Gewissen aus, das vor einer

---

[1] C. R. XIII, 53—57. 88. — [2] C. R. XIII, 122 131; Strigel de affectibus 310—354. — [3] C. R. XIII, 122 f., XVI, 51. 201—203). — [4] Strigel hat daher recht p. 315: proprie vocantur affectus in philosophia morali, qui sunt in secundo aut tertio gradu, et tamen discernuntur dolor et delectatio tactum sequentes a ceteris. Sunt enim simpliciter perceptiones nervorum in toto corpore. Er thut aber sehr unrecht, die appetitiones sensuum cognitionem (nicht cogitationem p. 314) sequentes und die Affekte des 3. Grades zu identifizieren. Was er p. 315 von beiden gemeinsam aussagt: qui consilio regi possunt, darf nur von den lezteren ausgesagt werden. Eben dadurch unterscheiden sie sich von den ersteren. — [5] XVI, 202: sunt in corde villi, qui astringuntur in moestitia et fit arefactio nativi humoris et extinctio spirituum. Econtra in laetitia laxantur villi et gignuntur spiritus copiosiores et lucidiores. — [6] C. R. XVI, 202: affectus est motus in corde aut voluntate, sequens cognitionem, quo prosequimur aut fugimus rem oblatam et quemcunque alium affectum comitatur ad extremum in corde laetitia vel tristitia: über die causae principales affectuum Strigel 320 322.

Handlung den Menschen antreibt oder abmahnt und nach der Hand lung lobt oder anklagt und so sich als „Freude" oder „Schmerz" bemerkbar macht. Weiter hat darüber die Ethik selbst zu handeln.

Die 3. Klasse endlich bilden die appetitus voluntarii (appetitiones voluntatis). Ihre Ursache ist das „Herz" selbst, die „Substanz des Herzens." Sie allein bezeichnen ein wirkliches Begehren: sie allein sind darum streng genommen appetitus, appetitiones. Sie sind Aktivität an sich, während die eben beschriebenen motus cordis erst durch eine andere Aktivität zu Bewegungen werden, einer andern Ursache zunächst nur passiv „folgen" und Reflexe eines vorhergehenden Eindrucks, der cognitio oder des iudicium sind. Sie waren von Gott und darum gut geschaffen, d. h. im Einklang mit dem sittlichen Wissen. Durch den Sündenfall, von dem freilich die Philosophie nichts weiß, dessen Folgen sie aber nicht leugnen kann, traten diese Affekte in Widerstreit mit dem Erkennen. Aufgabe der uns gebliebenen sittlichen Kräfte ist es, diese Affekte „zurückzudämmen," zu „beherrschen." Niemals aber koordiniert sie Melanchthon dem sittlichen Wissen und Wollen. Er hat keine „trichotomische Anthropologie" (gegen Herrlinger p. 231[1]). Eher könnte man sagen, weil jene Affekte stets mit einer gewissen Selbständigkeit auftreten, weil „Gehirn" und „Herz" neben einander stehen: Melanchthon täuschte sich selbst, wenn er glaubte, die Einheit der Seele zu lehren. Jene Affekte sind nach ihm das Tierische im Menschen. Sie sind die Naturtriebe. Die „Lehre von der Beherrschung der Affekte" ist, so betont er, „sehr nützlich und wahrhaft philosophisch." Sie macht zum Teil den Inhalt der Ethik aus. Die Affekte der 3. Klasse meint Melanchthon, wenn er von „Affekten" schlechthin redet. Doch darf man nie es vergessen, daß er außer diesen noch 2 Klassen von „Affekten" kennt. Freilich, daß er mit Einem Namen ganz verschiedenes benennt und doch dann diesen Namen auf eines von jenem verschiedenem fast ausschließlich überträgt, das macht seine Lehre von den Affekten so überaus schwierig. Wir fanden sie noch nirgends klar dargestellt. Nur die Affekte der 3. Klasse sind die, welche Aristoteles kennt.[1]

Zu handeln ist endlich an dieser Stelle noch von den humores, C. R. XIII, 79—87. Sie sind die Ursachen der verschiedenen Temperamente. Diese werden neben den Affekten oft genannt und sind mit ihnen verwandt, und zwar so, daß das Temperament das im Menschen ruhende Vermögen ist, aus dem der einzelne Affekt je als einzelner Akt hervorgeht. Das ist ganz auch die Lehre des Aristoteles: Nikom. Ethik II, 4.[2] Melanchthon unterscheidet 4 Arten solcher Säfte und 4 dementsprechende Temperamente. Diese Lehre giebt uns wichtige Aufschlüsse für die Ethik, 1) Aufschluß über den

[1] Zeller, Phil. der Gr. II, 2. p. 566 ff., 659 ff. — [2] Zeller, Phil. der Gr. II, 2. p. 624.

sittlichen Wert der Temperamente, 2) Aufschluß für unser sittliches
Handeln ihnen gegenüber.

Die Säfte im menschlichen Körper sind verschieden propter
temperamenta parentum et propter coelestes causas, d. h. (XIII,
87) propter diversas stellarum commixtiones. Das besondere Temperament eines Menschen ist also ererbt von Geburt her oder bedingt
durch siderische Einflüsse. Folglich liegt es außerhalb der eigenen
Entschließung des einzelnen. Folglich kann er zunächst auch nicht dafür
verantwortlich gemacht werden.

Die Kenntnis der Temperamente gewährt einen dreifachen Nutzen
für das Leben. Sie ist nütze ad tuendam valetudinem: wir sahen
aber schon, wie in die Medizin die Ethik mit hineinspielt — nütze
ad circumspectionem in familiaritatibus: wir sollen den Umgang
mit extremen Temperamenten meiden, also ein ethischer Ratschlag, —
nütze ad regendos mores: wir sollen die eigenen fehlerhaften Temperamente zügeln und korrigieren. — —

So ist der Boden nach allen Seiten für die Ethik bereitet. Die
philosophischen Wissenschaften weisen uns fast in jedem ihrer Teile
auf sie hin als ihre Krone. Wir treten somit unserer eigentlichen
Aufgabe näher, der Darstellung der philosophischen Ethik Melanchthons.

Melanchthons philosophische Ethik.

A. Vorfragen bei Melanchthon.

1. Name.

Als Zweig der philosophischen Wissenschaften nennt Melanchthon die Ethik philosophia moralis (C. R. XVI, 21, cf. die Überschrift der einen ethischen Hauptschrift: philosophiae moralis epitome). Weil aber die anderen philosophischen Disziplinen, Dialektik und Physik, in der Ethik ihre Spitze finden, heißt letztere auch schlechthin nur philosophia XVI, 23 und oft. Unterschiedslos wechselt damit der Name ethica doctrina (XVI, 165 ethicae doctrinae elementa) oder auch nur ethice. Der philosophischen Ethik steht gegenüber die theologische Ethik und auch Dogmatik als coelestis doctrina C. R. XIII, 185. Mit Vorliebe nennt Melanchthon die Ethik auch nach ihrem Inhalt pars legis divinae XVI, 21 f. oder im Gegensatz zu evangelium schlechthin lex.

2. Begriff.

Melanchthon giebt Definitionen der Moralphilosophie an der Spitze der philosophiae moralis epitome XVI, 21 und der ethicae doctrinae elementa XVI, 167.

Die kürzeste, aber auch die unbedeutendste lautet XVI, 21: „die Moralphilosophie ist jener Teil des göttlichen Gesetzes, der über die äußeren Handlungen Vorschriften giebt." Damit ist nur der Inhalt der philosophischen Ethik und zwar im Gegensatz zur theologischen (externae actiones) angedeutet, nichts weiter. Ganz vag ist schon das Wort pars.

Weit voller und bestimmter ist die Definition XVI, 21: philosophia moralis est notitia praeceptorum de omnibus honestis actionibus quas ratio intelligit naturae hominis convenire et in civili consuetudine vitae necessarias esse quaesitis fontibus praeceptorum arte et demonstrationibus quantum fieri potest. Wesentlich mit ihr übereinstimmend, aber im Ausdruck noch gefeilter und vorsichtiger (z. B. für notitia: explicatio) ist die Definition C. R. XVI, 167: est explicatio legis naturae, demonstrationes ordine in artibus usitato colligens, quantum ratio iudicare potest, quarum conclusiones sunt definitiones virtutum seu praecepta de regenda disciplina in omnibus hominibus, congruentia cum decalogo, quatenus de externa disciplina contionatur.[1]

Beide Definitionen betonen vorerst den wissenschaftlichen Charakter der Ethik und deuten ihre Stellung zu den anderen philosophischen Disziplinen an, die ihre Voraussetzungen sind. Worte wie quaesitis fontibus arte et demonstrationibus und demonstrationes ordine in artibus usitato colligens weisen auf die Notwendigkeit der Dialektik für die Ethik hin. Die Ethik ist eine wissenschaftliche Entwickelung und praktische Anwendung des Naturgesetzes. Dieses ist ihre Voraussetzung. In der Vernunft des Menschen ist es gegeben Diese aber wiederum ist ein Begriff der Physik und Psychologie.

Sodann beschreiben beide Definitionen den Inhalt und das Gebiet der Ethik. Durch die Begriffe honestae actiones, disciplina in omnibus hominibus, externa disciplina deuten sie den Gegensatz der philosophischen Ethik zur theologischen an. Das Verhältnis von beiden wird von Melanchthon sofort noch im Eingang der beiden ethischen Hauptschriften besprochen. Eine Ergänzung nur dazu bietet die sich daranschließende Beantwortung der Frage, was Nutzen und Bedeutung der philosophischen Ethik sei.

Auch geben die Definitionen schon eine gewisse Einteilung des Stoffes. XVI, 21 wird von den honestae actiones das doppelte ausgesagt: quas ratio intelligit 1) naturae hominis convenire et 2) in civili consuetudine vitae necessarias esse. XVI, 167 wird unterschieden zwischen demonstrationes quarum conclusiones sunt definitiones virtutum und praecepta de regenda disciplina in omnibus hominibus, also zwischen einem mehr theoretischen und praktischen Element, zwischen der Begriffsbestimmung der Tugend und ihrer Auswirkung im Leben. Thatsächlich kommt auf diese Unterscheidung die Disposition der Ethik Melanchthons hinaus.

3. Unterschied von der „theologischen Ethik."

Auszugehen ist davon, daß Melanchthon selbst durchweg die Notwendigkeit einer Scheidung der beiden Gebiete betont.

---

[1] Über letztere Definition ist Strigel des Lobes voll, p. 36—40. Da er (p. 36) im allgemeinen rühmt: Philippus fuit artifex in componendis definitionibus, sagt er von ihr selbst: quam studiosi non tantum legere et audire, set etiam ad verbum ediscere debent. Nam omnis vera et erudita definitio, praesertim a magnis artificibus composita, est plus quam dimidium totius i. e. est fons totius explicationis. Seine ausführlichen Erläuterungen (inventutis causa) dazu sind indessen ziemlich elementar und ohne Bedeutung für das Verständnis Melanchthons, gehen auch über dessen Meinung hinaus.

Herrlinger muß das bestätigen, p. 219: „Das Verhältnis der theo
logischen und philosophischen Ethik zu bestimmen, ist ein Problem,
das unsern Reformator sein ganzes Leben hindurch beschäftigt hat." —
p. 191 f.: „so wenig Melanchthon aus der Theologie Philosophie
machen läßt — er mißbilligt entschieden die philosophicae religiones
eines Campanus und anderer Freigeister (C. R. V, 561. II, 31) —
so wenig aus der Philosophie Theologie."[1] Auch Strigel kommt in
den betreffenden Ausführungen (p. 60—70) immer darauf hinaus,
daß die Philosophie erlaubt, ja notwendig ist, vom Evangelium aber
wohl unterschieden werden muß. Bei der ausführlichen Besprechung
von Col. 2, 8 erklärt er p. 62: Paulus non damnat rem ipsam
(philosophiam), sed abusum. Abusus autem est confusio doctrinarum. Wuttke stellt p. 149 f. seinen diesbezüglichen Ausführungen
den Satz voran: „Melanchthon hält in der phil. mor. epit. die philosophische Moral und die christliche Erkenntnis des Sittlichen scharf
auseinander." Luthardt behandelt sogar in seinem Programm: Melanchthons Arbeiten im Gebiete der Moral, theologische und philosophische Ethik getrennt von einander. Jedenfalls ist das im Sinne
Melanchthons. Die Vermengung beider Gebiete, so lehrt dieser, parit
horribiles errores XVI, 168 f. 21 f. Hingegen gewährt die Vergleichung, also doch die rechte Auseinanderhaltung der beiden genera
großen Nutzen VII, 687. II, 851 f. IV, 750: 1) beide können erst
so recht verstanden werden, 2) treten erst aus einer solchen Vergleichung
verae laudes philosophiae hervor. Zu einer rechten Scheidung —
das erhellt auch aus den letzten Worten — war er schon besonders
durch seine Stellung zur Reformation, vor allem zu Luther angewiesen.
Er wollte so die Berechtigung und Notwendigkeit der philosophischen
Ethik nachweisen, speziell auch ihren Nutzen für den Christen. So
schickt er seiner Ethik die Frage voraus XVI, 168 f.: pugnatne philosophia moralis cum doctrina quam Deus ecclesiae tradidit? (Strigel
60—62), XVI, 23—25: estne concessus usus huius doctrinae
Christianis? (Strigel 62—70). Er bejaht diese letzte Frage entschieden, während er dementsprechend die erstgenannte verneint.[2]

---

[1] Oratio de Platone XI, 421. X, 1011 f. XI, 162. 282. In ep. ad Coloss.
a. 1534 p. 69. cf. Herrlinger 405 f., Herzog, Realencykl., 1. Aufl., IX, 294 f.

[2] Trotzdem Herrlinger dies zugiebt, macht er doch in seiner Darstellung
der Ethik Melanchthons (p. 207—313) nicht den geringsten Versuch, philosophische und theologische Ethik auseinander zu halten — zum großen Schaden
seiner ganzen Darstellung! Schon die einleitenden Seiten, 210 f., zeigen große
Unentschiedenheit, Unklarheit und Halbheit auf, die sich durch das Ganze der
Ausführung zieht. Es kommt ihm, wie wir später sehen werden, im Grund
darauf an, nachzuweisen, daß bei Melanchthon schon eine theologische Ethik,
wenigstens in den Grundlinien, vorliege; cf. p. 210. 212. Auch Planck geht
ziemlich oberflächlich über die Sache hin, cf. p. 91—99. Mit den Sätzen, die
er p. 91 f. als den „Kern der Melanchthonischen Aussprüche über das Verhältnis von Philosophie und Theologie, von Vernunft und Offenbarung" an-

Wir haben im einzelnen zu prüfen, wie Melanchthon philo=
sophische und theologische Ethik zu scheiden sucht.

Zunächst betont er durchweg die Inferiorität der ersteren
gegenüber der „kirchlichen Lehre." Jene bedarf der Ergänzung
durch diese, XVI, 31 ff. 39—42. 51—55: bez. der Schwäche des
Menschen, die die Philosophie wohl sieht, aber nicht zu erklären weiß —
ein Punkt, der von Melanchthon sehr oft angezogen wird; cf. XVI,
180; XIII, 154 ff.: Begriff des Guten; XVI, 183 ff.: zur rechten
Tugend gehört der heilige Geist; XIII, 198—202: Schranken der
natürlichen Gotteserkenntnis, Notwendigkeit der Ergänzung durch die
Offenbarung (ebenso XVI, 300 ff.); XIII, 16: das natürliche psycho=
logische Wissen und seine Schranken, Notwendigkeit der Ergänzung
durch die christliche Lehre; XIII, 119 ff.: die 3 Normen der Gewiß
heit in der Philosophie, Ergänzung durch die 4. Norm in der gött=
lichen Offenbarung; XVI, 280—282. 287—289. 302 ff.: Wert
schätzung der philosophischen Ethik, aber ihre Unterordnung auch unter
die christliche, Billigung der bürgerlichen Disziplin durch Christus,
aber doch ihr relativer Wert wegen der Herrschaft der schlimmen
Affekte; XVI, 326—330: Genesis der Tugend; 1) die Philosophie
erklärt sie nicht genügend, 2) sie sagt nicht, wie man wirklich zur
Tugend kommen kann; daher Notwendigkeit einer theologischen Ethik,
da ja die Ethik wirklich bessern soll; XVI, 339—346: die Frage von
der Willensfreiheit vom rein philosophischen Standpunkt aus nicht ge
löst und nicht lösbar, ganz anders behandelt in der „kirchlichen Lehre"
(cf. XVI, 337—339. 42—50. 192. 198); XVI, 346 ff.: über den
Lohn der Tugend spricht ungenügend die Philosophie, befriedigend nur
das Christentum, das auf den Ausgleich im jenseitigen Leben hinweist;
XVI, 393—394. 395 ff: Anschauungen über Recht und Politik in
Philosophie und Evangelium.

Trotz alle dem hält Melanchthon doch auch an der Notwendig
keit der philosophischen Ethik fest, selbst für den Christen. Er
muß das auch, und schon deswegen, weil ihm die philosophische

---

sieht, ist nichts gewonnen. Arg enttäuscht wird man, wenn man eine Lösung
unsers Problems in der Dissertation von Kirmß, das Verhältnis der Moral
zur Religion bei Melanchthon, sucht. Die Arbeit ist verfehlt von der Über
schrift bis zu den Schlußresultaten. Sie ist fast ausschließlich nur ein dogma
tischer Versuch über das Verhältnis von christlichem Glauben und Rechtferti
gung und guten Werken bei Melanchthon. Kirmß ist in dem verhängnisvollen
Irrtum befangen, als ob „Religion" nur christliche Religion sein könne und
als ob Melanchthon nur den christlichen, nicht auch den natürlichen, philoso=
phischen Standpunkt kennen dürfe und könne. Und darum schließt er mit dem
Satze, der wie eine Klage klingt, daß „Melanchthon es nie zu einer innigen
Verschmelzung der christlichen und philosophischen Moral gebracht hat," p. 41.
Als ob nicht des Reformators Streben gerade daran ausging, beides aus
einander zu halten!

Ethik wesentlich den Standpunkt des Alten Testaments re
präsentiert.[1]

C. R. XVI, 21 sagt er, man müsse unterscheiden Evangelium, Ge
setz Gottes und Philosophie. Die beiden letzteren setzt er im wesentlichen mit einander identisch: die Moralphilosophie gilt ihm als
ein Teil des göttlichen Gesetzes (Röm. 1, 32; hierher gehören
die beiden Stücke, mit denen Herrlinger sein „1. Hauptstück: ethische Prinzipienlehre" füllt p. 212—226, I. Gesetz und Evangelium
212—219. II. Evangelium und Philosophie 219—226). Das göttliche
Gesetz aber ist für Melanchthon wiederum so gut wie identisch mit
dem Naturgesetz, XVI, 23 est lex naturae vere lex Dei. Röm. 1,
19 s.[2] Als das göttliche Gesetz aber gilt ihm das Mosaische Gesetz,
ja das ganze Alte Testament. Am besten zusammengefaßt findet er
es im Dekalog: XVI, 70 epitome et summa legum naturae. Die
Philosophen finden inspectis causis et effectibus denselben Inhalt,
der uns im Alten Testament durch göttliche Offenbarung geboten wird.
Es ist daher vom Standpunkt Melanchthons aus durchaus keine Ein-
mischung der theologischen in die philosophische Ethik, wenn er immer
wieder auf den Dekalog zurückkommt. XVI, 24 s. nennt er den Dekalog
neben heidnischen ethischen Schriften. Im Dekalog findet er die beste
Anordnung der Tugenden: er verläßt hier sogar die Einteilung des
Aristoteles und folgt der des Dekalog, sucht aber doch Aristoteles und
Dekalog mit einander in Einklang zu bringen. Er setzt sogar die
alten attischen Gesetze zum Dekalog in Parallele, XVI, 593—614 in
den Prolegomenen zu Ciceros Officien: collatio actionum Atticarum
et Romanarum ad Decalogum. cf. noch XVI, 60—64: im Dekalog
die beste Ordnung der Tugenden: XIII, 149 ss.: Inhalt des Dekalogs
dem Menschen von Natur schon bekannt, die göttliche Offenbarung will
nur die Gewißheit dieses Inhaltes erhöhen: XVI, 289: aus dem
Dekalog wird die Disposition der Tugenden genommen (cf. XVI,
321 ss.: abweichend von der des Aristoteles.)

Offenbar stellt Melanchthon mit diesen seinen Ausführungen das
Alte Testament zu niedrig. Es ist, wenn er das auch nicht ausspricht,
im Grunde genommen überflüssig. Sein sittlicher Inhalt ist uns schon
von Natur bekannt. Es dient nur dazu, dies Bekannte uns zu bestätigen, XIII, 149 ss. Es ist das die Konsequenz der Gesamtanschauung
Melanchthons, daß alles natürliche sittliche Wissen des Menschen, die

---

[1] Strigel füllt das praef. 1: cum duae sint partes doctrinae Christianae, lex et evangelium, magnum adminiculum in enarratione legis
est haec philosophia seu methodus qua Aristoteles utitur in explicatione
virtutum. Herrlinger kommt nicht dazu, unsern obigen Satz klar auszusprechen. Die Sache giebt er völlig zu 213 s. — [2] Daß die Philosophie und
das göttliche und das natürliche Gesetz sich bei Melanchthon wesentlich decken,
ist Herrlinger entgangen. Dagegen Strigel p. 5: Congruunt lex divina et
lex naturae. Sed differunt gradibus claritatis et obscuritatis.

lex naturae, eine göttliche Offenbarung in jedem Menschen ist und direkt von Gott stammt. Er verrät deutlich damit den Humanisten, cf. Planck p. 97—99. 95 ff. Jedenfalls aber ist ihm so, da neben dem Neuen ihm das Alte Testament von vornherein nicht überflüssig erscheinen konnte und er in dieser Gewißheit durch die schwarmgeistrischen Bewegungen und antinomistischen Streitigkeiten immer nur bestärkt ward, die Notwendigkeit der philosophischen Ethik und ihrer Selbständigkeit erwiesen.

Demgemäß bestimmt er nun auch ihr direktes Verhältnis zur „theologischen." Jene hat für diese zunächst eine formale Bedeutung. Die Kirche nimmt (cf. XVI, 170: 4. Nutzen der Moralphilosophie) von der Moralphilosophie die Namen der Tugenden, die Definitionen. Die philosophische Ethik bildet also für die kirchliche Wissenschaft die Voraussetzung als Wissenschaft (Planck 96 „instrumentaler Nutzen der Philosophie"). Das beruht darauf, daß Philosophie und Altes Testament der christlichen Wissenschaft der Zeit nach vorangehen, und Melanchthon, der eifrige Schüler des Aristoteles, war jedenfalls überzeugt, daß der große Philosoph nicht gelebt haben könne, ohne daß die Kirche auch von ihm Nutzen habe und ihm die wissenschaftliche Methode verdanke.

Die Frage ist, ob die Moralphilosophie der kirchlichen Wissenschaft schon auch den Inhalt bestimmt, ob beide inhaltlich selbständig neben einander stehen. Melanchthon behauptet entschieden die Verschiedenheit des Inhaltes, der beiden zugewiesen ist und mit dem sie arbeiten. Darauf weist schon ihre Gegenüberstellung als Gesetz und Evangelium (XVI, 168 f. 21 f.).[1] Der Inhalt des Evangeliums ist promissio. Sie umfaßt die remissio peccatorum, die reconciliatio propter Christum (gratis pollicens remissionem peccatorum). Das Evangelium ist, wie es ausführlicher XVI, 168 heißt, praedicatio poenitentiae, arguens peccata, et promissio remissionis peccatorum et reconciliationis, iustitiae et vitae aeternae, gratuita propter filium Dei, cuius promissionis notitia nequaquam nobiscum nascitur, sed ex arcano sinu aeterni patris prolata est, supra et extra conspectum omnium creaturarum. Diese Verheißung ist divinitus revelata Joh. 1, 18 (C. R. XVI, 21 f.). Die Philosophie weiß nichts davon. Der Inhalt des Gesetzes sind Gebote, Vorschriften für unser sittliches Verhalten — XVI, 168: obligans omnes creaturas rationales et postulans, ut omnes sint conformes ipsi et damnans ac destruens omnes non conformes, nisi fiat remissio et reconciliatio propter filium mediatorem. cf. XXI, 30. 140: Herrlinger 213 f.

Deutlich erkennen wir hier, wie Melanchthon fast ängstlich bemüht ist, vom Begriff des Evangeliums ja den des Gesetzes und des Gesetz-

---

[1] Strigel eignet sich hier ganz die Gedanken Melanchthons an: beide Gebiete stellt er durchweg als „Gesetz und Evangelium" einander gegenüber.

lichen fern zu halten. Es geschah aus Gegensatz gegen den Katholi
zismus, der aus dem Christentum nur ein neues Gesetz, eine neue
höhere Moral gemacht hatte, aus Christus den novus legislator.[1]
Soweit der Mensch des Gesetzes bedarf, ist er vom Evangelium, vom
heiligen Geist noch nicht beherrscht. An ihn wendet sich dann das
Gesetz, das den Inhalt der Moralphilosophie bildet; cf. XVI, 21:
u su dubium est quin et pii (also doch die, die schon unter dem Evangelium stehen), si sint rudes ut pueri et alii imperiti, sint docendi
de lege, ne opera sine verbo Dei et contra naturale indicium faciant,
qualia multa parit ignorantia apud barbaros. Wohl kennt Melanch
thon eine evangelische, christliche Sittlichkeit, aber nicht eigentlich eine
christliche Ethik, sofern „Ethik" ihm eben schließlich nichts anderes ist als
„Gesetzeslehre." Es muß unmöglich erscheinen, eine theologische „Ethik"
Melanchthons darzustellen, und vollends unmöglich, sie finden zu wollen
in bestimmten dogmatischen Schriften Melanchthons, wie in den Loci,
den Bekenntnisschriften und anderen, und darnach sie darzustellen, wie
Luthardt thut in seinem Programm. Christlicher Glaube und christ=
liche Sittlichkeit gehören für Melanchthon so unbedingt und unlöslich
zusammen, daß er es nicht wagt, sie in gesonderten Darstellungen von
einander zu trennen. Wenn vor seinem Geiste eine theologische, christliche Ethik als selbständige Wissenschaft klar gestanden hätte, so hätte
er, der praeceptor, der so vieles bearbeitet und geschrieben, sie sicher
auch selbständig bearbeitet. — Darnach begreift es sich schwer, wie
Herrlinger eine philosophische Ethik Melanchthons eigentlich gar nicht
kennt, vielmehr (p. 216) eine „Vereinigung des spezifisch Religiösen und
des Sittlichen im Christentum" bei Melanchthon und damit (p. 212)
„die selbständige Gestaltung einer evangelischen Ethik" nachweisen will.
Er ist, wohl beeinflußt von Schwarz (Melanchthon und seine Schüler
als Ethiker, Stud. u. Krit. 1853, p. 28—30), ganz nur von der Vor=
aussetzung geleitet, daß bei Melanchthon sich eine evangelische, d. h.
theologische Ethik finde (cf. p. 225 u. Herzogs Realencykl. 2. Aufl. IX,
513). Dieser Voraussetzung zu liebe verfällt er in mancherlei Irr=
tümer und auf Mißgriffe. Dahin gehört vor allem die Behauptung,
daß Melanchthon den Begriff evangelium in doppelter Bedeutung ge-
brauche, als einen „historischen" und einen „dogmatischen" p. 214.
Diese unverständliche Scheidung wird erläutert p. 215: Das Evange=
lium nach seinem geschichtlichen Begriff ist „die Offenbarung Gottes
in dem historischen Christus und darin die Erkenntnis, daß eben erst
das Neue Testament das Ethische wie das Religiöse in seiner vollen-
deten Gestalt offenbare." Die Sache wird dadurch nicht klarer. Als
was sollte eine Dogmatik das Evangelium sonst fassen, wenn nicht als

[1] C. R. XXI, 30: Christus non legislator, sed impletor, victima et
sacerdos. XXI, 146: Non est Christi primarium ac proprium opus,
officium legis condere, sed gratiam donare: Moses legum lator, Christus
salvator.

die Offenbarung Gottes im historischen Christus? Diese Unterscheidung wird aber auch nicht ausdrücklich von Melanchthon gegeben und ist endlich bei ihm auch nicht begründet in der Sache. Die von Herrlinger beigebrachten Stellen beweisen etwas anderes. Das Evangelium ist nach Melanchthon keineswegs ein (neues) Gesetz: was im Neuen Testament sich an Vorschriften und Geboten findet, gehört dem Gesetz an. Für den Christen als solchen erklärt Melanchthon allerdings das Gesetz für überflüssig. Aber im Christen, auch im Wiedergebornen ist immer eine doppelte Natur, der alte und der neue Mensch. Für den ersteren gilt das Gesetz. Was für Herrlingers Ansicht zu sprechen scheint, ist die Bezeichnung des Evangeliums als praedicatio poenitentiae et bonorum operum, cf. schon XVI, 168. XV, 507 (Comm. in Rom.) XXI, 415 (Loci von 1555). XXV, 608. XXI, 732 (letzte Redaktion der Loci). XIV, 544 (annotationes in Evang. Matth. von 1558). Aber in allen diesen Stellen ist nur die Notwendigkeit und Thatsächlichkeit der guten Werke auch auf dem Boden des Neuen Testamentes ausgesprochen. Wie diese zu stande kommt, ist eine ganz andere Frage; cf. C. R. XXV, 739: omnia dicta de operibus intelligantur $\varkappa \alpha \tau \grave{\alpha}$ $\sigma \nu \nu \varepsilon \varkappa \delta \sigma \chi \acute{\eta} \nu$ i. e. praelucente fide (cf. Herrlinger 219. 218.) — Den ersten Anstoß zu einer selbständigen theologischen Ethik giebt Melanchthon erst mit seiner Lehre vom tertius usus legis und von der Unterscheidung der promissiones legales und evangelicae, Loci XXI, 719. 434. Explic. Symb. XXIII, 550. Ex. Ord. XXIII, 10. XXV, 630. Der renatus, das Subjekt der theologischen Ethik, wird in Beziehung gesetzt zur lex. — Das Resultat aber aus alle dem heißt: Melanchthon scheidet scharf zwischen dem Inhalt des Gesetzes und des Evangeliums: von einer philosophischen Ethik kann man bei ihm unbedingt reden, von einer theologischen nur bedingt. Nur immer mit dem genannten Vorbehalt werden wir in der Folge von „theologischer Ethik" bei Melanchthon reden. Unser Resultat wird bestätigt durch das, was Melanchthon noch zu dieser Frage sagt.

Er konstatiert weiterhin für philosophische und theologische Ethik ein verschiedenes Ziel, zu dem sie den Menschen führen. Nach der Moralphilosophie oder der lex Dei ist es: agnoscere Deum eique obedire et eins gloriam patefacere et illustrare et tueri societatem humanam propter Deum, XVI, 28 ff. 170. XI, 282. 656. 425 und noch oft; cf. Herrlinger 225. Das Evangelium nennt als Ziel des Menschen (a. a. O.): agnoscere Christum filium Dei et accipere oblatam misericordiam. Hieran fügt Melanchthon die Worte (XVI, 29): dictum est supra, discrimen esse inter legem et evangelium, et tamen ita proponitur in evangelio finis Christus, ut in eo Deus apprehendatur et vere agnoscatur: ergo evangelium etsi contionatur de agnitione Christi, tamen complectitur etiam finem in lege propositum; cf. XVI, 49: vera Dei agnitio, sonst

nur Dei agnitio; XVI, 31 f.; vita aeterna principaliter est nova
et perpetua agnitio Dei et obedientia; XIII, 198. 202; cf. Schlott
mann p. 18 f. Melanchthon erkennt die Grenze der natürlichen Gotteserkenntnis an, spricht aber sehr oft von der bloßen agnitio Dei als
dem Ziel des Menschen als etwas schon vollkommenem. Das Evangelium bildet also, wie man sieht, nur zu sehr eine Ergänzung zum Gesetz,
zur Philosophie. Und die Gefahr lag für Melanchthon nahe, daß er,
wenn er vom Gebiet der natürlichen Sittlichkeit spricht, immer ohne
weiteres den Gottesbegriff einträgt, den er selbst als den seinen in
sich trägt, den christlichen Gottesbegriff mit seinen Konsequenzen für
Glauben und Leben.

Dieselben Bemerkungen machen wir noch bei den übrigen Punkten,
in denen Melanchthon das Gebiet des Gesetzes und das des Evangeliums scheidet. Verschieden sind ihm in beiden die Wege, die
zum sittlichen Ziele des Menschen führen. Hierher gehört, was
Herrlinger über das geoffenbarte und natürliche Sittengesetz sagt p. 219
—222; cf. p. 220: „Die Prämissen für die Lösung des Problems,
das Verhältnis der theologischen und philosophischen Ethik zu bestimmen
(219), liegen in dem Verhältnis von geoffenbartem und natürlichem
Sittengesetz." Das Resultat, das Herrlinger findet, ist richtig: Melanchthon unterscheidet natürliches und offenbarungsmäßiges sittliches
Wissen, aber doch nur graduell, p. 221. 225. Aber es entgeht Herrlinger, daß Melanchthon diesen Gradunterschied nur feststellt, wenn
er jenes doppelte Wissen ausdrücklich mit einander vergleicht, daß er
im allgemeinen aber mit der Voraussetzung eines infalliblen sittlichen
Wissens operiert.[1]

Melanchthon kommt über ein Schwanken nicht hinaus. Einerseits
lehrt er C. R. XVI, 171: nach der Schriftlehre führt uns
Christus, nach der Philosophie Vernunft und Gewissen.
Für „Christus" setzt er sehr oft auch ein: den „heiligen Geist."
Dieser ist der eigentliche Vollender unsers sittlichen Wissens. 3 Normen
oder Kriterien der Gewißheit findet Melanchthon in der Philosophie
(XIII, 149 ff.): als 4. Norm kommt in der Theologie die göttliche
Offenbarung hinzu (XXI, 604. I, 511. IV, 837. XIII, 651. XI,
709. XXI, 351.) Der Träger der göttlichen Offenbarung ist der
heilige Geist. Ebenso gilt der heilige Geist als der eigentliche Faktor
der „wahren" Tugend; cf. z. B. XVI, 39—42, wo Melanchthon
p. 39—41 über die causae der philosophischen Tugenden spricht und
p. 41 fortfährt: sed de Christianis (virtutibus) addi debent causae,

---

[1] Außerdem weiß Herrlinger nichts davon, daß die Lehre vom sittlichen
Wissen einen integrierenden Bestandteil der Melanchthonischen Ethik selbst bildet,
ja, daß sie eben darauf sich aufbaut. Und schließlich ist dies nicht, wie Herrlinger es darstellt, der einzige Punkt, in dem Melanchthon eine Scheidung von
philosophischer und theologischer Ethik anstrebt (cf. Herrlinger, über die Verschiedenheit der Erkenntnisquellen in Philosophie und Theologie p. 402 f.)

notitia evangelii et spiritus sanctus adiuvans et impellens humanas vires. Der heilige Geist ist notwendig bei der Schwäche des menschlichen Willens, XVI, 337—339.

Andrerseits aber behauptet Melanchthon (eben wieder C. R. XVI, 171), daß beide Wege zu „demselben Ziele" führen, nur daß die Philosophie schwankend bald Gott, bald die Tugend als das Ziel angebe. Und auch ohne den heiligen Geist giebt es schon sittliche Gewißheit. Auch ohne ihn giebt es sittliche Handlungen, Tugenden. Auch ohne ihn kommt der Mensch schließlich zu seinem sittlichen Ziel. — Melanchthon hätte auf dem betretenen Wege noch einen Schritt weiter gehen müssen. Den Menschen, der vom heiligen Geiste beherrscht ist, den homo renatus, mußte er konsequent und durchgehends zum Subjekt der „theologischen Ethik," den Menschen in seinem schöpfungsmäßigen Verhältnis zu Gott zum Subjekt der philosophischen Ethik machen. Vorausgesetzt und angedeutet hat er ja beides, aber nicht klar ausgesprochen; cf. den Gebrauch von „homo renatus" in seinen Ausführungen, cf. XVI, 168: lex moralis est aeterna et immota sapientia et regula iustitiae in Deo — quae patefacta est hominibus in creatione, oder wie es in der Ausgabe von 1550 heißt: lex est doctrina quam Deus in creatione humanis mentibus indidit. Wenn Melanchthon diesen letzten Schritt nicht vollzogen hat, so soll das uns sein Verdienst nicht schmälern. Er hat kommenden Geschlechtern vorgearbeitet, daß sie aus seinen Voraussetzungen mit Leichtigkeit die letzten Konsequenzen ziehen konnten. Die Unklarheit aber in seinen Ausführungen erklärt sich auch hier sicher wieder mit dadurch, daß er das Gebiet der philosophischen Ethik zu sehr mit dem des Alten Testamentes gleichsetzt; cf. Schlottmann p. 47 f. Auch im Alten Testament muß er trotz aller gegenteiligen Behauptungen doch schließlich schon das Walten des „heiligen Geistes" selbst anerkennen und eine höhere Sittlichkeit als im Heidentum. Zu denken geben besonders die so oft wiederkehrenden Beispiele von Joseph und David. Und wenn er so oft von den impetus heroici oder ardentiores spricht, die er als Wirkungen des göttlichen Geistes erklärt, und wenn er auch den „göttlichen Geist" vom „heiligen Geist" unterscheidet, so ist diese Unterscheidung an sich mißlich und wird nur mißlicher noch, wenn dem „göttlichen Geiste" ganz besondere Wirkungen zugeschrieben werden, die nur einzelnen auserwählten Menschen zu teil werden. Der „heilige Geist" kann dann auf dem Gebiete des Evangeliums nicht als etwas vollkommen Neues erscheinen, und die Grenzen zwischen philosophischer und theologischer Ethik verwischen sich.

Melanchthon unterscheidet sie beide endlich noch betreffs der thatsächlichen Wirklichkeit, mit der sie es zu thun haben, betreffs des Resultates, das sie faktisch erreichen. Er fragt darnach, welchen Trost die Philosophie, welchen die Kirche gewährt;

cf. besonders Schlottmann p. 15 f.; C. R. XXIV, 155 -158. XXV,
190 193. 829 833: „Philosophica patientia est in aerumnis
obtemperare rationi, ne quid contra decorum faciamus aut contra
institiam propter dolorem animi. Longe maius aliquid est patientia
Christiana quae est obedire Deo nec propter dolorem facere aliquid contra Deum aut contra mandata eius, et est fiducia prae-
sentiae Dei petere et sperare a Deo mitigationem aut liberationem."
Grund für diese Wirkung des Evangeliums ist, daß es zum Inhalt
die Vergebung der Sünden um Christi willen hat. Melanchthon stellt
einander gegenüber christliche und philosophische oder geistliche und
bürgerliche Tugenden oder geistliche und philosophische oder geistliche
und äußere Handlungen oder im Anschluß an den biblischen Sprach=
gebrauch die institia cordis und die institia carnis. Das Gebiet der
philosophischen Ethik umspannt er sehr gern mit dem Namen disciplina
oder disciplina externa (im steten Anklang an Gal. 3, 24).

Prinzipiell also scheidet er hier beide Gebiete scharf. Auch
wenn er (z. B. C. R. XVI, 50 in der Frage nach dem freien Willen) in
der philosophischen Ethik von „geistlichen" Handlungen spricht, so ist
er sich dessen doch wohl bewußt, daß sie nicht hierher gehören: er thut
es, weil „ihre Vergleichung viel Licht bringt für die Betrachtung der
äußeren Handlungen." Aber gemäß den schon dargelegten Unklar-
heiten stellt er doch die „äußeren" Handlungen im Verhältnis zu den
„geistlichen" zu hoch. Die disciplina ist eins mit der alttestament=
lichen Sittlichkeit, der παιδαγωγία εἰς Χριστὸν und deshalb eine
der Vollkommenheit ziemlich nahe stehende Vorstufe. Strigel sagt zwar
p. 75: Quod ad novam obedientiam attinet, Lex ostendit, quae
actiones placeant Deo: Evangelium docet, quomodo fieri possint
et quomodo placeant. Aber Melanchthon begnügt sich nicht, dem
„Gesetze" nur eine rein formale Kraft zuzuschreiben.[1]

Unser Resultat aber am Schlusse ist, daß Melanchthon eine
philosophische Ethik kennt und hat und daß ihre Darstellung
für uns darum möglich ist. Nur hat Melanchthon ihr Ge=
biet zu weit und zu hoch beschrieben. Und nach dem Gesagten
ist es nur begreiflich, daß namentlich die Kasuistik der philosophischen
Ethik auch theologischen, christlichen Charakter hat (C. R. XVI, 170.
279). Sie ergab sich für Melanchthon aus den konkreten, d. h. christ=
lichen Verhältnissen, in denen er stand. Galt es für ihn doch auch,
in der Anwendung der (allgemeinen) Ethik auf die zeitgeschichtlichen,
kirchlichen, politischen und sozialen Fragen und Verhältnisse den „Nutzen"
der Ethik darzuthun. Es handelt sich hier vornehmlich um die Frage:
Dürfen Fürsten gottlose Kulte abstellen? C. R. XVI, 85--105; (jedoch
stand diese Abhandlung in den 3 ersten Ausgaben der Epitome am

---

[1] Sonst trifft Strigel in seiner Zusammenfassung p. 75 ff. die Gedanken
Melanchthons, faßt sie aber nicht besonders tief auf und ist nicht vollständig.

Ende mit der Überschrift: de auctoritate principum, prolegomena zu C. R. XVI, p. 19 f.). XVI, 570 ff. in den Prolegomenen zu Ciceros Officien, XVI, 241 ff. 169 ff. (quaestiones aliquot).

4. Notwendigkeit und Nutzen der Moralphilosophie.[1]

Über den Nutzen der Moralphilosophie handelt Melanchthon mit Vorliebe. Er wollte vermutlich damit das Mißtrauen widerlegen, das dieser Wissenschaft noch hier und da von protestantischer Seite entgegengebracht wurde. Am ausführlichsten spricht er darüber in der Einleitung zu den ethicae doctrinae elementa C. R. XVI, 165—167 und nach einem Exkurs über die Harmonie der Ethik mit der christlichen Lehre (p. 167—169) noch p. 169 f. (quae sunt praecipuae utilitates huius doctrinae), in der Einleitung zur philos. mor. epitome XVI, 25—27 und zu den ethischen Büchern des Aristoteles XVI, 277.[2]

Alle seine Ausführungen kommen auf ein doppeltes hinaus. Er erkennt der Moralphilosophie einen mehr formalen oder intellektuellen und einen materiellen oder ethischen Nutzen zu; cf. C. R. XVI, 165—167: Nr. 1—3 behandeln den intellektuellen, Nr. 4 den moralischen Nutzen; XVI, 277 (Einleitung zu Aristoteles' Nikomachischer Ethik) Nr. 1. 2. 5. 8. (7). 9. 10. 11. 13. 6 den formalen, Nr. 3. 4. 7. 12 den praktischen Nutzen; ähnlich C. R. XVI, 25—27.

Der intellektuelle Nutzen der Ethik erscheint Melanchthon darum wichtig, weil sie vor allem unser Wissen von Gott fördert: die Moral ist uns ein Zeugnis von Gott, von seiner Existenz, von seinem Wesen (seiner Weisheit, Freiheit, Wahrhaftigkeit, Gerechtigkeit, Wohlthätigkeit u. s. w.) und von der sittlichen Weltordnung, wie sie durch Gott begründet ist (das indicium Dei XVI, 167 oder quod indicaturus sit XVI, 169).[3] Unter den Gottesbeweisen nimmt der moralische mit die höchste Stelle ein.[4]

C. R. XVI, 25 ff. schildert Melanchthon den intellektuellen Nutzen der Ethik weiter dadurch, daß er ihre Bedeutung für Juristen, Redner und Theologen nachweist. Das erste erklärt sich dadurch, daß nach Melanchthon die juristische Wissenschaft mit der ethischen sich sehr nahe berührt, ja in ihr wenigstens nach ihren Quellen schon enthalten ist. Nach dem 2. Punkt ist die Rhetorik als eine durchaus ethische Kunst und Wissenschaft angesehen. Die Rhetorik darf den Zusammenhang

---

[1] Strigel de utilitatibus doctrinae ethicae p. 4—28; p. 28—36 Erläuterungen zu C. R. XVI, 165—167. — [2] Sehr ausführlich in der Ausgabe von 1540, viel kürzer in den Ausgaben von 1530, 1532, 1535. — [3] cf. XVI, 165—167, Nr. 1—3. — [4] Strigel p. 4—10: prima utilitas philosophiae moralis: quod sit pars legis divinae et testimonium praecipuum de Deo I. quod sit Deus II. qualis sit Deus III. quod Deus indicet recte aut secus facta: p. 6 consideretur haec tertia demonstratio paulo attentius, quia est practica. Reliquae duae sunt magis speculabiles.

mit der Ethik nicht verlieren, soll sie nicht entarten.[1] Besonderen Nutzen schreibt Melanchthon der Moralphilosophie für die Theologie zu.[2] Die Theologie, d. h. Dogmatik und theologische Ethik „nimmt vieles" aus der Moralphilosophie, vorerst die Begriffe, die termini. Über diesen Punkt gilt, was über das Verhältnis von philosophischer und theologischer Ethik bei Melanchthon gesagt ist.

Bezeichnend ist, was Melanchthon über den praktischen, moralischen Nutzen der Moralphilosophie sagt. „Sie ist von Nutzen für die disciplina" — das wiederholt sich oft. Ohne Zweifel schreibt Melanchthon, und das berührt sich mit seinen übrigen Grundanschauungen, der ethischen Wissenschaft selbst schon eine sittliche Kraft zu, cf. C. R. XVI, 165–167. Nr. 1. XVI, 25. Nr. 1. XVI, 277 ff. Nr. 3: Die Moralphilosophie ist die Quelle der Gesetze, durch die die bürgerlichen Sitten gelenkt werden; Nr. 1: Die Menschen lernen durch sie ihre Pflichten ermessen; dadurch werden die Sitten milder; Nr. 7: Es ist von großem Nutzen, die Unterschiede der Tugenden festzuhalten, der Affekte, Temperamente, Neigungen, habitus; Nr. 12: Die Moralphilosophie zeigt uns die Schwäche des Menschen und führt uns so unmittelbar zur doctrina divina, d. h. zur Theologie. Die Aufgabe der Ethik besteht also nicht nur darin, die Erkenntnis des Sittlichen zu bringen, sondern auch den Willen und das Handeln thatsächlich zu bessern.

5. Disposition der Ethik.

Der Frage, ob Melanchthons Ethik eine Disposition aufweise, also die Bedeutung eines Systems habe, ist man bis heute entweder nicht nachgegangen, oder man verneint sie ohne weiteres. Planck erklärt in den wenigen, dürftigen Bemerkungen über die Arbeiten Melanchthons in der Ethik und Politik p. 78 s. kurzweg: „In der Philosophiae moralis epitome ist fast gar keine systematische Ordnung, sondern eine Masse spezieller Fragen über Ehe, Kirchenrecht sind eingeschaltet. Freilich hat auch Aristoteles, so viel Schönes über die einzelnen Tugenden, z. B. Wohlthätigkeit, Wahrhaftigkeit, Dankbarkeit, Freundschaft gesagt ist, in der Hauptsache keine Ordnung. Ein Moralprinzip ist nicht aufgestellt und das Verhältnis der theologischen zur philosophischen Sittenlehre nicht aufgehellt." Ganz ähnlich spricht sich Gaß, Geschichte der christlichen Ethik, darüber aus, der p. 96 ff. von „Melanchthons philosophischen Skizzen" redet, deren kasuistischen Inhalt er p. 100 sogar einem „Trümmerhaufen" vergleicht. — Die Disposition, welche Herrlinger gewinnt, ist sehr willkürlich: nicht begründet in den Schriften,

---

[1] C. R. XVI, 26: Die Redner müssen mit moralischen Sentenzen ausgerüstet sein, sonst gignunt multas absurdas sententias et traditas ab aliis male accommodant. — [2] C. R. XVI, 26; Strigel 11—13.

„in welchen Melanchthon die Ethik ex professobehandelt,"[1] auch nicht begründet in der Sache, in den ethischen Grundanschauungen Melanch= thons. Im Gegenteil kommen letztere durchaus nicht zu ihrem Recht (das intellektuelle und voluntative Moment und die Gerechtigkeitslehre!). Anderes wird in Melanchthon hineingetragen.[2] Anderes wieder wird unnötig und falsch auseinandergerissen.[3]

Schon der Überblick über die Quellen der Ethik Melanchthons überzeugte uns, daß wir, auch noch abgesehen vom Inhalt, in die Mitte zu stellen haben die beiden ethischen Hauptschriften Melanchthons, die philos. moralis epitome und die ethicae doctrinae elementa, und zwar so, daß die letztere als die jedenfalls gereifteste Frucht der Arbeiten Melanchthons in der Ethik vor jener den Vorzug erhält. So hätten wir zunächst zu versuchen, ob wir eine Disposition der Ethik aus den Elementa gewinnen können. Melanchthon kündigt eine solche hier nicht an. So erscheint der Versuch aussichtslos. — Über die Epitome spricht sich Melanchthon selbst aus in der Dedikation an Christ. Pontanus:[4] cum Aristotelis ethica enarrarem, addidi hunc com- mentarium in quo non solum sententiam Aristotelis, sed me- thodum etiam sequor, verum ita, ut quasdam addiderim disputa- tiones nostris temporibus magis aptas u. s. w. In einem „Kom= mentar" dürfen wir eigentlich kein System suchen. Eine Disposition der Ethik des Aristoteles scheint indes Melanchthon anzudeuten in der Einleitung zu den 2 ersten Büchern der Nikomachischen Ethik von 1529: hactenus enarravimus praecipuos locos horum librorum. Primus continet gravissimam disputationem de fine hominis, secundus definitionem virtutis.[5] In der Ausgabe von 1546[6] sagt er ähnlich: primum ait esse finem. Deinde applicat oportere esse aliquem

---

[1] p. 210; nur in ganz schwachen Ansätzen hält sich Herrlinger doch an den Gang dieser Schriften. — [2] z. B. die „Pflichtenlehre" p. 246—251, die Melanchthon gar nicht kennt und die Herrlinger sogar als eigenen Teil im Ganzen der Ethik Melanchthons hinstellt. [3] Die 2 Abteilungen des 1. „Haupt= stückes" „ethische Prinzipienlehre" p. 212—226 I. Gesetz und Evangelium, II. Evangelium und Philosophie, werden mit Unrecht selbständig neben einander gestellt; Gesetz und Philosophie sind bei Melanchthon im wesentlichen gleich; sein Gegensatz einmal zur katholischen Ethik, sodann zur Antike liegt bei ihm wohl überhaupt zu Grunde, müßte aber ganz anders durchgeführt werden; man kann nicht behaupten, daß Melanchthon nur, wenn er über Gesetz und Evangelium handelt, „sich mit dem katholischen, scholastischen Moralsystem, in der 2. Frage mit der antiken Ethik, aber auch mit den Anfängen des modernen Naturrechts auseinandersetze" (p. 212; daß Melanchthon in einem bestimmten Verhältnis zur Antike und zum Katholicismus stehe (und es ist immer zu untersuchen, ob in dem Verhältnis des Gegensatzes oder der Abhängigkeit), zeigt sich noch in weit mehr Punkten, vor allem auch in solchen, die der Ethik selbst angehören und nicht nur ihre Voraussetzung bilden; daneben ist Melanch= thon auch noch anders geschichtlich bedingt. — [4] Geschrieben in Wittenberg. C. R. III, 359 ff., Prol. zu C. R. XVI, 9 ff. — [5] Proleg. zu C. R. XVI, 3. [6] C. R. XVI, 282.

ultimum finem in quo natura acquiescat. Postea docet hunc finem esse actionem virtutis. Tandem definit virtutem et enumerat species et affinia. So scheint es, als ob Melanchthon den Stoff der Aristotelischen Ethik sich so äußerlich zurechtgelegt und diese äußerliche Teilung nun auch auf seine eigenen ethischen Schriften übertragen habe. Darum sagen auch die Prolegomena zu C. R. XVI, 9,[1] daß Melanchthon in seiner philos. mor. epitome, in der er allerdings nach seinen eignen Worten ethica Aristotelis imitatur, im 1. Buche zusammenfasse, was Aristoteles in den 3 ersten Büchern über die Glückseligkeit, die Tugenden und Affekte, im 2. Buche das, was Aristoteles im 5. Buche seiner Ethik über die Gerechtigkeit ausführt.

Das ist richtig, aber nicht ausreichend. Wundern müßten wir uns von vornherein, wenn Melanchthon, der so viel in der Ethik gearbeitet und der seine beiden ethischen Hauptschriften so oft edierte mit dem ausdrücklichen Vermerk, daß er sie verbessert habe, nicht über eine so äußerliche Auffassung und fast mechanische Übertragung des ethischen Stoffes bei Aristoteles hinausgekommen wäre. Andere Bedenken bieten sich von selbst noch dar. Wenn er in den Elementa und der Epitome nur das 1., 2., 3. und 5. Buch der Nikomachischen Ethik einfach wiedergeben wollte, so wäre damit noch gar nicht erklärt, warum er gerade diese Bücher der Nikomachischen Ethik zu einer eigenen Ethik verarbeitet hat, warum wiederum er diesen Stoff gerade in 2 Büchern darbietet, die 3 ersten Bücher der Nikomachischen Ethik zusammen und das 5. Buch allein. Ebenso unerklärt bliebe dabei, warum Melanchthon im Anfang über die Tugend spricht und nach langen Einschiebungen (besonders über Willensfreiheit und Affekte) doch wieder von der Tugend handelt. Unerklärt bliebe auch, warum er im einzelnen so bedeutend von den Ausführungen der genannten Bücher der Nikomachischen Ethik abweicht — unerklärt, warum er seine beiden Schriften dann nicht sofort als einen Kommentar über die betreffenden Bücher der Aristotelischen Ethik ankündigt, wie er es doch mit dem eigentlichen Kommentar zu Aristoteles thut. Von kleineren Bedenken wäre dabei noch geschwiegen.

Beeinflußt ist jedenfalls Melanchthon von Aristoteles und den betreffenden Büchern seiner Ethik: das erhellt aus den eignen Worten Melanchthons und der Ausführung. Dieser Einfluß trägt eben auch die Schuld, daß die Disposition der ethischen Hauptschriften Melanchthons etwas verhüllt wird. Dennoch ist eine solche Disposition da. Sie ergiebt sich mit Notwendigkeit aus der philosophi-

---

[1] Ebenso Luthardt, Melanchthons Arbeiten, Programm, p. 48 und ebenso Strigel p. 59: ita Dominus Philippus florem decerpsit tanquam apicula ex amoenissimis pratis Aristotelis: p. 310. 311 giebt Strigel eine Inhaltsangabe des 1. Buches der Epitome, wobei er 8 loci aufzählt, über die gehandelt werde, wobei er aber nicht den geringsten Versuch macht, einen inneren Zusammenhang zwischen ihnen herzustellen.

schen und ethischen Gesamtanschauung Melanchthons. Sie bestimmt auch den Gang seiner beiden Schriften. Eben um dieser seiner Disposition willen stößt er so vielfach die Anordnung des Stoffes in der Nikomachischen Ethik um. Welches ist der Aufbau seiner Ethik?[1]

Er beginnt die eigentliche Ethik mit dem locus de fine.[2] Er ist darin beeinflußt von Aristoteles. Er selbst sagt es, daß er ihm folge. Aber doch hat seine Lehre vom Ziel des Menschen an dieser Stelle eine ganz andere Bedeutung als bei Aristoteles. Der finis hominis ist die agnitio Dei. Das ist eine sittliche That. Melanchthon spricht aber hier nicht sowohl von einer sittlichen That als von einer sittlichen Thatsache. Mit der agnitio Dei berührt sich aufs engste die notitia de Deo. Melanchthon stellt diesen locus hier voran, weil unser Wissen vom Ziel des Menschen und damit von Gott nach seiner Lehre das oberste und sicherste Wissen überhaupt ist, das der Mensch von Natur besitzt und das auch für sein sittliches Handeln von fundamentaler Bedeutung ist. Melanchthon will hier reden vom sittlichen Wissen.[3] Wir

---

[1] Herrlinger kündigt p. 227 nun zwar auch an: Für die subjektive Ethik „folgen wir dem Gedankengang der Elementa ethicae doctrinae." Motiviert aber ist dieses Vorhaben nicht. Wir erfahren auch nicht, warum er sich nicht auch für „die Lehre von den sittlichen Gemeinschaften" an die Elementa halten will. Die Ausführung p. 228 ff. beweist, daß Herrlinger den „Gedankengang" der Elementa gar nicht verstanden hat, und daß er auch nur sehr dürftige Ansätze macht, ihm, wie Herrlinger sich ihn denkt, zu folgen. Der 1. Unterteil (p 228) basiert auf C. R. XVI, 170, der 2. (p. 230) auf XVI, 183 ff., der 3. (p. 233) auf XVI, 185, der 4. (p. 238) auf XVI, 214, der 5. hält sich dann überhaupt nicht mehr an die Elementa. Warum doch überall diese Sprünge und Lücken?! — [2] C. R. XVI, 28 Hactenus prooemia tradidimus de hoc genere doctrinae. — Nunc ipsam doctrinam inchoamus; cf. Strigel p. 101. — [3] Eigentümlich berührt sich mit dieser Behauptung der Satz, mit dem Herrlinger die Ethik Melanchthons beginnt p. 212: „Die ersten und wichtigsten Schritte für die selbständige Gestaltung einer evangelischen Ethik hat Melanchthon durch seine Untersuchungen über die Erkenntnisquellen einer solchen gethan." Es ist ein unwillkürliches Zugeständnis von der Bedeutung des erkenntnistheoretischen Momentes in Melanchthons Ethik. Aber der folgende Satz: „Es sind das die Fragen über das Verhältnis vom Gesetz und Evangelium und von Philosophie und Evangelium oder vom geoffenbarten und natürlichen Sittengesetz" sowie die folgende Ausführung p. 212—226 beweisen, daß Herrlinger die Sache in ihrer Tiefe nicht erfaßt hat. Das an eben genannter Stelle Gesagte ist nur relativ wahr, muß an andrer Stelle besprochen werden und sein Zusammenhang mit jenem 1. Satz ist zunächst unersindlich. — Ganz äußerlich steht der Sache Strigel gegenüber. Zu den Worten Melanchthons: recitavi praecipua argumenta XVI, 179 sagt er p. 179: Hic est epilogus prolixae disputationis de fine hominis und p. 180: Et haec quidem de primo capite, de fine hominis. Sequitur novum caput de appellatione boni et mali (bei Melanchthon XVI, 179—183, Erläuterungen Strigels p. 180—194). Aber abgesehen von der so äußerlichen Nebeneinanderstellung zweier Kapitel gehört die Erörterung über „gut und böse" nach Melanchthons Meinung notwendig unter die Erörterung über das Ziel des Menschen. Eine gewisse Anerkennung eines Zusammenhanges beider spricht dann auch sofort p. 180 Strigel aus: cum finis sit bonum, necesse est discerni gradu. bonorum, ne aut res ignoretur aut nomen in obscuro relinquatur.

machen damit die überraschende Entdeckung, daß Melanchthon den
Aristoteles schon verlassen hat und zu Plato übergegangen ist. Da=
durch unterscheidet sich bekanntlich die Ethik Platos von der des
Aristoteles, daß jene anknüpft an die höchste Idee des Guten und ein
intellektuelles Moment in sich trägt, während diese rein auf physischen
und psychologischen Grundlagen ruht.

Daß Melanchthon an 1. Stelle über das sittliche Wissen handeln
will, findet noch weitere Bestätigung durch den Abschnitt über die
causae actionum virtutis.[1] Als die beiden Hauptursachen der Tugend
nennt er hier gemäß seiner psychologischen Grundanschauung, die überall
hindurch klingt, das iudicium mentis und die libera voluntas. Von
der Freiheit des Willens spricht er nun ausführlich im folgenden XVI,
189—201; cf. XVI, 42—50. So ist klar, daß dem 1. Hauptfaktor
der Tugend die vorangehenden Erörterungen gelten. Das be=
weisen durch ihren Inhalt wie alle vorangehenden Abschnitte, so
besonders der von der definitio virtutis XVI, 183—185. XVI, 38 f.,
der unmittelbar vor dem Abschnitt von den causae actionum virtutis
sich findet.

Nach der Erörterung von der Willensfreiheit spricht Melanchthon
hauptsächlich von den Affekten XVI, 201—206. 50—55. Auch das
ist nur eine Konsequenz seiner psychologischen Anschauungen: nach C. R.
XVI, 22 sind die demonstrationes der Ethik nur explicatio naturae
hominis. Die Affekte stehen, wie oben ausgeführt ist, mit dem Wissen
und Wollen in engster Verbindung. Ursprünglich, wie sie von Gott
geschaffen waren, waren sie gut: sie standen im Einklang mit dem
sittlichen Wissen des Menschen. Im Menschen mit der labes originis,
wie er jetzt wirklich ist, sind sie schlecht: sie stehen im Gegensatz zu
den beiden sittlichen Vermögen des Menschen. In der Überwindung
der schlechten Affekte durch jene Vermögen besteht die Tugend, die
rechte Verehrung Gottes, seine Anerkennung — das Ziel des Menschen.
So schließt sich Ausgangspunkt und Ende der Ethik Melanchthons
zusammen. Das eben Gegebene ist der Gedankengang im 1. Buche
der Elementa und der Epitome. Im 2. Buche liegt er noch viel
offener zu Tage. Die Disposition des Ganzen ergiebt sich darnach
leicht.

Melanchthon nennt die Ethik (XVI, 165) nach ihrem Inhalt
doctrina de virtutibus: dasselbe bedeutet das weit häufigere doctrina
de honestis actionibus. Die Ethik ist Tugendlehre: das 1. Buch
handelt von der Genesis der Tugend, das 2. Buch von der Be=
thätigung der Tugend. Das sind die beiden Hauptteile der
Melanchthonischen Ethik. Sie unterscheiden sich also ungefähr wie
theoretische und praktische Ethik.

---

[1] C. R. XVI, 185—189, cf. XVI, 39—42.

A. Genesis der Tugend (Buch 1: C. R. XVI, 170—222).

I. Das sittliche Wissen (XVI, 170—189 [185]).

II. Das sittliche Wollen (XVI, 189—201).

III. Das Resultat von Wissen und Wollen: die Tugend (XVI, 201—221).

B. Bethätigung der Tugend als Gerechtigkeit
(Buch 2: C. R XVI, 221—276).

I. Die Tugend in concreto als die allgemeine Gerechtigkeit (XVI, 221 f.).

II. Die besondere Gerechtigkeit (XVI, 223 ff.).

Dafür, daß wirklich um jene Momente, sittliches Wissen, sittliches Wollen, sittliches Handeln als Gerechtigkeit, sich der gesamte ethische Stoff bei Melanchthon gruppiert und gruppieren muß, finden wir eine auffallende Bestätigung noch in einer andern Thatsache. Wir finden bei Melanchthon sehr häufig Wesensbestimmungen Gottes. Sie gehen alle nicht eben tief. An den verschiedenen Stellen werden von Gott verschieden Eigenschaften ausgesagt, die ziemlich willkürlich bestimmt zu sein scheinen. Am häufigsten aber wird von Gott doch ausgesagt Weisheit, Wahrheit, Gerechtigkeit, Freiheit, cf. z. B. C. R. XVI, 168 f. Mit der Metaphysik ist aber bei Melanchthon aufs engste die Anthropologie verknüpft. Der Mensch ist das Ebenbild Gottes, cf. z. B. XVI, 184: weil das aber so ist, Deus immensa bonitate praecipuarum et optimarum rerum in sua substantia similitudinem in nobis condidit, scilicet similem legis sapientiam, libertatem in voluntate et virtutes. XVI, 229 f.: das natürliche Recht im Menschen ist in ihm ein Strahl der göttlichen Weisheit und Gerechtigkeit. XIII, 124. 125: wir sollen anerkennen, daß Gott ist und daß er weise, gerecht, ein Richter und Rächer ist, und wir sollen wissen, daß wir das Bild Gottes sind und ihm nachahmen müssen. XIII, 158: Gott schmückte bei der Schöpfung sowohl Engel als Menschen mit diesen 3 Gütern, die in ihm selbst die besten sind, mit Weisheit, d. h. der Kenntnis seines Gesetzes, mit Gerechtigkeit und mit der Freiheit des Willens. XIII, 348: Deus condens hominem transfudit in eum suas dotes quae in ipso sunt summae, sapientiam suam sc. legis notitiam, deinde libertatem voluntatis ac iustitiam qualis in ipso fuit. Apol. 54, 18: hominem ad imaginem et similitudinem Dei conditum esse, quid est aliud, nisi in homine hanc sapientiam et iustitiam effigiatam esse, quae Deum apprehendit et in qua relucet Deus. — Diese Unterscheidungen in dieser Übereinstimmung und steten Wiederholung (ähnliche Stellen ließen sich mit leichter Mühe noch in weit größerer Zahl beibringen!) kann man nicht für zufällig erklären. Schon nur nach ihnen müßten wir, wenn wir den Inhalt der Ethik Melanchthens noch gar nicht kennen würden, erwarten, daß sie sich aufbaut auf den Begriffen des sittlichen Wissens, Wollens und Handelns. Melanchthon giebt mit jenen Unterscheidungen die Disposition seiner Ethik.

Für den 1. Teil seiner Ethik (Genesis der Tugend) ergeben sich nun aber unschwer die Unterteile und zwar immer wieder im engsten Anschluß an die Elementa (Epitome).

Zu A. I.

C. R. XVI, 170 ff. spricht Melanchthon über den Inhalt unseres sittlichen Wissens. Also

1) der Inhalt des sittlichen Wissens.

C. R. XVI, 171 f. erklärt Melanchthon, wodurch uns dieses Wissen vermittelt wird, einmal durch das Licht der Vernunft XVI, 171 (hierher gehören die Fragen über göttliches, natürliches und menschliches Gesetz), andrerseits durch des Zeugnis des Gewissens. Also

2) die Faktoren oder Quellen des sittlichen Wissens.

In der Widerlegung der Epikureischen Lehre von der voluptas als dem „Ziel" des Menschen C. R. XVI, 173 ff. 31—37 und besonders XVI, 35—37 (an welcher Stelle Melanchthon der Epikureischen Lehre positive Sätze entgegenstellt) spricht er ausführlich von dem sittlichen Wissen als unserem sittlichen Motiv. Wir haben zu untersuchen a) den Zusammenhang von sittlichem Wissen und Handeln bei Melanchthon, b) die Berechtigung anderer Nebenmotive des Handelns neben jenem Hauptmotiv. Also

3) das sittliche Wissen als Motiv und Kraft des sittlichen Handelns.

C. R. XVI, 185—189. 39—42 spricht Melanchthon von den causae virtutis. Er nennt zuerst die causae propinquae actionum honestarum: 1) mens s. iudicium, das dictamen rectae rationis (davon handelt eben der 1. Teil des 1. Buches; cf. oben) und 2) die voluntas obediens illi iudicio. So werden wir von selbst geführt auf

A. II.

Als Unterteile gewinnen wir nach C. R. XVI, 183—185. 38 f. (de definitione virtutis)

1) das prinzipielle Verhältnis des sittlichen Wollens zum sittlichen Wissen

und nach C. R. XVI, 185- 189. 39—42

2) die Freiheit des Willens.

Zu A. III.

1) Der fördernde Einfluß der causae adiuvantes:
a) doctrina, b) naturalis impetus (Temperament und siderische Ein=
flüsse), c) disciplina.

Es folgt C. R. XVI, 201—209. 50—56 die Lehre von den
Affekten. Also

2) Der hemmende Einfluß der (schlechten) Affekte.

Daran schließen sich wieder Erörterungen über die Tugend. Dem=
gemäß

3) Das Resultat der Wechselwirkung von Wissen und Wollen:
die Tugend. a) ihr Begriff. b) Einteilung der Tugenden.

Zu B. I. und II. läßt sich der nähere Inhalt erst gewinnen am
Ende des 1. Buches aus dem Abschnitt von der „Einteilung der
Tugenden." — Übrigens wird die ausführliche Begründung für die
Stellung der einzelnen Teile und Unterteile immer in der Entwicklung
der Ethik im Anschluß an die Elementa (Epitome) zu geben sein.

B. Das System
der philosophischen Ethik bei Melanchthon.

:

A. Genesis der Tugend.

I. Das sittliche Wissen.

1. Der Inhalt des sittlichen Wissens.

Der Hauptinhalt unsers sittlichen Wissens ist unser Wissen vom Ziel des Menschen. Die Ausführungen Melanchthons über den finis hominis (C. R. XVI, 170 ff. und 28 ff. sind durchaus beherrscht von der Voraussetzung, daß das höchste Wissen des Menschen das von seinem Ziel, von seiner Bestimmung, also ein sittliches ist.[1] Der Ausgangspunkt seiner Ethik ist die Thatsache unserer Gottesgewißheit, unsere notitia de Deo. Von der Gewißheit aber, daß Gott ist, schreitet der Mensch zu einer anderen weiter: daß nämlich der Mensch zu Gott, dessen Dasein ihm gewiß ist, in einem bestimmten Verhältnis steht.[2] Der Mensch ist das Ebenbild Gottes. Diese Gewißheit gewinnen wir aus der Thatsache der Schöpfung des Menschen durch Gott und des dadurch bedingten schöpfungsmäßigen Verhaltens des Menschen gegen Gott.[3] Das Geschöpf ist dem Schöpfer unterworfen.[4] Seine Unterthänigkeit aber vor Gott muß der Mensch, da er das Ebenbild Gottes ist, so bethätigen, daß er allezeit die Züge des Urbildes erkennen läßt. Gott selbst, durch den und um dessentwillen der Mensch geschaffen ist, oder agnoscere Deum eique obedire et eius gloriam patefacere et illustrare et tueri societatem humanam propter Deum[5] — das ist das Ziel des Menschen. Dies sein sittliches Wissen,

---

[1] cf. Strigel 101—138. 138—160 de fine hominis. Herrlinger streift den Gedanken Melanchthons nur ganz von ferne, wenn er p. 228 sagt: „Der absolute Wert des Sittlichen, der Tugend erhellt daraus, daß in sie die Bestimmung des Menschen zu setzen ist." Von „Tugend" ist doch an der citierten Eingangsstelle der Elementa XVI, 170 noch gar nicht die Rede: ihr Begriff wird erst im Laufe der Untersuchung gewonnen. — [2] XVI, 170: Deus ipse communicans nobis suam bonitatem. — [3] XVI, 171. — [4] Strigel 139 ff.: Deus est efficiens causa et finalis hominis. — [5] C. R. XVI, 170. 29.

seine Gewißheit. Das Wissen, das Erkennen, die notitia de Deo steht voran. Auf die Verbreitung dieses Wissens kommt es zunächst an; cf. die Zusammenfassung XVI, 30: 1) per imaginem debet cerni et innotescere archetypus; homo est imago Dei: ergo ideo est imago, ut per illum innotescat Deus, und 2) notitia naturae impressa non est frustra insita mentibus, soli homini notitia de Deo est insita: ergo homo proprie est conditus ad illam notitiam illustrandam et propagandam. Dieses Wissen unterscheidet den Menschen von allen anderen Wesen: soli homini notitia de Deo est insita. Es ist seine höchste Würde; XVI, 28: nec cogitari quicquam pulchrius tali natura hominis, si in ea luceret firma et illustris notitia de Deo et constaret harmonia sic ut Deo obedirent omnes vires hominis.[1]

Das ist die stete, wenigstens prinzipiell immer ausgesprochene Voraussetzung bei Melanchthon, daß unser natürliches Wissen von Gott nicht absolut, „fest und hell" ist: in diesem Punkte bedarf ja die Moralphilosophie vornehmlich der christlichen Lehre zur Ergänzung, die uns das Wissen von dem dreieinigen Gott, von dem Gott, den wir durch Christum kennen gelernt, vermittelt. Trotzdem verwirft er das natürliche Wissen nicht. Das kann er schon darum nicht, weil ihm das natürliche Wissen zu sehr den alttestamentlichen Standpunkt repräsentiert. Schon als Christ kann er die alttestamentliche oder natürliche Gotteserkenntnis gegenüber der christlichen nicht verwerfen. Beide sind ihm nicht wesensverschieden, sondern nur quantitativ verschieden: das Christentum liefert uns einen „volleren" Gottesbegriff.[2]

Die Ursache für die Unvollkommenheit des natürlichen sittlichen Wissens findet Melanchthon in dem Sündenfall; C. R. XVI, 29: postquam vitiata est hominis natura morbo originis, obscurata est illa notitia Dei et secuta inobedientia. Aber — fährt Melanchthon fort, und das ist bezeichnend für seine Auffassung —: manet tamen finis ad quem conditi sumus et manet aliqua legis notitia, videt et ratio soli homini impressam esse notitiam de Deo.

[1] Auch Strigel, freilich ohne daß er einen tieferen Einblick in den inneren Zusammenhang der Ethik Melanchthons hat, begründet die Voranstellung des locus de fine hominis in der Ethik damit (p. 102—106), daß unser Wissen vom Ziel das notwendigste und höchste ist: qui de fine errat, errat de toto, qui de aliis rebus errat, errat tantum de una parte. — [2] Herrlinger geht daher p. 168 zu weit: „Die christliche und die natürliche Gotteserkenntnis sind nicht etwa bloß, wie man nach der vorangeschickten Definition vermuten könnte (Deus est mens aeterna, causa boni in natura, Plato), partiell, sondern spezifisch unterschieden." Herrlinger muß doch immer wieder unsere Behauptung bestätigen: p. 402 f.: „Melanchthon sucht für die Philosophie und Theologie hinsichtlich ihrer Erkenntnisquellen und der daraus fließenden beiderseitigen Lehren ein innerliches Verhältnis zu gewinnen. Denn er hält daran fest: una est veritas aeterna et immota etiam in artibus C. R. XIII, 655 u. s. w. cf. oben S. 44 f. und 48.

Darum ist es nur konsequent, daß er sich die Gewißheit des sitt=
lichen Wissens nicht erschüttern läßt, wenn die Philosophen sich unter
einander betreffs des finis widersprechen;[1] C. R. XVI, 171: vera lux
rationis in homine insita naturae, congruit cum lege Dei, sed anne
in hac caligine obscurior est Dei notitia et multis dubitationibus
turbatur. Ideo philosophi, etsi interdum iubent referri actiones
ad Deum, tamen plerumque nominant tantum virtutem et dicunt
virtutem esse finem, cf. XVI, 23.[2]

Darum eben kommt es ihm in den Anfangsausführungen sehr
darauf an, wenigstens bei allen Vertretern der „wahren Philosophie"
den gleichen Inhalt des sittlichen Wissens festzustellen, denselben natür=
lich, den er selbst vertritt. Darum spricht er so ausführlich über die
Lehre vom Ziel bei Aristoteles[3] und über die damit sich berührende
Lehre der Stoiker: nur die Tugend ist ein Gut,[4] und endlich über
die entsprechende Lehre der Epikureer: das Ziel ist die Lust.[5]

Das Ziel des Menschen aber ist nach Aristoteles und der Stoa
die Tugend.[6] Melanchthon behauptet, sich mit Aristoteles in Über=
einstimmung zu befinden. In seinen späteren Ausführungen nennt er
ja auch die Thätigkeit der sittlichen Kräfte des Menschen „Tugend"
C. R. XVI, 289 f. Aber dieser Name kann doch die verschiedensten
Anschauungen und Standpunkte decken. Bemerkenswert ist schon die
Einführung des Abschnittes: quomodo loquitur Aristoteles de fine?
XVI, 30: cum in natura hominis corrupta non satis luceat notitia
Dei, Aristoteles de fine paulo aliter loquitur (es folgt die Definition

---

[1] Herrlinger 220. — [2] Das aus diesen Worten herausklingende Be=
streben Melanchthons, die abweichenden philosophischen Anschauungen mit
seiner eigenen möglichst in Einklang zu bringen, hat Strigel nicht heraus=
gefühlt. Er citiert und bespricht die Lehren der Stoa und des Epikureismus
über das Ziel des Menschen nur als Belege für die Schwäche der mensch=
lichen Natur p. 107: Ideo magna dissensio est, quia cum ingens sit in
homine infirmitas, longe magis hominum natura prona est ad voluptates
quam ad virtutem: immo etiam summi viri qui virtute excelluerunt ad
extremum voluptatibus languefacti sunt, ut Hercules, Themistocles,
Alexander: cf. p. 106: Peccatum originis turbat nobis totam philosophiam.
Strigel steht mit Melanchthon überhaupt in Widerspruch, wenn er tria gene=
ra doctrinarum unterscheidet, philosophiam, legem et Evangelium (p. 105),
wenn er ebenda sagt: eundem finem monstrat lex et evangelium, sed evan=
gelium ostendit etiam viam quae ducit ad illum finem und p. 110 f.:
sed ratio sine luce evangelii non novit Christum; ideo philosophicus
finis non congruit cum evangelio scilicet quod ad viam attinet, sed
tantum cum legis doctrina. Melanchthon setzt Gesetz und Philosophie wesent=
lich gleich: über beiden und von beiden verschieden steht das Evangelium. Strigel
setzt Evangelium und Gesetz gleich: unter beiden steht die Philosophie: cf. Strigel
143. [3] C. R. XVI, 30 f. 172 f. — [4] XVI, 37 f. 179—183. — [5] XVI,
173. 179. 31—37; ganz im Anschluß an Melanchthon Strigel p. 107 ff. —
[6] Melanchthon übersetzt das Aristotelische ἐνέργεια mit actio virtutis: cf.
Zeller, Philos. der Gr., II, 2. 612 ff. 620 ff.

des Aristoteles vom finis) —; quaerit enim finem ex ordine et dignitate potentiarum; sed si quaesisset actionum gradus, invenisset summam actionem esse agnoscere Deum et obedire Deo et vidisset virtutem referendam esse ad illum finem videlicet ad agnitionem Dei. Und thatsächlich weicht Melanchthon von Aristoteles völlig ab. Er weiß offenbar mit dem Tugendbegriff im Eingang der Ethik nichts rechtes anzufangen. Er steht auf dem Boden der Philosophie Platos, der, dem Sokrates folgend und ihn weiterbildend, die Ethik anknüpft an die höchste Idee, an die Idee des höchsten Gutes, welches ihm mit Gott selbst identisch ist.[1] Wollten wir uns dieser Erkenntnis verschließen, so müßten wir doch Melanchthons eigenen Erklärungen (C. R. XI, 416. 124) glauben, in denen er sich in dem in Rede stehenden Punkte ausdrücklich zu Plato bekennt. Allein nun schon der grundverschiedene Ausgangspunkt bedingt für die Ethik Melanchthons anderen Inhalt und Charakter, als ihn die Ethik des Aristoteles hat, der bekanntlich die Ethik loslöst von metaphysischen Voraussetzungen und das πρακτὸν ἀγαθὸν betont.[2] Vielleicht war es der Bann der Tradition, unter dem die Welt stand, der Melanchthon nicht offen mit Aristoteles brechen ließ. Vielleicht war es auch eine Art Selbsttäuschung, in der er befangen war, als ob Plato und Aristoteles doch zusammenstimmten. Sicher lag es auch im Interesse von Melanchthons eigenen Gedanken (cf. oben), daß er den Glauben erweckte, als ob Aristoteles auf seiner Seite stehe. Dieser sollte ein Gewährsmann mit dafür sein, daß es ein Wissen vom Ziel des Menschen giebt und daß es allgemein, fest und klar sei.[3]

Jedenfalls nur mit unverkennbarer Freude spricht Melanchthon es auch von den Stoikern aus, obwohl er vieles an ihnen zu tadeln findet, daß sie wenigstens anerkennen: der Mensch sei nicht nur seinetwillen, sondern um Gottes willen geschaffen. Er findet auch hier den Hauptinhalt des sittlichen Wissens gesichert.[4] Und mit Entschiedenheit tritt er, da er hier eine Versöhnung mit seinen Gedanken nicht für möglich hält, gegen die Epikureer auf, gegen ihre monstrosae et absurdae opiniones, die er Paradoxien nennt.[5] Die Lehre des Epikur erklärt er für „falsch.“[6] Er brandmarkt sie als „Sophistik“[7] und tadelt einen Laurentius Valla, der ihr zustimmt,[8] wie er sich ebenso

---

[1] Zeller, Phil. der Gr. II, 1. 735 f., Susemihl, die genetische Entwickelung der Platonischen Philosophie, Leipzig 1855, I. p. 99. — [2] Zeller, Phil. der Gr. II, 2. p. 609 ff. — [3] Es ist ein Beweis für Strigels Oberflächlichkeit, daß er Aristoteles, Cicero und Melanchthon p. 103 f. in vollem Einklang glaubt (weshalb er sich auch verpflichtet hält, auf Aristoteles unbedingt zu schwören, p. 111: Quoties philosophicae sententiae conferuntur, defendo hanc veterem et honestam sententiam, virtutem esse praecipuum finem hominis). Aber seine Meinung war bis jetzt die allgemeine. — [4] C. R. XVI, 171. — [5] XVI, 31. — [6] XVI, 172. — [7] XVI, 31. — [8] XVI, 32; cf. seine Warnung vor der σοφιστομαχία und Δοξομαχία XVI, 179.

entschieden ausspricht gegen den Satz der neuerwachten Philosophie im 16. Jahrhundert: die Macht sei das höchste Gut des Menschen.[1]

Über die Epikureer aber und ihre Geistesverwandten tröstet sich Melanchthon schließlich damit hinweg: das natürliche sittliche Wissen des Menschen könne für solche „Irrtümer" keineswegs verantwortlich ge= macht werden. Sie „widerstreben ja dem gemeinsamen Urteil der Guten und Klugen" XVI, 31. Sie entstehen ex petulantia aut perversitate quadam naturae. „Die allgemeinen Umrisse der Gottes= idee findet Melanchthon doch in den edelsten Hervorbringungen der heidnischen Philosophie in richtiger Form."[2] Mit Vorliebe operiert er mit den Beweisen für das Dasein Gottes, die auch die Antike schon hatte. Der geläufigste von ihnen ist ihm der teleologische. Und be= sonders gern hält er sich an Platos ethische Definition von Gott: Deus est mens aeterna, causa boni in natura. Jedenfalls denkt er selbst Gott stets persönlich und ethisch und unterscheidet immer als die beiden Hauptseiten seines Wesens das Wissen und den sittlichen Willen, seine Weisheit, Wahrheit, Gütigkeit und Gerechtigkeit.[3]

Und so stellt er als das nach allen Seiten gesicherte Endresultat seiner Untersuchungen über das Ziel des Menschen fest: wie nach der christlichen Lehre so nach der wahren Philosophie ist finis praecipuus hominis aliqua agnitio Dei seu Deus (XVI, 172).[4] Auf diese Ge= wißheit allein kommt es ihm am Anfang seiner Ethik (prima quaestio! XVI, 170) an.

Die Gewißheit jenes obersten Wissens des Menschen, des Wissens vom Ziel des Menschen und damit von Gott, mußte ihm allerdings auch feststehen wegen seiner Anschauung von den Quellen des sitt= lichen Wissens.

2. Die Quellen des sittlichen Wissens.

Nachdem Melanchthon C. R. XVI, 170 den Inhalt des sittlichen Wissens, das Ziel des Menschen, genannt, spricht er von den Quellen des sittlichen Wissens XVI, 171. Er kennt deren zwei: die vera lux rationis in homine insita naturae, die mit dem Gesetz Gottes übereinstimmt, und das Gewissen (conscientia), welches „bezeugt," daß Gott das Ziel sei.[5]

Ausdrücklich nimmt er diese Frage nach den Quellen des sittlichen Wissens wieder auf, nachdem er die verschiedenen philosophischen An= sichten über das Ziel des Menschen klar gestellt, C. R. XVI, 183 unter der Überschrift quid est virtus? (nicht so klar bewußt in dem ent=

---

[1] XI, 694; Herrlinger 229; cf. im übrigen Strigel 119—138. —
[2] Herrlinger 169. — [3] cf. C. R. XVI, 168 f.; weitere Belege bei Herrlinger 169—171. 391—394. — [4] cf. oben S. 48. — [5] Nicht so klar ausgesprochen in der Epitome; cf. Herrlinger 392, dazu 167—169 und Strigels Erläuterungen über „vera lux rationis" und „testatur et conscientia" p. 144—147.

sprechenden locus der Epitome XVI, 38 f.). Im Anschluß an Aristoteles'
Nitomachische Ethik VI, c. 2. § 2: δεῖ τὰ αὐτὰ τὸν λόγον μὲν
φάναι καὶ τὴν ὄρεξιν διώκειν, erklärt er a. a. O. zunächst: vident
omnes homines sani, lucere in mentibus discrimen faciendorum et
fugiendorum et id normam virtutis esse statuunt, um nunmehr zu
unserer Frage fortzuschreiten: sed illud etiam considerare debebant
unde sit et quare illae naturales sint normae virtutum u. s. w.;
hie igitur necesse est considerari fontem huius lucis in natura hominum, videl. mentem divinam. Er läßt also hier die
2. Quelle des sittlichen Wissens, das Gewissen (cf. oben) außer Betracht.

Den Inhalt jener

a) ersten Quelle

zerlegt er in seine einzelnen Teile im folgenden locus: quae sunt
causae actionum virtutis? C. R. XVI, 185 (dem entsprechend derselbe locus C. R. XVI, 39—42): usitatum est vocare rectum indicium, dictamen rectae rationis, quod est lex naturae et aliae
leges congruentes cum recto iudicio naturali et divina lege. Ähnlich wird XVI, 39 das indicium mentis dargestellt als notitia et
legis naturae et legis divinae et omnis doctrinae quae est explicatio legis naturae et divinae. Die eine Quelle ist damit in
3 zerlegt. Und zwar nimmt Melanchthon zunächst ein natürliches, dem
Menschen angeborenes Wissen an, das er in enge Beziehung oder viel=
mehr ganz gleich setzt mit der lex naturae. Davon haben wir zuerst
zu reden.

Das natürliche Gesetz.

Gott gab dem Menschen, als er ihn schuf, ein bestimmtes sittliches
Wissen, die lex naturae oder lex moralis,[1] und diese lex ist[2] doctrina quam Deus in creatione humanis mentibus indidit, docens
quales nos esse oporteat et quae facienda sint et quae non
facienda sint u. s. w. Dieses Wissen ist seinem Wesen nach göttlich:
XVI, 168: lex moralis est aeterna et immota sapientia et regula
institiae in Deo — quae patefacta est hominibus in creatione.
Es sind „Strahlen" der göttlichen Weisheit (so sehr oft). Sie sind
unserer Natur von Gott eingepflanzt, divinitus insitae (sehr oft). Es
giebt (C. R. XIII, 144) aliquae notitiae in mente humana quae
nobiscum natae sunt. Melanchthon will so den „alten Streit zwischen
Aristotelikern und Platonikern" (XIII, 143) entschieden wissen. Es
mag sein, daß er damit erinnert an die Kämpfe zwischen Realismus
und Nominalismus, zwischen Thomismus und Scotismus, die er in
ihren Ausgängen noch mit erleben mußte. Gerade in diesem Punkte

---

[1] C. R. XVI, 168; cf. Herrlinger, das natürliche und das geoffenbarte
Sittengesetz p. 220—222; p. 220: „Die Existenz des natürlichen Sittengesetzes
hat Melanchthon von Anfang an behauptet". — [2] Elementa, Ausgabe 1550,
XVI, 168. Anm. 2.

ja mag er von der Scholastik aus mit zur Fixierung seiner Gedanken
gekommen sein. Die erste und letzte Befruchtung aber dankt er hierin
auch sicher wieder dem Plato, dessen Lehren von Präexistenz und
Wiedererinnerung und Anteilnahme der ganzen Sinnenwelt an den
ewigen Ideen. Er macht hier auch kein Hehl aus seinem Gegensatz
zu Aristoteles; C. R. XXI, 117: quod vero dico, leges naturae a
Deo impressae mentibus humanis, volo earum cognitionem esse
quosdam habitus concreatos, non inventam a nostris ingeniis, sed
insitam nobis a Deo regulam indicandi de moribus. Id ut con-
veniat cum Aristotelis philosophia, non laboro.[1]

Melanchthon benennt nun die angeborenen Kenntnisse mit verschiedenen, aber einander sehr ähnlichen Namen: zumeist notitiae naturales[2] oder wegen ihrer unmittelbaren Gewißheit principia. Die
Prinzipien aber sind das erste der 3 Kriterien der Gewißheit menschlichen Erkennens XIII, 185—189, die Axiome.

Sie zerfallen wieder in 2 Gattungen, XIII, 167: sunt aliae
notitiae naturales ϑεωρητικαί, quae gubernant cognitionem, unde
oriuntur arithmetica, geometria et pleraeque aliae doctrinae —
aliae sunt πρακτικαί, quae gubernant actiones, unde leges de
moribus et de gubernatione civili oriuntur (Hinweis auf die Dialektik). Dasselbe will die sonst geläufige Unterscheidung in principia
speculabilia und practica sagen.[3] Die Worte nimmt Melanchthon aus
Aristoteles. Aber er verwendet sie in seinem Sinn. Wenn Aristoteles
zwischen theoretischer und praktischer Thätigkeit der Vernunft unterscheidet, so ist das noch etwas anderes, als Melanchthon hier meint.[4]
— Nur von den praktischen Erkenntnissen kann in der Ethik die Rede
sein. Melanchthon nennt sie abwechselnd principia practica XVI, 22
oder pr. naturalia XVI, 39 ff., pr. practica seu moralia XVI, 39
—42. XIII, 375 f. Gott selbst hat sie uns gegeben. Darum ist
ihr Inhalt richtig und sicher; C. R. XVI, 184: quare indicium ideo
rectum dicitur, quia notitiae congruunt cum aeterna et immota
Dei mente.

Zwar giebt Melanchthon auch hier stets zu, daß die Verderbnis
der menschlichen Natur auch dieses Wissen verdunkelt habe. Der natürliche Mensch weiß nichts von den „inneren Bewegungen des Herzens
gegen Gott," von den „geistlichen Handlungen," von dem „vollkom-
menen Gehorsam gegen Gott." Das Naturgesetz ist (XVI, 22) das
„Urteil über die ehrbaren Handlungen, das dem Menschen angeboren
ist, discrimen honestorum et turpium."[5] Im allgemeinen aber muß auch

---

[1] Herrlinger spricht p. 220 über Melanchthons etwaige Abhängigkeit
sehr unbestimmt und darum unbefriedigend. — [2] XIII, 167 (145), cf. XVI,
70—72. — [3] XIII, 122 ff. 146 f. 641 ff. XVI, 383 ff. — [4] Zeller, Phil.
der Gr. II. 2. 586 f. 649 mit den Belegen aus Aristoteles. — [5] cf. Herrlinger p. 221, der besonders mit Citaten aus den Loci die Folgen der Erbsünde
beschreibt, leider aber Wissen und Willen wieder zu sehr mit einander vermischt.

hier gesagt werden, daß Melanchthon nur zu sehr geneigt ist, jene Verdunkelung im menschlichen Wissen möglichst leicht zu fassen. Muß er sie prinzipiell zugeben, so unterläßt er es doch gewöhnlich, die Konsequenzen aus solcher Aufstellung zu ziehen. Er ist zufrieden, daß doch aliqua notitia legis im Menschen sei, daß wir — er schließt sich an ein Wort des Sokrates an — doch so viel wissen, als wir wissen müssen. Der Mensch kann in dieser Hinsicht Gott, seinen archetypus, nicht verleugnen. Er trägt die imago Dei an sich, XIII, 169 ff.: voluit Deus agnosci se ab humana natura et talem esse imaginem Dei hominem quae similitudinem cerneret et intelligeret (XIII, 169). Wenn Gott das will, so muß es geschehen. Schon aus diesem Grund sieht Melanchthon das sittliche Wissen des Menschen fast so gut wie infallibel an.[1]

Daraus ergiebt sich aber sofort ein weiteres. Ist das natürliche, mit dem Menschen geborne Wissen unmittelbar göttlichen Ursprungs und hat es göttlichen Inhalt, die göttliche Weisheit und Gerechtigkeit, im letzten Grunde stets Gott selbst (qnod Deus sit et qualis sit), so folgt daraus, daß dieses Naturgesetz identisch oder gleichwertig sein muß mit dem

positiven göttlichen Gesetz.

Melanchthon versteht darunter das alttestamentliche Gesetz und besonders als seine Zusammenfassung den Dekalog. Thatsächlich setzt er mit ihm das Naturgesetz so gut wie identisch. C. R. XVI, 22 f.: constat legem naturae vere esse legem Dei de his virtutibus quas ratio intelligit; nam lex divina hominum mentibus impressa est u. s. w. Ähnlich heißt es XVI, 168: lex moralis est aeterna et immota sapientia et regula iustitiae in Deo — postea saepe repetita et declarata voce divina. Dem gegenüber darf es nach dem, was oben gesagt ist, nicht befremden, wenn sich Sätze finden wie C. R. XIII, 691 (689): Lex divina et philosophia conveniunt sicut Decalogus et lex naturae, sed decalogus clarius praecipit de motibus cordis erga Deum. Strigel kommentiert darnach ganz richtig p. 144: Lex naturae et lex Dei differunt non re ipsa, sed modo rei. Aber Melanchthon läßt gewöhnlich auch den Gradunterschied fallen. Das positiv geoffenbarte göttliche Gesetz dient dazu, unser sittliches Urteil zu festigen. Freilich liegt darin schon stillschweigend, daß das göttliche Gesetz unbedingt nötig doch nicht sein kann.

Wirklich tiefer als das göttliche Gesetz scheint Melanchthon endlich zu stellen

das politische Gesetz.

Dieses ist gemeint mit den „aliae leges" C. R. XVI, 185. C. R. XI, 35 sagt Melanchthon: divinae leges tanto sanctiores sunt humanis, quanto propius effingunt tum auctorem tum archetypum

---

[1] C. R. XVI, 183 ff. 42.

omnium bonarum rerum.[1] Dennoch stellt er auch das politische Ge=
setz sehr hoch. Es „entsteht aus dem Naturgesetz" XVI, 24. Ja, er
stellt es mit dem göttlichen Gesetz in Eine Linie, XVI, 42 ff. Po=
litisches und moralisches Gesetz sind mit einander verwandt: beide
bieten die Summe der Ethik, XVI, 27 f. 170. 70—72. Diese Hoch=
stellung der politischen menschlichen Gesetze entsprach schon der christ=
lichen, von der Reformation eindringlich betonten Anschauung von der
Obrigkeit als Gottes Ordnung. Außerdem aber hielt sich Melanchthon
damit zur Verwendung für seine Ethik das große Gebiet der heid=
nischen philosophischen Ethik offen.

Als die

b) zweite Quelle des sittlichen Wissens
nennt Melanchthon das Gewissen C. R. XVI, 171.

Man kann nicht sagen, daß er die Lehre vom Gewissen zum
vollen Abschluß gebracht hat. Aber er verdient hier hohes Lob.[2] Es
waren wohl die verschiedenartigen Einflüsse, von denen Melanchthon
hier abhängig war, die es bei ihm nicht zu voller Klarheit kommen
ließen. Er war abhängig von der Antike (Stoa), der christlichen
Lehre und der Lehre der Scholastik.

Am ausführlichsten spricht sich Melanchthon über das Gewissen
in seiner Psychologie C. R. XIII, 146 f. aus. Hier (p. 147) führt
er auch weitläufig den scholastischen Standpunkt an. Das Gewissen
ist bekannt unter dem Namen συντήρησις, „womit man die Kenntnis
des Gesetzes versteht, die mit uns geboren wird." Das würde sich
decken mit dem „natürlichen Gesetz." Aber Melanchthon geht sofort
weiter, indem er dem Gewissen eine Thätigkeit zuschreibt und erklärt:
man nenne es deshalb συντήρησις, „weil es immer im Menschen, auch
in dem verbrecherischen, eine Ermahnung bewahre, die zeigt, was recht
sei und was das Urteil Gottes sei." Und beides, Passivität und Akti=
vität sieht er auch verbunden, wenn man den Inhalt des Gewissens
zerlegt nach der Figur des Schlusses. Man gewinnt einen zweifachen
Inhalt, der sich verhält wie Obersatz und Untersatz: der Obersatz ver=
tritt das allgemeine sittliche Wissen, die „Kenntnis des Gesetzes," der
Untersatz die Thätigkeit, die durch jenes Bewußtsein hervorgerufen ist,
die applicatio oder subsumtio, wie Strigel p. 145 sagt. Indessen
Melanchthon bekennt sich nicht zu jener Ansicht, die er entwickelt. Er
würde sie sonst nicht eigens als eine Ansicht der theologi vortragen.
Daß er ihr selbständig gegenübersteht, beweist die Art, wie er jene
Erörterung XIII, 146 f. schließt: Paulus totum syllogismum nominat

---

[1]) Strigel geht mit seinen Ausführungen p. 71—75 de discrimine inter
legem divinam et leges humanas über Melanchthons Anschauung entschieden
hinaus, wie er sich Ungenauigkeiten im einzelnen zu schulden kommen läßt. —
[2]) Strigel: optima definitio conscientiae tradita est a D. Philippo; voll
Lobes auch Gaß, Geschichte der christlichen Ethik II, 1. p. 101.

conscientiam. Hanc brevem admonitionem de his appellationibus inserai de quibus alii multas peregrinas quaestiones movent. Das Anstößige für ihn in jener Auffassung des Gewissens ist sicher die Gleichsetzung des natürlichen sittlichen Wissens (ratio) und des Gewissens. Wir finden dieselbe nirgends bei ihm.[1] Seine eigene Definition giebt er C. R. XIII, 146. Das Gewissen ist totum argumentum seu indicium in mente s. potentia cognoscente, quo recte facta approbamus et delicta improbamus, quod indicium ordine divinitus sancito sequitur in recte factis tranquillitas cordis et in delictis dolor cordis, puniens et destruens reum delicti.[2]

Auch Melanchthon nimmt also einen doppelten Inhalt des Gewissens an. Aber dieses ist ihm ganz Aktivität (indicium!). Damit bezeichnet er einen bedeutsamen Fortschritt gegen die Scholastik. Damit trifft er wirklich schon das Richtige. Damit unterscheidet er das Gewissen klar von dem sittlichen Wissen, von der lex naturalis. Das ruhende Wissen in uns wird zum indicium. Das discrimen honestorum et turpium im Menschen wird zur That, zur Unterscheidung: recte facta approbamus et delicta improbamus. Dieser Vorgang vollzieht sich im Geiste (in mente s. potentia cognoscente). Und er vollzieht sich, wenn die entsprechenden facta vorliegen, wenn der Mensch zu ethischem Handeln Veranlassung findet. Wußte er schon vorher, was gut und böse sei, und soll er nun selbst auch sittlich handeln, so bringt das Gewissen ihm den Unterschied zwischen gut und böse zum Bewußtsein und trifft für ihn schon die rechte Entscheidung, daß er das Gute billigt und das Böse verwirft.

Aber dies ist erst die eine Seite im Gewissen. Das entstandene sittliche Urteil findet im Herzen weiteren Widerhall. Je nachdem das urteilende Gewissen eine That als gut oder böse findet und je nachdem der Mensch darnach handelt, entsteht im Herzen Freude und Ruhe oder Schmerz und Trauer. Das kommt also im wesentlichen hinaus auf das richtende Gewissen (Freisprechen und Anklagen). Jedenfalls sieht gerade darin Melanchthon das eigentliche Wesen des Gewissens. Wenn er vom Gewissen im allgemeinen spricht, meint er es nach dieser Seite. Wir besinnen uns, daß Melanchthon die genannten „Bewegungen des Herzens" Affekte nennt. Es ist die zweite Art der 2. Klasse. Z. B. C. R. XIII, 57 heißt die Freude im Herzen, die ebenda als „Affekt" bezeichnet wird, gaudium bonae conscientiae.[3]

Nach jenen 2 Seiten hin ist das Gewissen die 2. Quelle des sittlichen Wissens. Die Zuverlässigkeit dieser Quelle steht für Melanchthon fest. Herrlinger giebt das zwar p. 221 fast wörtlich zu, behauptet aber dann, daß das Gewissen nach Melanchthon keine vollständige und

---

[1] cf. Herrlinger 220; gegen R. Hofmann, Lehre vom Gewissen. — [2] cf. Herrlinger 221; Comment. in Roman. C. R. XV, 578. — [3] cf. XIII, 126. 146; Strigel 323. Cf. oben S. 37 f.

keine ungetrübte sittliche Erkenntnis vermitteln könne. Herrlinger unterscheidet eben nicht zwischen Gewissen und bloßem sittlichen Wissen bei Melanchthon. Für letzteres räumt dieser eine Schwäche ein. Aber es wird keine Stelle bei Melanchthon zu finden sein, die einen Mangel gerade des Gewissens ausspräche. Das Gewissen steht als unfehlbar da. Die Freude des Gewissens über eine gute That gilt Melanchthon für so selbstverständlich, daß er darüber gar nicht erst spricht. Für der Mühe wert hält er es aber, zu untersuchen, ob das Gewissen unter allen Umständen über eine böse That Schmerz empfinde. Diesen Schmerz hält er für unausbleiblich aus einem zweifachen Grunde. Der 1. liegt im Menschen selbst, in „der Ordnung der Natur" (XIII, 147): es ist ein naturalis dolor und: etsi hic dolor in malis aliquantisper hebes est, tamen tandem fit saevus et extinguit eos, quia lex est indicium Dei. Der 2. Grund liegt in Gott, der unmittelbar seinen Zorn ausgießt, durch den er die Bösen erschreckt und wie mit einem Blitzstrahl niederschmettert (opprimit).

3. Das sittliche Wissen als Motiv und Kraft des sittlichen Handelns.

Wir kennen den Inhalt des sittlichen Wissens und die Quellen, aus denen es seinen Inhalt gewinnt. Wir haben jetzt von dem sittlichen Wissen zu handeln, sofern es als Motiv und Kraft des sittlichen Handelns zu gelten hat. Wir folgen damit wieder nur dem Gang, den Melanchthon für seine Erörterungen selbst vorgezeichnet hat; cf. XVI, 170: prima de fine quaestio est, quae res sit (Inhalt des sittlichen Wissens) quam homo secundum rectam rationem praecipue appetat (seine Quelle) et quae praecipue obtinenda sit et ad quam referendae sint omnes actiones hominis, ne ab eo fine aberretur (als Motiv). Von diesem Gedanken sind die folgenden Erörterungen in den Elementa beherrscht. An ihn knüpft sich aber unmittelbar die Frage an, ob neben dem genannten Motiv des sittlichen Handelns es noch andere Motive geben kann und welches diese sind. Melanchthon sucht hierdurch eine Vermittelung zwischen den Standpunkten andrer und seinem eignen. In diesem Sinn behandelt er die Lehre des Aristoteles: die Tugend sei unser Ziel, die Lehre des Epikur, der die Lust dafür erklärt, die Lehre der Stoiker, daß nur die Tugend ein Gut sei, und kommt von hier auf die weitere Frage, ob das Gute auch als Motiv unsrer Handlungen gelten könne.

Ähnlich liegt der Gang in der Epitome vor. Nachdem Melanchthon hier XVI, 28 f. den Inhalt des finis hominis erläutert, fährt er p. 30 fort: iam hic cogitent bonae mentes, quid requirat notitia finis. Also das Wissen vom Ziel tritt als sittliche Forderung an uns. Cf. dazu XVI, 183: vident omnes homines sani, lucere in mentibus discrimen faciendorum et fugiendorum et id normam virtutis esse statuunt, sed illud etiam considerare debebant, unde sit et quare illae naturales notitiae sint normae virtutum. Dem entsprechend schildert dann Melanchthon auch in der Epitome, wie wir nach diesem Ziel mit allen Kräften und ganzem Herzen streben müssen.

Schon aus der angedeuteten ironischen Absicht sieht er sich zur Annahme eines Haupt= und Nebenzweckes und damit eines Haupt= motives und andrer Nebenmotive genötigt, cf. XVI, 30 f.: hactenus de principali fine dictum est, comitantur autem virtutem et alii fines minus principales, quos etiam rectum est appetere suo loco, et possunt coniungi fines, sed ita, ne deseratur principalis finis.

Das Hauptmotiv ist die Anerkennung Gottes (agnitio immer, nie cognitio); XVI, 170 cf. 29: nusquam ab hac meta discedendum est. Omnia consilia, omnes actiones eo referri debent, omni contentione atque impetu animus conniti debet, ut hunc finem assequatur et ornet. Ita contendere toto pectore debemus, ut Deum agnoscamus eique obtemperemus. Melanchthon betont es sehr gern, wie mit dieser seiner Lehre auch das Christentum übereinstimme, wie gleich die 1. Bitte des Vaterunsers denselben Gedanken ausspreche und wie dieser sich noch oft in besonders signifikanten Forderungen Christi und des Christentums, Matth. 5, 16 ö. wiederfinde.

Die Leugnung dieses Hauptmotives, also die Gottlosigkeit, ist Melanchthon die größte, wenigstens die roheste, unnatürlichste Sünde. Daraus, daß der Mensch dieses Ziel nicht so im Auge behält, wie er soll, erkenne man am klarsten die Schwachheit der menschlichen Natur XVI, 29. Jene Sünde nennt Melanchthon furor, amentia: sie verrät cyklopisches Wesen[1] C. R. XVI, 29 f. Sie bedeutet wirkliche Entartung des Menschen (personae degenerantes a natura hominum) XVI, 30. Der Hauptvertreter jener Sünde, der für sie Propaganda gemacht, ist Epikur XVI, 29 und 30.

Gegen ihn richten sich darum die nachfolgenden Erörterungen Melanchthons im besonderen. Er sucht auch so wieder zu seinem Resultate zu kommen. C. R. XVI, 174 widerlegt er das (2.) Argument der Epikureer: „Die Lust ist die Erhaltung der menschlichen Natur, die Tugend ihre Zerstörung, wie es an Sokrates und anderen erhellt, die wegen guter Thaten getötet wurden — also ist die Lust das Ziel, nicht die Tugend.“ Melanchthon bestreitet den Untersatz des Syllogismus und fügt dann hinzu, daß gerade das äußere Unglück der Guten ein offenbares Zeugnis dafür ist, daß die Menschen nicht nur für dieses Leben geboren werden, daß ein Ausgleich von Tugend und Glück im Jenseits erfolgen müsse. Dem liegt der Gedanke zu Grunde, daß wir uns in unserm Handeln nicht bestimmen lassen dürfen durch

---

[1] Mit Berufung auf die gottesleugnerischen Worte des Cyklopen bei Euripides Cykl. 319. 333. 334.

die Hoffnung auf äußere Belohnung, sondern durch den Gedanken der Ewigkeit und des ewigen Gottes.

Die Fortführung dieses Gedankens finden wir in der Widerlegung des 3. Epikureischen Arguments p. 175: es ist wahr, Gott verspricht Belohnungen, dennoch sind diese Belohnungen nicht das hauptsächliche Gut, das zu erstreben ist. Die „Kirche" ist oft dem Kreuz unterworfen. Jeremias, der Täufer, Paulus und andere müssen viel leiden und sogar sterben. Man soll daraus lernen, daß „man Gott dienen müsse um seines eigenen Ruhmes willen und daß die höchsten Güter eben die Anerkennung Gottes, seine Verehrung (celebratio) und der Gehorsam gegen ihn seien, nicht die Vorteile, welche folgen." Das Hauptgut, so schließt er auch hier (XVI, 176) ist die „Weisheit, die Gott anerkennt, und die Gerechtigkeit, nicht die Lust, welche folgt."

Wenn Aristoteles und ähnlich die Stoiker lehren, daß die „Tugend" der Hauptzweck und sie nur um ihretwillen zu erstreben sei (C. R. XVI, 172. 30. 179—183. 37 f.), so weist das Melanchthon nicht zurück. Wie er den finis definiert, so glaubt er, damit nur die „Tugend" bei ihrem Namen genannt zu haben; XVI, 172: intelligamus in ipsa appellatione, et hanc summam virtutem, ut Deus agnoscatur et omnes honestae actiones ad Deum referantur. Aber, wie gesagt, hinter dem gemeinsamen Worte „Tugend" verbirgt sich ein ganz verschiedener Standpunkt.

In der Hauptsache sind es 3 Gründe, warum Melanchthon die agnitio Dei als den finis principalis annimmt.

Der oberste Grund ist ein religiöser. Er liegt in Gottes Gebot und Absicht. Melanchthon führt dafür gern Schriftstellen, auch aus dem Neuen Testament an, die also eigentlich aus der philosophischen Ethik auszuweisen sind (C. R. XVI, 171: Matth. 5, 16. 1 Cor. 10, 31. Ps. 115, 1. Joh. 17, 3). Aber Gottes dahingehendes Gebot findet er schon klar ausgesprochen in dem 1. Gebot des Dekalogs, XVI, 171. Und was dieses Gebot uns vorschreibt, das finden wir wiederum schon vermöge unsrer Vernunft als klare Absicht Gottes in der Schöpfung: ideo condidit creaturam rationalem, ut ipsius similitudo in ea luceat, ut agnoscatur Deus et sint similes virtutes (XVI, 171).

Mit diesem Grund hängt der 2. zusammen: die agnitio Dei als das Hauptmotiv unsers sittlichen Handelns ist auch der menschlichen Natur gemäß. Das „naturae conveniens," das den Stoikern eigen ist, kehrt immer wieder; cf. besonders auch die Ausführungen gegen das 2. Argument der Epikureer XVI, 174, in denen Melanchthon darzuthun sucht, daß die Tugend gerade die „Erhalterin der Natur" sei (die Natur zu jenem Zwecke condita!). So werden auch die größten Männer (XVI, 36), Alexander, Qu. Manlius Torquatus, Scipio, Cäsar, ebenso die Dichter nicht angereizt durch das Lob des Volkes und Vorteile, sondern duce natura.

Die Erhaltung der Natur hat nun am Menschen auch den ent
sprechenden Erfolg: das ist der 3. Grund. Die wahre Erkenntnis
Gottes (XVI, 49) erzeugt den wahren Trost und regiert alle Bewegungen des Geistes. Auf den Trost des Gewissens kam es Melanchthon in allem an. Er war hierin beeinflußt durch die Reformation.
Und er führt seinen Hauptgedanken noch weiter. C. R. XVI,
170 f. definiert er den finis hominis als Deus ipse, communicans
nobis suam bonitatem, cum eum vere agnoscimus. Er erklärt dies
zwar nur für seine gewöhnliche Definition in etwas umständlicherer Form.
Aber doch bahnt sie ihm den übergang dazu, daß er als den finis
principalis auch das „Gute" erklärt. Gott ist das Gute schlechthin.
Melanchthon führt das besonders aus in der Besprechung des stoischen
Satzes, daß nur die Tugend ein Gut sei, C. R. XVI, 179—183.
37. 38.

In der Bestimmung des Guten will er ausgegangen wissen
von Genes. 1, 31. Er gewinnt daraus die sehr allgemeine Definition
(XVI, 180): das Gute ist eine von Gott geschaffene Sache, die übereinstimmt mit der Ordnung im göttlichen Geist, die bestimmt ist zu
bestimmten Gebräuchen (usus) oder Zwecken, welche (Zwecke) Gott
billigt.[1] Hierher gehört, was Melanchthon sonst über das Ebenbild
Gottes im Menschen sagt. Er tadelt die philosophischen Definitionen,
die Gottes nicht Erwähnung thun, wie die „landläufige" (es ist die
stoische): das Gute ist etwas, was für die Natur paßt. Er macht
XVI, 37 geltend, daß darin auch „zweifelhafte Dinge" enthalten sind.[2]

Melanchthon behält zunächst die „gewöhnliche Einteilung" in
bonum naturale und bonum morale bei, legt aber dem bonum naturale einen andern Inhalt unter, als es bisher gehabt XVI, 180 f.
(einen minder reifen und klaren Standpunkt verraten die entsprechenden
Ausführungen XVI, 37 f.). Das „natürliche Gute" ist ihm „Gott
selbst und dann eine jede Sache, die von Gott geschaffen ist und die
übereinstimmt mit der Ordnung im göttlichen Geist und die deswegen
Gott gefällt an ihrem Platze, bestimmt zu gewissen (aliquos) gottge-
fälligen Gebräuchen, wie die Sonne, Erde, Speise, Trank, Tugend."
Das „sittliche Gute" ist ihm (XVI, 180 f.) wiederum einerseits trans-
cendent „Gott selbst, d. h. die ewige und unbewegliche Weisheit in
Gott, die das Richtige ordnet (ordinans recta) und den Unterschied
zwischen Richtigem und Unrichtigem festsetzt, und der Wille Gottes,
der immer das Richtige will" — andrerseits erklärt er als das sittliche Gute „in den Menschen" „die Handlung oder Bewegung oder
den habitus, der übereinstimmt mit der ewigen und unbeweglichen

---

[1] Darüber Strigel 186—189. — [2] Strigel gewinnt aus Genes. 1, aus
der Schöpfungsthatsache p. 180—184 die Einteilung in ein duplex bonum,
aliud infinitum et increatum, aliud finitum et creatum (nec potest inter
haec duo medium constitui; cf. C. R. XVI, 178: Deus bonum infinitum
et αὐταρκές).

Weisheit Gottes, die geoffenbart ist im göttlichen Gesetz, die auch in der Schöpfung den Geistern der Menschen eingepflanzt ist und nachher durch die göttliche Stimme oft verkündigt." Der Unterschied ist also der, daß das bonum naturale Dinge in sich begreift, das bonum morale aber Handlungen in Gott oder im Menschen. Beide sind sittliches Motiv, nur in verschiedener Weise. Zunächst sehen wir, wie die Definition des bonum morale ganz übereinstimmt mit der gebräuchlichen des finis (agnitio Dei!) und wie auch hier wieder klar beides, Metaphysik und eigentliche Ethik, auseinander gehalten und sodann auf einander bezogen wird, wie das sittliche Gute zunächst Gott selbst ist und dann erst unser Handeln, welches unserm Wissen von Gott entspricht. Auch hier ist also wieder das höchste sittliche Wissen, das von Gott als unserm Ziele, in engste Verbindung gesetzt zum sittlichen Handeln: jenes ist das Motiv für dieses.

Neue Erwägungen aber entstehen durch den Begriff des bonum naturale. Er begreift (C. R. XVI, 180) die äußeren Güter in sich, die von Gott stammen und nach seinem Willen verwendet werden sollen. Melanchthon fand ihn in allen Systemen der Antike vor.[1] Aber er sah sich damit umringt von lauter Gegensätzen. Plato stand schwankend zu den äußeren Gütern: neben seiner Vorliebe für das Asketische räumte er dennoch dem Schönen ein gewisses Recht ein, Aristoteles erklärte die äußeren Güter für notwendig zur vollen Glückseligkeit.[2] Die Stoiker verwarfen sie,[3] und die Nachfolger des Epikur mehr als dieser selbst ließen um sie fast die ganze Ethik sich bewegen.[4] Wertvoll nun als ein Zeugnis für Melanchthons systematisierenden Geist ist für uns die Art, wie er die Frage nach den äußeren Gütern, die ihm durch den Zusammenhang der Nikomachischen Ethik des Aristoteles an die Hand gegeben war, eigenartig verwendet und mit der ihn bewegenden Hauptfrage verbindet. Aus Plato[5] entlehnt er die Dreiteilung nach dem „Grad" des Guten in bonum honestum, utile und suave. Was er darüber sagt, ist verworren. Beachtenswert ist nur, daß er die Beziehung auf Gott nie aus dem Auge verliert. Aber die Hauptfrage für ihn ist ohne Zweifel: können die äußeren Güter auch Motive und Objekte unsers sittlichen Handelns sein und wie stehen sie dann zu dem uns bekannten Motiv?

Als Nebenmotive, fines minus principales (C. R. XVI, 30 f.) stellt er sie neben das Hauptmotiv. Für ihr gegenseitiges Verhältnis giebt er die allgemeine Bedingung an: ne finis principalis deseratur (XVI, 31), ne ab eo fine aberretur (XVI, 170) und ähnlich so noch oft. Wenn die agnitio Dei und Gott selbst das höchste Gut ist, das

---

[1] cf. Aristoteles selbst darüber Nikom. Eth. I, 9. — [2] Zeller, Phil. d. Gr. II, 1. p. 736. II, 2. p. 616 f. — [3] cf. C. R. XVI, 179—183. 37 f. — [4] cf. C. R. XVI, 173--179. 31—37. — [5] cf. z. B. Gorgias 49 ff. 62 ff.: Melanchthon selbst behauptet, sich an die Schrift und sani homines plurimi anzuschließen.

wir erstreben können, so erhellt eben damit, daß auch jene äußeren Güter als Gaben Gottes erstrebt werden können — aber freilich erst nach dem Hauptgut; ja sie müssen diesem geradezu dienen: alia inferiora bona quae serviunt agnitioni finis principalis (C. R. XVI, 176), summa bona esse ipsam Dei agnitionem, celebrationem et obedientiam, non commoda quae sequuntur, quae potius media sunt servientia principalibus bonis quam ulteriora bona (XVI, 175). Die Epikureer verdammt er auf das entschiedenste, eben weil sie den Hauptzweck aufheben.[1]

Die von Melanchthon so zugelassenen Nebenmotive zerfallen nun bei ihm in der Hauptsache in 2 Klassen. Sie beziehen sich auf Vorteil oder Schaden, der den Handelnden selbst betrifft, oder auf Vorteil oder Schaden, der andere Individuen oder andere große Kreise (Staat und Kirche) angeht. Also giebt es egoistische und altruistische Nebenmotive.

Die egoistischen Nebenmotive!

Schon aus ihrem Dasein und ihrer klar erkennbaren Bestimmung folgt die Berechtigung der äußeren Güter für uns. XVI, 176 f. führt Melanchthon 4 Gründe dafür an, daß Güter, die für den Körper notwendig sind, erstrebt werden dürfen nach dem Willen Gottes. Diese Gründe erklären sich zum Teil aus der Zeit, in der Melanchthon stand. 1) Jene Güter beweisen Gott, der den Menschen nicht zufällig leben und jene Güter nicht zufällig verteilt werden läßt. 2) Ohne jene Güter ist „die Fortpflanzung der Lehre" nicht möglich, d. h. auch das Reich Gottes bedarf zu seinem Bau auf Erden der äußeren Güter. 3) Wir sollen um sie bitten und so Glauben und Gebet üben. 4) Sie sollen uns immer der Verheißung der Gnade gewiß machen. Diese Gründe sind sehr ungleichartig neben einander gestellt. Aber aus einem jeden ersehen wir das Bestreben Melanchthons, die Beziehung auf den Hauptzweck festzuhalten. Auch sonst beruft sich Melanchthon darauf, daß Gott selbst in diesem und jenem Leben der Tugend Belohnungen verheißen XVI, 175, daß er es den Guten im allgemeinen auch wohl

---

[1] Diese Aufstellungen führt Melanchthon weiterhin konsequent durch. Sofort bei Besprechung der ersten Einzeltugend XVI, 152 in der Epitome sagt er, was für alle Tugenden gilt: est hoc (quoque) philosophicum et pium, virtutum finem principalem constituere obedientiam erga Deum. Demgemäß stellt er als den Hauptzweck der veritas XVI, 152 f. auf: wir sollen Gott gehorchen, der da vorschreibt, daß wir die Wahrheit lieben. Dann erst folgen die Nebenzwecke: gewisse Vorteile für Religion, Gesittung, Wissenschaft, Rechtspflege, Handel und Wandel. Die causa finalis der Freundschaft ist XVI, 161 primum et ipsum virtutis decus — etiamsi nulla sequeretur utilitas. Das Hauptmotiv der Tapferkeit XVI, 346 ff. ist die Ehre Gottes; erst dann werden Nebenmotive zugelassen, z. B. Streben nach Ruhm und gutem Namen. Es sind viele äußere, also sekundäre Motive, die die Selbstbeherrschung XVI, 356—362 empfehlen; aber als Hauptmotiv soll uns zu ihr die Rücksicht auf Gott und sein Gebot führen.

geben läßt XVI, 174. Er hält es für durchaus möglich, daß man sich durch Belohnungen anregen, wie durch Übel abschrecken (XVI, 182 f. cf. 38) lassen könne und daß man trotzdem dem Hauptzweck in jeder Weise genügt. Deshalb ist es ihm offenbar eine gewisse Freude, darauf aufmerksam machen zu können, daß die Stoiker thatsächlich ihrer rigorosen Lehre die Spitze abgebrochen haben durch die Annahme der προηγμένα, des „Nützlichen, das an seinem Platze zu erstreben ist" (XVI, 37 f.). Damit berührt sich noch aufs engste, daß er auch das Lob und den Ruhm als ein berechtigtes Nebenmotiv anerkennt.[1]

Übrigens ist er sich dessen wohl bewußt, daß er mit der Annahme dieses egoistischen Nebenmotivs etwas zugegeben hat, was in seinen Konsequenzen wenigstens für die Ethik gefährlich werden könne. C. R. XVI, 36 f. sub Nr. 5 weist er die Epikureische Lehre, daß unser Nutzen unser Hauptzweck sei, damit zurück, daß gerade die Rücksicht auf unsern Nutzen die meisten und schönsten Tugenden unmöglich mache. Er erinnert an die Enthaltsamkeit, Gerechtigkeit und Freundschaft und schildert den absoluten Egoismus als den Tod aller Sittlichkeit.

Neben den egoistischen stehen die altruistischen Nebenmotive. Die Rücksicht auf den Anderen ist bestimmend. Das wird besonders verlangt: wir sollen seiner Ruhe dienen, XVI, 169.

Aber weit mehr als das einzelne Individuum kommen die großen Gesellschaftskreise in Betracht. Melanchthon war zu sehr vom Geist der Antike beeinflußt, als daß seine Ethik nicht auch von dem sozialpolitischen Charakter der alten Ethik angenommen hätte, wenngleich er in mancher Beziehung über das hellenische Staatsbürgertum eines Aristoteles weit hinausgeht und Kosmopolit ist und nie es verleugnet, daß er Christ ist. Aber sein Grundsatz ist XVI, 174: auf das Wohl der Gesellschaft kommt es an, wenn dann auch der einzelne leidet. Und dem entsprechend heißt es XVI, 111 mit Berufung auf Plato: illud sciamus nos non nobis, sed rei publicae vivere.

Über das Vaterland und den Staat will er XVI, 115 f. noch die Kirche gestellt wissen. Was ihr nützt, das soll uns vor allem leiten. Von seinem christlichen Standpunkt aus war ihm das selbstverständlich. Eben deswegen war es ihm gleich selbstverständlich, daß alles, was für die Kirche geschieht, im letzten Grund für Gott selbst und seine Ehre geschieht.

Aber dies Moment ist auch durchschlagend in seiner Lehre vom Staate. Wir finden es sofort ausgesprochen in der Difinition des finis XVI, 28: agnoscere Deum — et tueri societatem propter Deum. So führt uns das Ende hier von selbst auf das zurück, wovon wir ausgingen: daß unser höchstes sittliches Wissen, unser Wissen von unserm

---

[1] cf. XVI, 305 f. zu Aristoteles' Nikomachischer Ethik I, 12, cf. C. R. XVI, 346 ff.

Ziel das Motiv und die Kraft ist alles unsers Handelns. Jedenfalls wollen wir hierbei Melanchthon unsre volle Anerkennung nicht versagen. Harmonisch und gesund, wie keiner vor ihm, hat er den vorliegenden Gegenstand durchgebildet. Selbständig steht er der Antike gegenüber. Die tiefste Anregung hat er sicher wieder von Plato empfangen, dessen Lehre von den Ideen als lebendigen Kräften und sittlichen Normen hier nachzuwirken scheint. Aber Melanchthon hat die Anregung innerlich voll verarbeitet und läßt ein Neues aus ihr fließen.[1]

II. Das sittliche Wollen.

1. Das prinzipielle Verhältnis des sittlichen Wollens zum sittlichen Wissen.

Unser sittliches Wissen ist die Norm des Handelns. Das ist das Resultat, welches Melanchthon C. R. XVI, 183—185 cf. 38 f. unter der Überschrift: quid est virtus rekapituliert. Dieser Abschnitt bietet eine Definition der virtus. Diese Definition enthält einen Begriff, den Melanchthon hier neu einführt, den der voluntas. Der Wille wird zum sittlichen Wissen in enge Beziehung gesetzt. Worin das Verhältnis beider zu einander bestehe und wozu der Wille ursprünglich bestimmt sei, damit beschäftigt sich jene Stelle vor allem.

Der Verstand soll durch das richtige Urteil den Willen beherrschen, der Wille soll frei, beständig und fest dies Urteil ergreifen (amplectens) und mit jener Norm übereinstimmen: so hat es der göttliche Geist ursprünglich bestimmt und geordnet. Und weil Gott das selbst so gewollt hat, darum ist die „Übereinstimmung des Willens mit jener Norm" „gut" — das ist die Tugend selber. Der Tugendbegriff ergiebt sich nun schon von selbst: virtus est habitus, inclinans voluntatem, ut constanter obediat recto iudicio propter Deum, ut et gratitudinem ei declaret et Dei voluntatem aliis ostendat (C. R. XVI, 184) — cf. die gewöhnliche, aber weniger volle Definition: habitus, inclinans voluntatem ad obediendum rectae rationi.

Das ist die prinzipielle Bestimmung des menschlichen Willens. Auf die Wirklichkeit des allgemeinen Standes des sittlichen Lebens ist dabei noch keine Rücksicht genommen. Aber die Frage erhebt sich nunmehr: kann denn der Wille auch das sittliche Urteil erfassen und mit ihm harmonieren? ist der Wille frei?

Aus der Art, wie das Verhältnis des Willens zum Wissen bestimmt wird (der Wille wird stets an 2. Stelle genannt: der Wille gehorcht, das Wissen befiehlt), erhellt, daß der Wille in der Ethik Melanchthons nur eine untergeordnete Stellung einnehmen kann und daß das natürliche sittliche Vermögen des Menschen nicht in Frage gestellt sein kann, wenn die Freiheit des Willens nicht eine absolute sein sollte.

---

[1] Strigel p. 161—194 ist wertlos.

2. Die Freiheit des Willens.

Von der Freiheit des Willens haben wir an dieser Stelle zu sprechen, trotzdem daß Melanchthon sowohl in den Elementa wie in der Epitome erst die causae adiuvantes der Tugend bespricht; cf. oben S. 56 und C. R. XVI, 42: cum modo de causis (seil. virtutis) dixerimus, proximum est, ut de libertate voluntatis quaeramus.[1]

Melanchthon hält die Frage für nicht schwer: XVI, 189: quaerentibus simplicem veritatem in hac quaestione facilis est explicatio.[2] Dennoch hält er den Gegenstand für wichtig genug, um ausführlicher darüber zu sprechen C. R. XVI, 42 ff. cf. 189 ff. XIII, 157—163. Als Grund dafür giebt er an (C. R. XVI, 42) weil „diese Frage von Philosophen sowohl als Theologen oft bewegt worden sei und oft großen Aufruhr erregt habe." Mit diesem Satze umspannt er eine Geschichte von Jahrtausenden und beschreibt seinen eigenen Gang durch den tobenden Streit der Gegensätze. Seine Vorbilder in der Antike ließen ihn hier im Stich: Plato und Aristoteles lehrten zwar beide, wenngleich in verschiedenem Sinn, die Freiheit des Willens, sahen jedoch nicht die Schwierigkeiten der Frage und lösten sie nicht,[3] während die Stoiker durch ihre Lehre von der Notwendigkeit die Willensfreiheit aufhoben. In der Kirche sah er den mächtigen Streit zwischen Augustinismus und Pelagianismus entbrennen. Und zu seiner Zeit machte ihm der alte Streit, der im römischen wie protestantischen Lager fortglühte, nur allzuoft Kopf und Herz und Leben schwer.

Wir dürfen wohl sagen: er war in der Frage, soweit sie die philosophische Ethik angeht, stets sich klar. Selbst in der Zeit, da er den deterministischen Prädestinatianismus vertrat, in den Jahren 1519 bis 1525, läßt er die Tugenden eines Aristides, eines Cato und Scipio gelten als virtutum umbrae und dona Dei (Loci XXI, 22). Und als dann durch den Streit zwischen Luther und Erasmus, durch seine innigere Beschäftigung mit den Kirchenvätern und den alten Klassikern, namentlich den alten Ethikern, durch Erwägungen über Gottes Heiligkeit und Wahrhaftigkeit, die ihm durch jenen theologischen Absolutismus gefährdet schien, durch die Rücksicht auf die allgemeine Sittlichkeit, die durch jene fatalistische Lehre bedroht war, jener Umschwung eintrat, der sich zum ersten in den Visitationsartikeln und in den Scholien zum Colosserbrief kund giebt,[4] da stand fortan Melanchthons Ansicht über das „natürliche Willensleben des Menschen" fest.

---

[1] Strigel Estne libera voluntas? einschließlich der refutatio Stoicae necessitatis p. 267 ff.: p. 252—310; Luthardt, die Lehre vom freien Willen und seinem Verhältnis zur Gnade in ihrer geschichtlichen Entwicklung dargestellt, Leipzig 1863, Nr. 7: Die Lehre Melanchthons p. 149—190; Herrlinger p. 67—107. — [2] cf. Strigel 255. — [3] Zeller, Phil. der Gr. II, 1. p. 718. 720. II, 2 p. 588—591; anders denkt Strigel a. a. O.! — [4] Luthardt, freier Wille 157—171. cf. 158 f.: Herrlinger 72—78.

Er unterschied von nun an klar und energisch zwischen dem „natürlichen" und dem „christlichen" (geistlichen) Leben, dem „Verhältnis des menschlichen Willens zur Wirksamkeit Gottes im Naturleben" und zum „wahrhaft Guten."[1] Daß er diese Unterscheidung aufstellte und an die Spitze der weiteren Erörterungen stellte, das ist sein großes Verdienst. In der theologischen Frage hat er noch manche Wandelung durchgemacht. Die Geschichte dieser Wandelungen ist erschöpfend dargestellt von Luthardt und Herrlinger am angeführten Orte. Uns kann sie hier nicht berühren. Jedenfalls gab Melanchthon seit 1527 den Begriff der institia civilis nie wieder auf.[2] Zu der Zeit, als er die Elementa abfaßte, war er auch in der theologischen Frage fest geworden. Mit um so größerer Entschiedenheit sprach er nun seine Anschauung aus bezüglich der philosophischen Seite der Frage.

Nach der philosophischen Ethik haben wir die Freiheitsfrage darzustellen. Und zwar haben wir auch hier uns wieder an die Elementa (C. R. XVI, 189—201) zu halten. Der Stoff ist im wesentlichen derselbe wie in der Epitome XVI, 42—50. Doch ist in den Elementa die Anordnung klarer und sicherer.[3]

Der Gang der Untersuchung ist nicht zu verkennen. Nirgends tritt es deutlicher hervor, daß Melanchthon kein spekulativer Geist ist, sondern stets nur der Praktiker, der von dem thatsächlich Gegebenen und Wirklichen ausgeht.

1) Es ist ein Erfahrungsbeweis für die Willensfreiheit, den er an die Spitze stellt: wir finden die Freiheit des Willens thatsächlich vor auf dem Gebiet der disciplina.[4]

Auch hier scheidet er klar die Gebiete zwischen theologischer und philosophischer Ethik. Die Philosophie (XVI, 42 f.) spricht nicht von den motus cordis erga Deum, auch nicht von der interior et integra obedientia, die das Gesetz Gottes verlangt, sondern von den „Sitten des bürgerlichen Lebens," d. h. von einer gewissen moderatio affectuum erga homines und von den externae actiones. Auf dem Gebiete der disciplina nun behauptet Melanchthon die Freiheit des Willens.[5]

Er erklärt diese Freiheit für eine Wahlfreiheit. Es ist die προαίρεσις des Aristoteles, Nik. Eth. III, 4. C. R. XVI, 190: Der menschliche Wille potest eligere hos motus aut non eligere, potest imperare eos externis membris aut non imperare, et eligens seu imperans eligit aut imperat sponte, sine necessitate et sine coactione; cf. XVI, 43. Auf dreierlei motus bezieht sich dieser Wille, XVI, 189. Es sind die nämlichen Gebiete, auf denen Aristoteles Nikom. Ethik III, 5 die „Überlegung" oder den „Vorsatz" thätig sieht.

---

[1] Luthardt 160 f. — [2] Herrlinger 74—78. — [3] Luthardt 182 f. — [4] cf. C. R. XVI, 42: initio autem veram et firmam sententiam ponam. XVI, 193: die stoischen Lehren sunt absurdae et a communi vita abhorrent. — [5] C. R. XVI, 190, besonders noch XIII, 157—163.

Aber Melanchthon giebt doch dem Gedanken eine ganz andere Wendung.[1] Nach ihm zeigt sich die Willensfreiheit, wenn wir mit dem ethisch Wertlosen beginnen, während er das ethisch Bedeutendste voranstellt, in motu locali hominis quocunque. Den Effekt dieser Thätigkeit nennt er gewöhnlich die gubernatio locomotivae. Ausführlich spricht er darüber in seiner Psychologie. Zum andern ist die Willensfreiheit in actionibus artificum: der Maler kann einen Hirsch oder eine Chimäre malen.[2] Melanchthon meint damit die Freiheit des wissenschaftlichen Arbeitens, der geistigen Thätigkeit. Diese Frage lag ihm ja besonders nahe. Endlich — und darauf kommt es hier fast ausschließlich an — zeigt sich die Wahlfreiheit in actionibus moralibus. Stehend werden als Beispiele angeführt Publ. Cornelius Scipio, C. Fabricius Luscinus, Eva.[3] Das Gebiet, das Melanchthon damit für die philosophische Ethik reklamiert, ist also ein ziemlich weites und bedeutsames; C. R. XVI, 43: humana voluntas potest externas actiones honestas efficere propriis viribus sine renovatione. Ein solches Wort ließ ihn wohl eben die Erinnerung an jene edlen Gestalten des Heidentums sprechen, auf deren Namen er in seinen Schriften immer wieder zurückkommt. Ja, er konnte zu jenem Satze um so eher kommen, als auch das Alte Testament ihm die Stufe der natürlichen Sittlichkeit repräsentierte. Er folgert aber hierbei aus dem Effekt auf die Ursache: die ehrbaren Handlungen sind da, folglich muß auch die Ursache dazu dasein und die Möglichkeit wenigstens dazu gegeben sein in dem freien Willen. Von diesem Gesichtspunkt aus und darum an dieser Stelle ist das Kapitel von der disciplina in der Melanchthonischen Ethik zu behandeln.[4]

Die Thatsächlichkeit der disciplina, die uns so empirisch feststeht, findet Melanchthon nun bezeugt auch in der Schrift. Paulus vor allen (Röm. 9, 31. 2, 14. Tit. 3, 5) erkenne die Thatsächlichkeit einer „Gerechtigkeit des Fleisches" (XVI, 190) oder „menschlichen Gerechtigkeit, welche die Menschen bewirken mit den eigenen Kräften der Natur," an (XVI, 43). Dies berührt sich mit dem eben Gesagten, daß diese natürliche Gerechtigkeit für Melanchthon identisch ist mit der alttestamentlichen Sittlichkeit, daß also notwendig auch das Neue Testament sie anerkennen muß.

Für die disciplina spricht weiter das göttliche Gebot (mandatum Dei), welches uns die Übung der disciplina einschärft, XVI, 190. Melanchthon beruft sich auf 1. Tim. 1, 9 und Röm. 13, 5. Denselben Grund bringt er C. R. XVI, 43 sub Nr. 2 noch mit Berufung auf Gal. 3, 24. Hier geht er noch weiter! Eine Konsequenz

---

[1] Strigel zu dieser Stelle gewinnt p. 255 f. fälschlich die 2 Klassen der actiones δεσποτικαί und προαιρετικαί: von anderen Irrtümern noch zu schweigen! — [2] XVI, 43 als 3. Hauptgrund: wozu wären sonst die Künste geschaffen?! — [3] Herrlinger 233. — [4] Ganz falsch behandelt es Strigel in den προλεγόμενα p. 85—101: was er sagt, verwirrt nur.

des göttlichen Gebotes ist das menschliche Gesetz. Alle Gesetze in den Staaten wären überflüssig, wenn es keine Freiheit gäbe. Damit aber wäre „unbegrenzte Willkür für alle Verbrechen" gestattet und der Bestand der menschlichen Gesellschaft überhaupt gefährdet. Melanchthon greift nicht in die theologische Moral über, wenn er die Schrift citiert. Die Schrift muß ihm lediglich Zeugnis ablegen für die natürliche Sittlichkeit.

Er geht nur einen Schritt noch weiter auf diesem Wege, wenn er einen ferneren Beweis für die disciplina findet in der moralischen Weltordnung überhaupt: C.R. XVI, 190 f.: regula perpetua et firma est: atrocia delicta puniuntur atrocibus poenis praesentibus in hac vita.[1] Es ist das ein Lieblingsgedanke bei Melanchthon, den wir oft wiederkehren sehen.

Und wäre — dieser Gedanke hängt mit dem eben ausgeführten aufs innigste zusammen! — die disciplina nicht schon durch ausdrück= liche göttliche Gebote sanktioniert, ihre Berechtigung wäre erwiesen mit ihrem konkreten Nutzen C. R. XVI, 191. Melanchthon setzt ihn zu= nächst negativ darein, daß „viele Übel, gegenwärtige und ewige, ver= mieden werden," XVI, 191. Der positive Nutzen ist damit schon er= wiesen.[2]

Ja, mehr noch! Die Thatsächlichkeit der disciplina und damit auch der Willensfreiheit steht fest auch durch jene Bewegungen des Herzens, die die höhere, christliche Sittlichkeit ausmachen. Aus der Thatsächlichkeit dieser Sittlichkeit schließt Melanchthon auf die jener. Die christliche Sittlichkeit hat doch die natürliche Sittlichkeit zur Voraus= setzung und selbst mit zum Inhalt. Wird der Unterschied der beider= seitigen Handlungen gewöhnlich so beschrieben, daß die christlichen Hand= lungen nicht möglich sind sine motibus oder sine auxilio spiritus sancti, so wird die natürliche Thätigkeit von Urteil und Wille damit durchaus nicht aufgehoben. Das erhellt schon aus der bekannten, mit oft nur geringen Variationen sich wiederholenden Definition der motus interiores Deo placentes XVI, 192: „sie geschehen nicht ohne Hülfe des heiligen Geistes, dennoch ist in ihnen der Wille durchaus nicht unthätig (nec tamen nihil agit) und verhält sich nicht wie eine Säule, sondern concurrunt agentes causae, filius Dei movens mentem verbo et Spiritu sancto cor accendens, mens cogitans et voluntas non repugnans, sed utcunque iam moventi spiritu sancto obtemperans et simul petens auxilium Dei." Der natür= liche Wille mit seiner natürlichen Kraft wird als ein Faktor in der Be= kehrung anerkannt, also seine Freiheit auch auf dem Gebiete der natür= lichen Sittlichkeit behauptet. Melanchthon schließt XVI, 192 mit den

---

[1] Mit Berufung auf Matth. 26, 52. Hebr. 13, 4. Sap. 11, 17. -
[2] Damit stimmt überein, was Strigel sub 2 p. 88. 92 sagt: Disciplina necessaria est propter quatuor causas u. s. w.

Worten: haec manifestissima sunt. Es ist dies das Resultat für diesen ganzen Abschnitt. So gewiß für Melanchthon die Thatsächlichkeit der christlichen Sittlichkeit ist, so gewiß ist ihm auch die der disciplina, so gewiß ist ebendamit die Freiheit des Willens auf dem Gebiet der disciplina.

2) Mit dem Erfahrungsbeweis für die Freiheit des Willens berührt sich der psychologische oder vielmehr physiologische Beweis C. R. XVI, 191: testimonium est libertatis ipsa fabricatio humani corporis. An der citierten Stelle ist der Beweis nur angedeutet. Aber Melanchthon kommt mit Vorliebe immer wieder darauf zurück. C. R. XVI, 197 [1] operiert er mit seinen psychologischen Voraussetzungen gegen die Stoiker und verweist hier ausdrücklich auf die Physik (Psychologie): haec copiosius explicantur in physicis, ubi discrimen recitatur inter naturalia agentia et voluntatem. Vor allem gehören hierher die Ausführungen C. R. XIII, 153 f. (der Wille), 151—157 (Objekt des Willens), 157—163 (der freie Wille), 165—169 (de accidentibus mentis et voluntatis).

Wir finden — das ist der Inhalt jener Ausführungen — im Menschen das begehrende Vermögen vor. Den physikalischen Prozeß, wie es zu einer Bewegung dieses Begehrens kommt (motus voluntarius) setzt Melanchthon XIII, 136 f. auseinander: quid est potentia locomotiva; cf. XIII, 137: motus voluntarius est qui iuxta imaginationem seu delectum inchoatur et cessat incitatis nervis, musculis et chordis in eis animantibus in quibus est varia membrorum agitatio, videlicet progressio, volatus, gyratio, natatio. Dasselbe will kürzer sagen XVI, 191: ita condita est hominis natura, ut nervi voluntariis motibus serviant: cum voluntas imperat locomotivae, nervi obtemperant.

So hat Melanchthon die Fähigkeit des Willens erklärt, der locomotiva zu gebieten und „äußere Handlungen" hervorzubringen. Daß die Handlungen, die die Beherrschung der locomotiva in sich begreift, zunächst sehr „äußerlich" sind und sittlichen Wert gar nicht haben können, ist klar. Dennoch sind sie für Melanchthon nicht wesensverschieden von eigentlichen moralischen Handlungen, die er, soweit sie die natürliche Sittlichkeit, die disciplina ausmachen, ja auch als externae actiones bezeichnet. Dadurch wird natürlich der unvermittelte Sprung, der hier vorliegt, nicht ausgeglichen. Den sittlichen Inhalt der in Frage stehenden Handlungen gewinnt Melanchthon nur durch Heranziehung des Verstandes; XIII, 128: cognitio obiectorum motum cordis antecedit. Demgemäß definiert er dann XIII, 153 den Willen als die potentia appetens suprema et libere agens monstrato obiecto ab intellectu. Für die Fähigkeit des Willens ist damit nicht allzuviel ausgesagt. Es bestätigt sich auch hier, daß Melanchthon als

---

[1] cf. p. 196 f.: 2. Argument der Stoiker.

das sittliche Hauptvermögen das sittliche Wissen und Urteil ansieht und schon deshalb dem Willen in der Ethik nur eine untergeordnete Stellung einräumt.

Wenn Melanchthon den oben beigebrachten physikalischen Apparat wegläßt, sagt er kurz, daß „Gott bei der Schöpfung den Menschen mit denjenigen 3 Gütern, die in ihm selbst die besten sind, geschmückt habe, mit Weisheit nämlich, der Kenntnis seines Gesetzes, Gerechtigkeit und Freiheit des Willens" (XIII, 158 und oft). Und denselben Gedanken, nur vom entgegengesetzten Ausgangspunkt aus, spricht er aus, wenn er die Freiheit im Menschen als Beweis verwendet für Dasein und Wesen Gottes; XIII, 129: voluit Deus aliquam libertatem reliquam esse, ut intelligi possit, ipsum esse agens liberum. Gewonnen wird durch diese bloße Behauptung für die versuchte Beweisführung nichts. Nur geht daraus hervor, daß Melanchthon in der Natur des Menschen in ihrer schöpfungsmäßigen Beschaffenheit ein untrügliches Zeugnis für die Thatsächlichkeit der Willensfreiheit im Menschen sah.

3) Mehr aber als mit den positiven Freiheitsbeweisen[1] beschäftigt sich Melanchthon mit dem Negativbeweis der Willensfreiheit, d. h. mit der Abwehr der stoischen Notwendigkeit.[2] Er sucht die Stoiker schon damit abzuthun,[3] daß er ihre Lehre ableitet aus unethischen Motiven, aus Zank- und Streitsucht, aus Leichtsinn, Ehrgeiz und Übermut.[4] Aber veranlaßt zur energischen Bekämpfung ihrer Lehre haben ihn das praktische Interesse (moneri iuniores utile est XVI, 193) und die besonderen Verhältnisse seiner Zeit. Wenn er mit Erbitterung immer wieder gegen die Stoici furores und die Stoica deliramenta (XVI, 194) zu Felde zieht, so ist es nicht der Stoicismus der vergangenen Tage, der ihn so erregt, sondern vielmehr der neuerer Zeiten, wie ihn z. B. Laurentius Valla[5] vertrat und wie er vor allem auch zu Tage trat bei den Ultras der Reformation selbst,[6] die die äußerste Konsequenz des Lutherischen Determinismus zogen. Melanchthon selbst hatte ja in dieser Beziehung seine frühere Meinung geändert. Möglich, daß gerade das ihn zu einer eingehenderen Zurückweisung jener Lehre veranlaßte!

Um die stoische Notwendigkeitslehre zurückweisen zu können, hält er zuerst die Begriffsbestimmung von necessarium und contingens für nötig; cf. C. R. XVI, 194. Denselben Gang der Untersuchung finden wir XIII, 206—213 (Physik de contingentia; cf. p. 210:

---

[1] cf. C. R. XVI, 193: recitavi summam doctrinae de libero arbitrio seu de voluntate humana, veram et simplicem quae sine ulla dubitatione perpetuus consensus est omnium eruditorum et piorum in ecclesia. — [2] cf. die Überschrift XVI, 193: refutatio Stoicae necessitatis. — [3] Ebenso Strigel. — [4] cf. die stehenden Prädikate, mit denen er die stoischen Philosophen bedenkt. — [5] XVI, 193; über denselben Strigel p. 281 f. nach Jovianus Pontanus, 1. Buch de sermone cap. 18. — [6] XVI, 193: Stoicae opiniones de necessitate habent applausores.

postquam recensui, quae sint simpliciter necessaria, deinde quae sint physica necessitas, ac postremo, quae sint contingentia et quis sit fons contingentiae, nunc argumenta Stoica diluam.

Über die Sache selbst hat sich Melanchthon noch oft in seinen verschiedenen auf Philosophie und Ethik bezüglichen Schriften prinzipiell und ausführlich verbreitet, XVI, 194 verweist er uns selbst auf die Dialektik. Er meint damit besonders C. R. XIII, 588 ff.: de modalibus. Er unterscheidet hier „notwendig, unmöglich, möglich und zufällig" und bespricht diese Begriffe. Gegen die stoische Notwendig teit wendet sich XIII, 591 f. Über das Verhältnis von göttlicher praevisio und von Notwendigteit spricht XIII, 592, über den Begriff des contingens XIII, 590, über die Quellen der contingentia 590 f. — Demnächst beschäftigt sich die Physik viel mit diesen Fragen. Hierher gehört besonders der Abschnitt C. R. XIII, 206—213 de contingentia.[1] C. R. XIII, 315 (de forma) giebt Melanchthon die Aristotelische Unterscheidung der hauptsächlichen Ursachen aller Dinge und Handlungen: natura, necessitas, fortuna und mens. Über die Aristotelische Unterscheidung von fortuna und casus handelt ausführlicher XIII, 318—321. Überhaupt ist hierher zu ziehen der ganze Abschnitt C. R. XIII, 316 ff.: de causis per accidens. XIII, 322 nennt Melanchthon als die Ursachen der eventus fortuiti 1) Gott und seine Engel, 2) böse Geister, 3) Temperamente, 4) siderische Einflüsse, 5) die eigenen Sitten eines jeden, 6) die Flüssigkeit und Flüchtigkeit des Stoffes. Über Nr. 3 u. 4 hiervon handelt noch speziell XIII, 323—329. XIII, 322 f. spricht de reductione eventuum ad Deum et ad bonos aut malos spiritus. — Aus der Psychologie gehört hierher der Hauptabschnitt de voluntate XIII, 153 ff., besonders p. 157—163: de libero arbitrio, welch letzterer Abschnitt sich vor allem gegen stoischen Determinismus wendet. — C. R. XVI, 300 ff. endlich spricht Melanchthon über diese Fragen in der Kommentation der Nikomachischen Ethik des Aristoteles.

Nicht alles Material, das an den genannten Stellen sich findet, kann hier verwendet werden. Den Gang der weiteren Untersuchung hat C. R. XVI, 194 ff. zu bestimmen. Alle Ausführungen Melanchthons über die Notwendigkeit kommen auf wenige Sätze hinaus. Wir finden sie alle, wenigstens angedeutet, in eben der genannten für uns maßgebenden Stelle, XVI, 194 ff.

Zuerst beschäftigt uns der Begriff des Notwendigen. Necessarium est, heißt es XVI, 194, cuius contradictorium est impossibile vel quod cum sit aut factum est non potest nec potuit non fieri aut aliter fieri. Ähnliche Definitionen finden sich an andern Stellen,

---

[1] Angabe der stoischen Argumente für die Notwendigkeit, Dreiteilung der Notwendigkeit, Widerlegung der stoischen Argumente: über das contingens p. 207 f. und 208—210.

z. B. XIII, 589: necessarium est quod aliter se habere non potest. Man wird nichts dagegen einwenden können.

Im „Notwendigen" selbst nun unterscheidet Melanchthon C. R. XIII, 589 f. (Dialektik) 4 Stufen: 1) necessaria necessitate absoluta seu simpliciter necessaria, 2) necessaria necessitate definitionum et demonstrationum, 3) necessaria necessitate physica, 4) necessaria necessitate consequentiae. In der Physik XIII, 207 unterscheidet er 1) necessitas absoluta, 2) physica, 3) necessitas consequentiae. Einen Ausgleich bahnt die Bemerkung XIII, 589 an, daß die 2. Stufe, also die necessitas definitionum et demonstrationum am nächsten der 1. stehe, also der necessitas absoluta, quia est regula mentis divinae immota. Thatsächlich sind beide Stufen mit einander identisch. In beiden kommt es auf Axiome hinaus, deren Gültigkeit unbedingt feststeht. Und wenn diese Wahrheiten im 1. Falle metaphysische sind (über das Wesen Gottes), so können die anderen gar nicht wesensverschieden von ihnen sein, weil auch sie nach der Grundanschauung Melanchthons notwendig nur der Ausfluß der göttlichen Weisheit und Wahrheit sind. So wird diese 2. Stufe mit aufgenommen in die necessitas absoluta. Im Grunde aber kommt bei näherer Betrachtung die Teilung des „Notwendigen" bei Melanchthon auf eine Zweiteilung hinaus. Auch die Notwendigkeit der Folge schließt eine axiomatische Wahrheit in sich. Gemeint ist die Folge, die ihren letzten Grund im ewigen Geiste Gottes selber hat. Erläutert wird sie XIII, 590: quae sunt quidem re ipsa mutabilia, sed non mutantur vel quia sie a Deo decreta sunt vel quia sequuntur ex causis quae non mutantur. „Notwendig" ist darnach z. B. die Auferstehung der Toten, weil sie von Gott befohlen ist, und das Leid in der Welt (das menschliche Geschlecht muß mit großem Unglück gestraft werden, weil die Gründe sich nicht ändern, d. h. weil die Verbrechen vieler den Zorn Gottes reizen). Das ist aber auf den ersten Blick klar, daß diese 3 Arten des Notwendigen das Handeln des Menschen, seine Sittlichkeit, seinen freien Willen nicht beeinflussen und hindern können. Nach dieser Seite also ist die Frage für uns hier erledigt.

Aber von der genannten Art des „Notwendigen" ist zu unterscheiden das „physisch Notwendige." Gemeint ist damit die Ordnung der Natur und des Weltverlaufs (ignis necessario calefacit necessitate physica; sol necessario movetur necessitate physica, i. e. sie instituto ordine divinitus). Der Mensch steht im Universum, in der Naturordnung. Er ist von ihr beeinflußt. So legt sich die Frage nahe: ist er von ihr so beeinflußt, daß seine Willensfreiheit durch sie aufgehoben werden kann, vielleicht aufgehoben werden muß? Die Stoiker behaupteten das letztere. Nur von dieser physischen Notwendigkeit, wie er kurz sagt, von der „stoischen Notwendigkeit" oder dem „stoischen Fatum" spricht Melanchthon in den Erörterungen über die Freiheitsfrage. Nur von ihr kann die Rede sein.

Bevor Melanchthon an die Entscheidung der Frage und die Widerlegung der „stoischen Notwendigkeit" geht, sucht er erst den Begriff des contingens sicher zu stellen. Wir werden sehen, daß er eben von hier aus die ganze Frage löst. C. R. XVI, 194 heißt es: contingens dicitur quod cum sit habet causam quae poterat ex natura sua aliter agere et opponitur utrique particulae: necessario et impossibili. Dieselbe Definition findet sich noch öfter: XIII, 590, ähnlich XIII, 207: est contingens quod non necessario existit, cum vero ponitur, nihil accidit impossibile. — Das ist sehr allgemein und ziemlich unverständlich gesprochen. Es ist schwer wiederzugeben, was Melanchthon damit meint. Contingens oder contingentia ist durchaus nicht soviel als zufällig oder Zufall. Dafür stehen die Worte fortuna und casus. Und zwar nimmt Melanchthon den Begriff des Zufalls auch nur auf, weil er ihn bei Aristoteles Nikom. Eth. III, 5 vorfindet, C. R. XIII, 315 cf. XIII, 318—321. Er selbst kennt und verwertet ihn nicht.

C. R. XIII, 590 erklärt er contingens für identisch mit dem ἐνδεχόμενον des Aristoteles,[1] legt aber dagegen Verwahrung ein, daß man es gleich setze mit possibile, wie man es „gewöhnlich" thue. Possibile — definiert er C. R. XIII, 590 — est oppositum impossibili ac significat id quod potest fieri, sive causam habeat necessario agentem. Contingens — nennt er mit Aristoteles C. R. XIII, 590 — quod cum non sit necessarium, si tamen ponatur seu fiat, nihil sequitur impossibile. Stehend verbindet er das contingenter mit libere. Wahrscheinlich hat er die hier in Frage kommende schwierige Lehre des Aristoteles vom Gegensatz der Zweckthätigkeit und Naturnotwendigkeit nicht völlig verstanden. Wenn wir sein contingens übersetzen wollen, so müssen wir es doch nur mit „möglich" wiedergeben. Aber darauf kommt es hier überhaupt nicht so sehr an, vielmehr auf die Thatsächlichkeit des contingens. Und diese steht für Melanchthon fest.

Sie ist ihm erwiesen durch die Thatsache der Sünde. Die Sünde ist eine allgemeine Thatsache: niemand kann sie leugnen. Die Frage ist: woher stammt die Sünde? Die stoische Notwendigkeitslehre, die alles von einem absoluten Gott ableitet, der absolut über die Welt herrscht, muß notwendig auch die Sünde von ihm ableiten. Hier setzt Melanchthon gegen die Stoiker ein. Ihm ist es ganz gewiß (XVI, 191: certissimum est), „daß Gott nicht die Ursache der Vergehen ist, daß er die Vergehen weder will noch bewirkt noch billigt und daß er die vernünftigen Geschöpfe so geschaffen hat, daß sie gut wären." Daraus folgt ihm, „daß die vernünftigen Geschöpfe mit ihrem eigenen Willen frei, ohne irgend eine Notwendigkeit und ohne irgend einen Zwang sich von Gott abgewendet haben." Fuit igitur libertas voluntatis et poterat aliter agere voluntas — quod cum ita sit, contingentiam

---

[1] Zeller, Phil. der Gr. II, 2, p. 331—335.

esse manifestum. Sie deinceps dicatur de externis actionibus voluntatum humanarum. Aus dem Begriff des contingens ergeben sich ihm ja auch die „Quellen" des contingens: die Freiheit des Willens[1] und zwar die Freiheit des Willens in Gott[2] und die in den vernünftigen Geschöpfen, sodann aber die vagabundi motus materiae elementaris varie ruentis,[3] materiae natura magna varietate vagantis et fluentis.[4]

Die Thatsächlichkeit der contingentia stützt Melanchthon dann noch mit dem Zeugnis der Schrift (Ps. 5, 5) und mit dem Zeugnis profaner Weltweisheit (mit einem Worte Platos aus der Republik: man dürfe Gott ja nicht für die Ursache des Bösen erklären, und mit einem Citat Plutarchs aus Euripides Bellerophont: wenn die Götter schändliches thun, sind sie keine Götter).

Damit ist für Melanchthon die Freiheitsfrage entschieden. Die Wirklichkeit der contingentia ist (XVI, 194) die firma et perspicua refutatio·Stoicae necessitatis. Alles was er den Stoikern vorzuwerfen hat, faßt er kurz dahin zusammen XVI, 44: Stoici in universum sustulerunt non modo libertatem in humanis actionibus, sed etiam contingentiam in omnibus motibus et eventibus et contenderunt omnia necessario fieri et hanc necessitatem vocaverunt fatum. — Freilich die Schwäche der Beweisführung Melanchthons liegt klar zu Tage. Das ist ja doch eben die Frage, ob der Mensch, nachdem er sich für die Sünde entschieden, aus der Sünde heraus für das sittlich Gute durch die Kraft seines Willens sich wieder entscheiden kann. Man mag an das oben Dargelegte denken, womit Melanchthon noch sonst seine Freiheitslehre stützt. Es mag auch zugestanden werden, daß sicher die schweigende Voraussetzung Melanchthons ist, daß das sittliche Bewußtsein und Urteil die Kraft ist, welche den Willen auf den rechten Weg und an das rechte Ziel führt. Und es mag hierzu endlich noch hinzugefügt werden, daß die Lehre vom sittlichen Wissen überhaupt die vom freien Willen beeinflußt: fast scheint der letzte Grund, warum die stoische Lehre zu verwerfen ist, der zu sein, daß sie „absurd" ist und wider die Vernunft streitet.[5] Aber die Frage ist damit noch nicht gelöst.

Aber da für Melanchthon nun einmal wegen des contingens die Willensfreiheit fest steht, so bietet ihm die Lehre von dem contingens den Ausgangspunkt, von dem aus er sich gegen die stoischen Sätze im einzelnen wendet.

C. R. XIII, 206 ff. sagt er, daß die Stoiker ihre „Notwendigkeit" begründen mit einem physischen und einem dialektischen Argument;

---

[1] XVI, 194. XIII, 590 f. 209 f. — [2] cf. noch XIII, 207. — [3] XIII, 591. XVI, 194. — [4] XIII, 208; cf. Strigel 283 f. — [5] XVI, 44: pugnat cum multis firmissimis rationibus — nec defendebant Stoici necessitatem fati rationibus sumptis ex natura aut veris fundamentis, sed aliunde accersitis cavillationibus dialecticis male consutis.

ebenso XIII, 210—212, nur daß hier 2 physische Argumente genannt werden, wie auch XVI, 195—198, cf. XVI, 14 ff. Diese physischen Argumente teilt er, sofern sie sich stützen auf das Wesen Gottes und das Wesen des Menschen. Von diesem doppelten Gesichtspunkte aus widerlegt er die stoischen Argumente, dem entsprechend, daß auch der Inhalt des contingens durch die Freiheit in Gott und im Menschen konstituiert wird; cf. XIII, 592: haec de primo fonte contingentiae, sc. de libertate in Deo, initio tenenda sunt et tenerae mentes accurate munienda sunt contra Stoica deliramenta. Deinde consideranda est et libertas in creaturis rationalibus. Derselbe Gesichtspunkt herrscht, wenn Melanchthon XVI, 46 sich zur theologorum disputatio wendet und sagt, man hebe hier auch die Freiheit des menschlichen Willens auf, aber auf verschiedene Weise. Die eine Weise vertritt Valla, qui paene Stoico more tollit libertatem propter divinam praescientiam et determinationem. XVI, 48 heißt es dann: dicam et de altero modo quo libertas detrahitur humanae voluntati, videlicet propter infirmitatem virium humanarum qua sit, ne possimus vere obedire legi Dei. Der letztere Punkt ist für Melanchthon erledigt durch die contingentia.

Das eigentlich theologische Argument der Stoiker aber ist die Absolutheit Gottes.[1] — Die Sätze, die Melanchthon immer wieder dagegen geltend macht, lassen sich in die 2 Sätze zusammenfassen: 1) Gott ist das agens liberrimum, also nicht gebunden an die causae secundae, 2) Gott ist nicht die Ursache der Sünden. — Die Absolutheit Gottes und seines Willens giebt Melanchthon natürlich zu. Aber daneben behält er doch noch Raum für den menschlichen Willen cf. XVI, 195. Das Gebet zu Gott z. B. wäre sonst ein Unsinn XIII, 210 f. Die göttliche Bestimmung ist verschieden in dem quae pendent proprie ab ipsius voluntate und in dem quae principaliter oriuntur a nostris voluntatibus. Gott bestimmt die künftige Auferstehung anders als die Verbrechen der Menschen, „welche er zuläßt." Mit dem Begriff der permissio half sich ja überhaupt die damalige protestantische Theologie, um die Thatsache der Sünde mit dem Willen Gottes zu vereinbaren.[2] Gott hat stets[3] das Mittel der impeditio gegenüber der electio des Menschen.

Das „dialektische Argument" endlich (XVI, 197 Nr. 3 wie XVI, 44 f. Nr. 1) lautet: impossibile est, duas contradictorias simul veras esse; haec est vera: Cicero erit consul — ergo impossibile est contradictoriam veram esse, si impossibile est hanc veram

---

[1] cf. mit den Varianten C. R. XVI, 195 f. Nr. 1 (XVI, 45 f. Nr. 3) und XVI, 196 f. Nr. 2 (XVI, 45. Nr. 2). — [2] Haec praevisio seu determinatio prorsus nullam affert necessitatem voluntati nostrae: praevidet enim quia sunt eventura et determinat quousque sit permissurus, XVI, 16. Das stehende Beispiel ist Saul; cf. C. R. XVI, 47 zu Luf. 21, 46. — [3] Zu prov. 16, 1 C. R. XVI, 47.

esse: Cicero non erit consul, sequitur alteram necessario veram esse: Cicero erit consul. Daß hier der Fehler im Untersatz liegt, ist klar und wird von Melanchthon richtig erkannt. Er erkennt es an, daß Cicero (de fato c. 10 § 21) sich gegen den Fatalismus sträube, beklagt aber, daß er den Fehler der propositiones de futuro contingenti nicht aufdecke. Er rühmt Aristoteles, der dies gethan.

Die Freiheitsfrage hält Melanchthon für wichtig genug, um auch die theologischen Argumente anzuführen, die man gegen sie vorbringt. Sie stützen sich auf die bekannten Schriftstellen, welche die absolute Prädestination und den absoluten Determinismus zu enthalten scheinen: Phil. 2, 13. Prov. 16, 9. Jer. 10, 23. Eph. 1, 11. Prov. 16, 4. Durch seine Exegese sucht Melanchthon darzuthun, daß diese Stellen nicht für die „stoische Notwendigkeit" sprechen.

Unser Resultat nach diesen Erörterungen heißt: Das Problem der Willensfreiheit hat Melanchthon nicht gelöst, aber es allseitig, gründlich und zum Teil von neuen Gesichtspunkten aus beleuchtet und fruchtbare Ansätze für seine Lösung geschaffen. Vom Gottesbegriff aus hat er die Freiheitsfrage richtig entschieden. Dem natürlichen Können und Wollen des Menschen schreibt er aber zu viel zu.

III. Das Resultat von Wissen und Wollen: die Tugend.

1. Der fördernde Einfluß der causae adiuvantes.

Der Mensch hat ein sittliches Wissen und Urteil, das ausreicht, ihn über den Unterschied von gut und böse zu belehren und ihm zu sagen, was er zu thun und zu lassen hat. Und der Mensch hat zum andern so viel Willensfreiheit, um diesem sittlichen Urteil folgen und gehorchen zu können und so wenigstens (Melanchthon spricht stets von dem Menschen, wie er jetzt nach dem Sündenfall ist) die bürgerliche Sittlichkeit, die disciplina, leisten zu können. Das sittliche Wissen und Wollen sind die efficientes causae propinquae seu αἴτια der Tugend C. R. XVI, 185. Das ist die Zusammenfassung des bisher Entwickelten.[1]

Nach Melanchthon ist aber der Inhalt jener disciplina noch durch andere Faktoren bestimmt. Den causae efficientes treten noch causae adiuvantes vel συναίτια zur Seite. Sie unterstützen die Hauptursachen der Tugend. Ihnen entsprechen auf der andern Seite hemmende Ursachen: von ihnen soll im nächsten Abschnitt gehandelt werden.

Melanchthon nennt stets 3 solcher fördernder Nebenursachen: 1) doctrina, 2) naturalis impetus, 3) disciplina, C. R. XVI,

---

[1] Zur Aufklärung sei bemerkt, daß der Abschnitt bei Strigel p. 221—227: quae sunt causae efficientes virtutum? thatsächlich, wenn schon sehr dürftig, über die causae adiuvantes handelt.

185. 188. 10 f. Er kombiniert hier Plato und Aristoteles, gestaltet aber im letzten Grund völlig frei. Die Unterscheidung der *aitia* und *aitiate* findet sich bei Plato wie bei Aristoteles, aber in der Metaphysik.[1] Melanchthon macht die überkommenen Begriffe in neuer Weise seinem ethischen System dienstbar. Aristoteles kennt als Faktoren der Tugend Belehrung, Gewöhnung und Naturanlage,[2] und Plato hat ähnliche Unterscheidungen:[3] im einzelnen werden wir sehen, wie Melanchthon von beiden abweicht.

1. Die doctrina. C. R. XVI, 185. 40.

Die „Lehre," der „Unterricht" wendet sich zunächst an das natürliche sittliche Urteil. Letzteres wird dadurch geschärft. Ohne die Belehrung ist zu fürchten, daß das commune iudicium naturae ausgelöscht wird. Beweis dafür sind Melanchthon gewisse Völker, in denen „das Licht der Belehrung ausgelöscht" und in denen deshalb auch das natürliche sittliche Wissen verdunkelt war. Er erinnert an die Skythen (XVI, 40), die ihre alten Väter schlachteten, und an die Lakedämonier (XVI, 185), die ihre Frauen andern Männern überließen.

Dieser Einfluß der doctrina auf das sittliche Bewußtsein kann nun nicht ohne Einfluß bleiben auch auf den Willen. Das ist eine Konsequenz der ethischen Grundanschauung Melanchthons: der Wille ist mit dem Wissen aufs innigste verbunden. Charakteristisch für Melanchthon ist der Satz XVI, 40: opus est uberiore et eruditiore doctrina, ut animi propius aspiciant praecepta et eis firmius assentiantur, cumque lucet in mentibus doctrina, facilius obtemperat voluntas, capta pulchritudine virtutis.

Erinnert sei hier an das, was Melanchthon in den grundlegenden Fragen über den „Nutzen der Ethik" sagt: die doctrina konkret gefaßt ist ihm schließlich die Ethik als Wissenschaft selbst. Darum ist ihm die Berechtigung der „Belehrung" selbstverständlich; C. R. XVI, 40: de doctrina brevius dicam, quia constat esse necessariam. Und ihre Notwendigkeit und damit gleichsam die göttliche Sanktion der Ethik sieht er darin begründet, daß „Gott das Gesetz noch mit seiner eigenen Stimme veröffentlichte." Gott selbst also hat die „Belehrung" den Menschen gegenüber angewendet, XVI, 185.

Daß Melanchthon hier sich durchaus nicht in Übereinstimmung mit Aristoteles befindet, lehrt ein Vergleich mit der Nikomachischen Ethik II, 1, auch II, 3. 1, 1.[4] Nur die dianoëtische Tugend läßt Aristoteles aus der Belehrung entstehen, während er sie für die ethische Tugend entschieden ablehnt. Melanchthon kann in Konsequenz seiner Gesamtanschauung jenen bei Aristoteles so einschneidenden Unterschied

---

[1] Zeller, Phil. der Gr. II, 1. p. 642 ff. II, 2. p. 331. — [2] Nikom. Eth. II, 1. — [3] Zeller II, 2. 631. II, 1. p. 747. — [4] Zeller II, 2. p. 631.

zwischen den zweierlei Tugenden nicht annehmen. Er verwendet aber den Begriff der „Belehrung" im Sinne eines Sokrates und Plato.[1] Die 2. causa adiuvans ist

2. der naturalis impetus C. R. XVI, 186. 40 f.

Melanchthon schwankt etwas betreffs des Namens. Er spricht XVI, 40 von naturalis impetus, XVI, 185 von naturales impetus, XVI, 188 von naturalis inclinatio, ebenda von natura, von incendia potius quae sunt harum virtutum ϭϭϱναίτια. XVI, 40 bringt die Bezeichnung des Aristoteles φυϭικαί ἀρεταί und spricht selbst noch von ϭτοργαί φυϭικαί. Daneben spielt die Bezeichnung temperamenta stets mit herein. Wir wissen aus der Physik und Psychologie, daß Melanchthon mit Temperament und Affekten zusammen die Naturanlage im Menschen und zwar als ethisch neutrales Substrat bezeichnet — beides im vollsten Einklang mit Aristoteles. In der Ethik müht er sich nur noch um den Nachweis, daß die Affekte auch „gut" sein können, XVI, 50. 52.

Einen 3fachen Beweis hat er dafür C. R. XVI, 203: 1) Lex divina praecipit hominibus multos affectus et 2) quidem Deus instrumenta affectuum in homine condidit;[2] 3) XVI, 204: Der Mensch ist das Ebenbild Gottes — sind im Menschen ϭτοργαί, so müssen auch welche in Gott sein, und diese müssen gut sein.[3]

Aber eigentümlich dem Melanchthon ist es, wenn er die Naturanlage als causa adiuvans verwendet. Nach Aristoteles (Nik. Eth. II, 1) ist sie die Voraussetzung für alle Tugend, aber erst durch die Belehrung und die Gewöhnung wird sie entweder zur dianoëtischen oder zur ethischen Tugend. Bei Melanchthon wird sie selbst zur Aktivität und steht koordiniert neben doctrina und disciplina. Indessen ist das auch zu beachten: es ist nicht die gewöhnliche Naturanlage, von der Melanchthon an unsrer Stelle handelt, sondern eine durch besondere Einflüsse gehobene.

Unter diese Einflüsse rechnet er mit Vorliebe den der Sterne! Wir wissen, wie Melanchthon in dieser Frage, im Widerspruch zu Luther, im Einklang mit vielen seiner Zeit dachte.[4] Den gegenseitigen Einfluß der Sterne auf einander nennt Melanchthon fatum physicum

---

[1] Zeller, II, 1. p. 747. — [2] Dem 1. Satz liegt die Vorstellung von der Autorität der Schrift zu Grunde, der 2. ist schon in der Teleologie eines Plato und Aristoteles gegeben (Zeller, Phil. der Gr. II, 1. p. 642 ff., II, 2. p. 424). — [3] Auf das Umständliche, Schwache und Zirkelhafte dieser Beweisführung braucht nicht erst hingewiesen zu werden. Strigel p. 326—328 fügt nur noch ein 4. Argument hinzu: auch in Christo sind Affekte, also in einer göttlichen Natur, also müssen sie gut sein. Wir haben auch dazu nichts weiter zu bemerken. — [4] Er hat sich oft darüber ausgesprochen; cf. C. R. XIII, 323—329: Temperamente und Sterne: 335—345: an omnis observatio motuum et effectionum coelestium a Deo prohibita sit: Herrlinger p. 197—199, Hartfelder 191—197.

XIII, 331. Durch die verschiedene Stellung, vor allem der Planeten, wird die Verschiedenheit der Temperamente und der Neigungen der Menschen mit bedingt. Viele Handlungen erklären sich daraus.

Dieser Einfluß der Sterne kann nun noch verstärkt werden durch eine besondere göttliche Einwirkung, den motus divinus,[1] den afflatus divinus.[2] Doch kann diese göttliche Einwirkung sich auch direkt auf die Naturanlage erstrecken. Bei dem lebendigen Offenbarungsglauben Melanchthons und seiner Überzeugung von einem persönlichen Eingreifen Gottes in die menschlichen Angelegenheiten (im Gegensatz zur stoischen Lehre vom fatum) hat diese Lehre durchaus nichts Befremdliches. Hierher gehört auch, was Melanchthon über das Wirken der guten Engel sagt.[3]

Was ist nun die ethische Bedeutung des impetus naturalis? — Er ist es, der die Sittlichkeit der Menschen über das Durchschnittsniveau hinaushebt. C. R. XVI, 36 heißt es von den impetus heroici: pariunt praestantissimas actiones, movent sine respectu utilitatis. Die Wirkung des impetus naturalis sind die virtutes firmiores XVI, 186, die motus heroici 46, oder die virtutes heroicae XVI, 186, die den virtutes communes gegenübergestellt werden. Durch den impetus naturalis werden die Dichter und Künstler und vor allem die Helden fertig (cf. das stehende Beispiel von Alexander und Cäsar).

Diese ganze Lehre scheint nicht unbedenklich zu sein. Gewinnt Melanchthon hier nicht eine doppelte Sittlichkeit, nachdem er doch die doppelte Sittlichkeit bei den Römischen scharf bekämpft hat? Stellt er nicht eine höhere Sittlichkeit auf, die dennoch nicht durch eigne sittliche Thätigkeit des Menschen erreicht wird? Nach den Prämissen seiner Ethik muß doch die Sittlichkeit aller Menschen gleich sein. Alle haben das gleiche sittliche Wissen und die gleiche Freiheit des Willens. Auch die zuerst genannte causa adiuvans wirkt bei allen Menschen, denen sie zukommt (und nach Melanchthon sind nur wenige barbarische Völker ausgenommen) bei gleichen Voraussetzungen mit gleichen Resultaten. Nur durch die Annahme dieser 2. causa adiuvans gewinnt Melanchthon „Grade" der Sittlichkeit, ein ἠθικώτερον. Aber was er hier lehrt, ist doch im Grunde nichts weiter als eine Reminiscenz an die Antike. Auch hier ist er wieder von Plato beeinflußt. Bei diesem findet sich die Lehre von einer doppelten Sittlichkeit, der „gewöhnlichen" und der „philosophischen," und die δύναμις des Aristoteles wird bei Melanchthon thatsächlich zum θυμός des Plato, dessen Tugend die Tapferkeit ist.[4] Doch nimmt Melanchthon dem Bedenk-

---

[1] C. R. XVI, 40. XXIII, 531. XIII, 205. Herrlinger 200. — [2] XVI, 10, mit Berufung auf das bekannte Wort Ciceros. — [3] cf. Herrlinger 200—202. „Die Engel beten auch für uns, Apol. 224, 8. Dafür sollen wir den Engeln dankbar sein, indem wir ihre Tugenden nachahmen, noch mehr aber Gott, dem allein die Anbetung gebührt, XXI, 557. XXIV, 463. Apol. 311, 26." [4] Zeller, Phil. der Gr. II, 1. p. 746—749.

lichen der Platonischen Lehre die Spitze. Die „Grade" der Sittlich
keit sind bei ihm nicht tief. Von den virtutes communes zu den
virtutes heroicae ist thatsächlich keine Steigerung. Die letzteren sind
nur Tapferkeit und Genialität. Melanchthon stellt sie niemals höher
als andere Tugenden. Bezeichnend ist, wie er aus Plato die Frage
beantwortet: an virtus comparari possit nostra exercitatione seu
assuefactione, cum singularis sit vis naturae (XVI, 40 f.) Er be=
jaht sie entschieden, erklärt die 2. causa adiuvans nicht für unbe=
dingt notwendig zur Sittlichkeit des Menschen und führt damit den
ethischen Wert der dadurch erreichbaren Stufe auf das rechte Maß
zurück: die virtutes heroicae gelten nicht mehr als die communes.

Die 3. causa adiuvans endlich ist

3. die disciplina seu assuefactio seu exercitatio, C. R. XVI, 41 f. 186—188.

Der doppelte Gebrauch von disciplina kann verwirren. Dis=
ciplina bedeutet hier nicht, wie gewöhnlich, die natürliche Sittlichkeit,
sondern etwas ganz anderes: die Gewöhnung, die Übung: C. R. XVI,
186: tertia causa adiuvans est disciplina quae at hoc loco
vocabulum usurpatur est assuefactio.

Über den Begriff dieser disciplina erfahren wir XVI, 186 weiter:
est in potestate humanae voluntatis et est doctrinae cogitatio et
gubernatio locomotivae seu externorum membrorum, ne ruant in
scelera contra conscientiam, et est mediocris diligentia vitandi
illecebras et occasiones. Diese Definition scheint sich teilweise zu be=
rühren mit dem Begriff jener andern disciplina. Doch unterscheiden sich
beide hauptsächlich dadurch, daß mit der disciplina als causa adiuvans
eine stete Thätigkeit ausgesagt wird. Und zwar soll diese Thätigkeit
vornehmlich das sittliche Wissen fördern. Sie ist doctrinae cogitatio:
das wird in jener Definition vorangestellt. Dem entspricht nur das
andere, die mediocris diligentia vitandi illecebras et occasiones;
cf. auch XVI, 41. Unser Eigentum an sittlichem Wissen sollen wir
„erwerben, um es zu besitzen." Unser sittliches Wissen soll kein toter
Schatz in uns sein: wir sollen es stets bereit haben, daß „es die
äußeren Glieder beherrsche" und vor „Verbrechen wider das Gewissen"
bewahren kann. — Am Willen findet es hierin seinen Bundesgenossen.
Die Definition weist darauf XVI, 186: assuefactio quae est in po=
testate humanae voluntatis. Der Wille nimmt auch hier nur eine
sekundäre Stellung ein.

Melanchthon fand den Gedanken der disciplina bei Plato wie
bei Aristoteles. Bei letzterem aber nur ist er so zu sagen die Seele
der ganzen Ethik.[1] Die Tugend überhaupt ist ihm ein (beständiges)
Handeln, und an dem Handeln allein hängt die Glückseligkeit. Me=

---

[1] Nikom. Eth. II, 1. I, 1. 2., Zeller, Phil. der Gr. II, 2. p. 626 f. 630 f.

lauchthon schließt sich ihm zwar an und betont das auch immer wieder. Aber eine so entscheidende Bedeutung wie Aristoteles räumt er in seiner Ethik der „Gewöhnung" nimmermehr ein. Bei ihm ist sie eben nur eine von 3 causae adiuvantes, während sie bei Aristoteles nur die eine Ursache der ethischen Tugend ist.

Nötig und nützlich scheint am Ende dieses Abschnittes noch einmal der Hinweis darauf, daß der Einfluß sämtlicher 3 causae adiuvantes fast ganz; ausschließlich dem indicium naturae zu gute kommt. Es ist das ein neuer Beweis für die dominierende Stellung des sittlichen Wissens in der Ethik Melanchthons. Das sittliche Wissen ist etwas durchaus positives, das in seiner Positivität nur immer noch gesteigert werden kann und muß. Es legt sich dadurch die Vermutung von selbst nahe, daß nun umgekehrt die hemmenden Ursachen der Tugend nicht sowohl das sittliche Wissen, als vielmehr den Willen, der an sich einen mehr negativen Inhalt hat, behindern werden.

Das führt uns auf die Frage nach der causa impediens virtutis. Wir kommen zur Lehre von den „Affekten," d. h. den bösen Affekten (cf. oben S. 38. 56. 91).

2. Der hemmende Einfluß der (schlechten) Affekte.

Nach der Lehre von der Willensfreiheit bringt Melanchthon, anscheinend ganz unvermittelt, die Lehre von den Affekten, XVI, 201: utilis est doctrina de affectibus; ähnlich XVI, 50: hactenus dictum est, quid sit virtus, quae sint eius causae. Nunc conferenda est virtus eum quibusdam affinibus. Est autem vicinum quiddam affectus u. s. w. Auch Aristoteles, auf den sich Melanchthon in dieser Frage speziell bezieht, giebt für die Anordnung bei Melanchthon wenig Aufschluß. Am meisten könnte man geneigt sein, den Anfang des 10. Buches der Nikomachischen Ethik hierher zu beziehen. Jedoch der Sache nach passen besser hierher noch das 6. Kapitel des 3. Buches „vom Begehren" oder der Schluß des 7. Kapitels von der Willensfreiheit. In der That wäre in letzterem Fall in die Anordnung Melanchthons Licht gebracht: die Lehre von den Affekten würde in direktem Anschluß eben an die Freiheitslehre und in innerem Zusammenhang mit ihr folgen. Und daß dies der Fall ist, bestätigen uns die Ausführungen in der Freiheitslehre; cf. z. B. XVI, 18 f.: sed tamen haec libertas saepe impeditur, cum aut infirmitate naturae nostrae vincitur aut potestate Diaboli impellentis animos ad flagitia incitatur. Die Annahme der causae adiuvantes scheint fast mit Notwendigkeit auf der andern Seite die Annahme einer causa impediens zu fordern. Dazu stimmt, daß unter den allgemeinen Ursachen der menschlichen Handlungen auch hemmende Ursachen mitangeführt werden, C. R. XIII, 340 unter den 6 Ursachen die äußere Gewalt, die diaboli und die temperamenta. Über Melanchthons Lehre von den bösen Engeln handelt Herrlinger p. 200. 201; cf. p. 201: „Wie ein Feind Gottes, ist der Satan auch ein Feind der

Menschen als der Lügner und Mörder von Anfang an. Gedanken des Mordes und des Selbstmordes giebt er den Menschen ein, XXV, 575. XXIV, 780. 449: manche Menschen sind vom Teufel erwürgt worden, XXV, 593. So ist er auch der Urheber der Abgötterei, des Unglückes in den Familien und versuchlicher Gedanken in den Frommen, XXV, 780, wie er schon die Sünde der ersten Menschen veranlaßt hat XXIV, 449." Die Hauptfrage aber im Kapitel der causae impedientes ist Melanchthon die nach dem Einfluß der schlechten Affekte. Und zwar muß diese Besprechung auf die der causae adiuvantes und der Willensfreiheit folgen. Darum fügt sie Melanchthon, jedenfalls in bewußter Absichtlichkeit, an der erwähnten Stelle ein. Doch ist diese Absicht auch darum noch nur schwer zu erkennen, weil er in breiter Wiederholung alles über die Affekte sagt, was er nur darüber zu sagen weiß. Das erklärt sich aus seiner Art, aus seinem Streben, klar zu sein und zu „belehren," worüber er so umständlich werden kann, daß er unklar wird.[1]

Er behandelt nun die Lehre von den Affekten in der Ethik stets nach 3 fachem Gesichtspunkt. 1) weist er die Thatsächlichkeit der Affekte nach, besonders gegen die stoische Lehre, „die Affekte seien nur opiniones;" cf. C. R. XVI, 205: an affectus sint opiniones. Er nennt Erkennungszeichen, was lasterhafte Affekte sind, und nennt damit Beweise auch für ihre Thatsächlichkeit, XVI, 204: 1) das Verbot des göttlichen Gesetzes und 2) das verdammende Urteil der richtigen Vernunft. Er schildert den psychologischen Prozeß, wie Affekte böse werden, nämlich dadurch, daß sie in Zwiespalt mit dem richtigen Urteil der Vernunft treten. Das führt zum 2. Punkte.

Melanchthon spricht 2) über die Beschaffenheit der Affekte, besonders gegen die stoische Lehre, alle Affekte seien „lasterhaft." Er nennt „gute" Affekte auch): sie seien von Gott gegeben. Die schlechten sind durch den morbus originis entstanden. Da sie aber nun einmal da sind, sind sie ethisch zu verarbeiten.

Melanchthon betrachtet darum 3) die Affekte als sittliches Substrat, besonders im Gegensatz zu der stoischen ἀπάθεια, zu der Lehre: „die Affekte müssen aus der Natur ausgetilgt werden."[2] Melanchthon lehrt, daß durch den Willen die bösen Affekte in Schranken gehalten werden sollen und können. Das Resultat solcher Willensarbeit sind die mores civiles, wie sie auch durch die Gesetze gefordert werden. Strigel hat Recht, wenn er, um den Unterschied von Affekt und Tugend darzulegen (p. 330—333, 311 f.), p. 332 sagt: virtus est gubernatio seu moderatrix affectuum. Affectus est obiectum virtutis, cf. p. 312. Er weist das richtig als Gedanken des Aristoteles

---

[1] Strigel p. 310 f. macht auch hier nicht den geringsten Versuch, einen inneren Zusammenhang zu finden. — [2] cf. Strigel p. 328 330: de affectibus überhaupt p. 310—354.

nach. Freilich immer wieder betont es Melanchthon, daß die Philosophie wohl die Schwäche des Menschen sieht, aber nicht die Ursache
dieser Schwäche erkennt und daß deswegen die „Theologie" nötig sei.
Dieser Gedanke, der sich durch die ganze Ethik Melanchthons hindurch-
zieht, ist ein Beweis dafür, daß auch nach dieser Seite hin das sittliche
Wissen sittliches Motiv und sittliche Kraft ist.

3. Das Resultat: die Tugend.

Das Resultat von sittlichem Wissen und Wollen, eingerechnet auch
die fördernden und hemmenden Faktoren, ist die Tugend. Darum
folgen in den Elementa sowohl wie in der Epitome jetzt Erörterungen
über die Tugend. Zunächst über ihren Begriff!

a) Begriff der Tugend.[1]

In den Elementa folgt XVI, 207—209 auf die Lehre von den
Affekten ein Abschnitt: quae potentiae regi possunt? Er setzt auseinander, daß der Wille so geschaffen ist, daß er Freiheit hat, daß
2 Vermögen regiert werden können, die potentia appetitiva in corde
und die potentia locomotiva, und daß es im letzten Grunde das
Wissen ist, durch welches das Herz regiert werden kann, die persuasio.
Der Gehorsam des Herzens gegen diese persuasio sei allein imago
verae institiae. Nur diese letzte Bemerkung weist auf das folgende
hin, auf etwas noch nicht Besprochenes. Sonst giebt dieser Abschnitt
nur Wiederholungen früherer Ausführungen. Sie stören den Zusammenhang. Der Abschnitt fehlt auch an der entsprechenden Stelle in der
Epitome.[2]

Schon C. R. XVI, 183—185, cf. XVI, 38 f. (vor den causae
virtutis) hatte Melanchthon über den Begriff der Tugend: quid est

---

[1] Herrlinger, das Wesen der Tugend (quid est virtus? C. R. XVI.
183 ff.) p. 230—232. Strigel bringt einen weitschweifigen, ziemlich trivialen
Exkurs über die Bedeutung des Wortes virtus p. 195—203. — [2] Strigel
bringt p. 354—356 einen Abschnitt mit der Überschrift: quae potentiae
regi possunt und beginnt ihn: sequuntur (nämlich auf die Lehre von den
Affekten) in libello primo philosophiae moralis duo loci, prior de definitione Aristotelica. Alter qui continet virtutum primae et secundae
tabulae enumerationem. Etsi enim supra dictum est, quid sit virtus
et quae sint eius causae: tamen propter Aristotelis auctoritatem, quae
semper in scholis floruit, necesse est considerari particulas, ex quibus
Aristoteles magno artificio contexuit tanquam ex flosculis fragrantissimam
coronam, i. e. definitionem virtutis. Nach der Überschrift scheint es, als ob
Strigel die Elementa benutzt hätte, nach der Ausführung (p. 356—368 handeln
de Aristotelica definitione virtutis), als ob ihm die Epitome vorgelegen
hätte. Wiederum die Erläuterungen in extenso libelli Ethici p. 368—388
beweisen, was auch sonst klar ist, daß Strigel die Elementa kommentiert und
speziell auch den Abschnitt C. R. XVI, 207—209. Dennoch geht aus seinen
Worten hervor, daß er — und dies begreiflicherweise — ratlos war, was er
mit diesem Abschnitt in diesem Zusammenhang anfangen sollte, freilich auch
das, daß er nicht versteht, warum dann über die Tugend die Rede ist.

virtus? gesprochen. Doch hatte er hier nur die seit Aristoteles übliche Definition gegeben: virtus est habitus inclinans voluntatem ad obediendum rectae rationi. Er war dann sofort dazu übergegangen, die Tugend in ihre Faktoren zu zerlegen. Nachdem er diese nun besprochen, nimmt er sein altes Vorhaben wieder auf, die Tugend zu definieren.[1] C. R. XVI, 201 cf. 50 hatte er die Tugend negativ gezeichnet, als nicht identisch mit den Affekten: cf. p. 50: est vicinum quiddam (sc. virtutis) affectus. — Primum necesse est tenere discrimen inter affectus et virtutem.[2] C. R. XVI, 209 s. 211 definiert er nun die Tugend als obedientia voluntatis et ceterarum virium, congruens cum lege quam et indidit Deus hominibus in creatione et postea manifestis testimoniis in ecclesia repetivit (kürzer in der editio 1550: congruens cum recta ratione). Diese Definition faßt thatsächlich alle bisher gefundenen Momente in sich zusammen. — Strigel giebt p. 203 ff.: quid est virtus? eine ganz entsprechende Bestimmung. Er betont es aber, daß dies die virtus sei in natura integra, qualis fuit ante lapsum et qualis erit post resurrectionem. Das ist auch Melanchthons Meinung. Er zeichnet in jener Definition zunächst das Ideal: der 2. Teil seiner Ethik beschäftigt sich dann mit der konkreten Wirklichkeit.[3]

Melanchthon steht mit seiner Definition im Gegensatz zu der des Aristoteles. Das ist noch von niemandem beobachtet worden. Melanchthon citiert zwar die Definition des Aristoteles sehr oft, aber nur als die usitata definitio. Nirgends bekennt er sich zu ihr. Wenn er sich nicht in offen ausgesprochenen Gegensatz zu ihr setzte, so ist der Hauptgrund wohl wieder eine gewisse Scheu, sich gegen die Autorität des großen Philosophen aufzulehnen. Was darum Herrlinger p. 230 s.

---

[1] Strigel bemerkt nicht, daß Melanchthon XVI, 183—185 noch nicht seine endgültigen Resultate über den Tugendbegriff niederlegen will. Strigel handelt im Anschluß an die Überschrift XVI, 163 quid est virtus? sofort ausführlich über die Tugend p. 194—252 (p. 221—252 über die causae efficientes virtutum): cf. p. 194: Nunc sequitur methodica explicatio virtutis, continens definitionem, divisionem et causas virtutis. Haec methodus extat apud Aristotelem in II. et III. lib. Ethic. — [2] Ausführlich handelt über diese Frage im Sinne Melanchthons Strigel p. 311 s. 330—333. [3] Strigel, p. 204: haec est idea virtutis cuius nunc nullam habemus exemplum in hac nostra imbecillitate. — Strigel giebt nun zu seiner Definition, die sich mit der Melanchthons deckt, eine Erläuterung 203 s.: unde sumta est haec definitio virtutis? Ex decalogo: dilige Dominum u. s. w. Deuteron. 6, 5. — Ex his verbis quibus summa totius legis continetur, extructa est haec definitio. Man sieht wiederum an diesem Einen Punkt, daß Strigel den Melanchthon überhaupt nicht versteht. Die Deuteronomiumstelle hat, so oft sie in Melanchthons Schriften wiederkehrt, auf jene seine Definition keinen Einfluß. Von einer bestimmten Gesinnung und einem bestimmten Motiv, speziell der Gesinnung und dem Motiv der Liebe, ist in ihr ebensowenig wie in der Definition Strigels die Rede. Im Gegenteil gewinnt Melanchthon seine Definition nur aus seinen ethischen und psychologischen Grundanschauungen.

über den sittlichen habitus sagt, ist vergebliche Mühe. Gerade diesen Begriff hatte Melanchthon aus seiner Definition fortgewiesen. Er war ihm fremd geblieben: XXI, 1103: obscurum est, quid sit in mente et corde habitus.[1] Aber auch wenn die Worte bei Melanchthon an die bei Aristoteles anklingen, so ist nicht zu vergessen, daß sie hüben und druben verschiedene Bedeutung haben. Wenn bei Melanchthon die recta ratio und voluntas als 2 selbständige Größen neben einander stehen, so nimmt in der Psychologie des Aristoteles der Wille eine ganz andere Stellung ein: er setzt sich aus Vernunft und Begierde zusammen.[2] Zwar behauptet Melanchthon XVI, 211: eadem prorsus est sententia verborum Aristotelis. Zum mindesten hat er hier sich selbst getäuscht. Man verstände ja auch nicht, warum er neben der Tugenddefinition des Aristoteles noch eine besondere aufstellt.

Freilich ist es falsch, mit Herrlinger (p. 232) einen Unterschied der Melanchthonischen Ethik von der antiken darin finden zu wollen, daß Melanchthon den „Intellektualismus" abgewiesen habe. „Daß dem Melanchthon die Tugend kein Wissen, sondern ein habituelles Wollen ist, beweist die Definition der iustitia universalis XVI, 226: constans et perpetua voluntas, suum cuique tribuens. Oder, wie Melanchthon den theonomischen Charakter der christlichen Tugend ausdrückt: omnes virtutes ad hunc finem referendae sunt, ut obedientia Deo praestetur" XVI, 214. — so sagt Herrlinger und giebt dazu die Anmerkung: „So ist es bezeichnend, daß Melanchthon bei der Einteilung der Tugenden stets nur die ethischen, nicht auch die dianoëtischen Tugenden des Aristoteles berücksichtigt: cf. XVI, 214 f. mit Aristot. Eth. Nikom. I, 13. VI, 5." Herrlinger thut alles, um das Verständnis Melanchthons zu erschweren. Es ist ganz unmöglich, C. R. XVI, 214 auf „christliche Tugend" zu beziehen, wie mit dieser die ganze philosophische Ethik nichts zu thun hat. Sodann — nur den oberflächlichen Betrachter kann es befremden, daß Melanchthon die dianoëtischen Tugenden beiseite läßt. Er nimmt eben das dianoëtische Moment selbst als Faktor der („ethischen") Tugend an. Er läßt ethische und dianoëtische Tugenden nicht unvermittelt neben einander stehen, wie Aristoteles. Die Tugend selbst im allgemeinen und ganzen ist ihm dianoëtisch: sie ist die Mutter der einzelnen besonderen Tugenden. Wenn Melanchthon überhaupt und prinzipiell gegen „dianoëtische Tugend" wäre, so daß er aus diesem Grunde hier dem Aristoteles nicht folgen könnte und möchte, so würde er das doch wenigstens aussprechen. Und damit ist auch schon ein gewisser „Intellektualismus" in Melanchthons Ethik erwiesen. Herrlinger verschließt sich gegen eine Thatsache, die ihm fast auf jeder Seite der ethischen Schriften Melanchthons ent-

---

[1] Neben anderem ist an den betr. Ausführungen Herrlingers p. 230 f. zu tadeln, daß er durchaus im Unklaren läßt, was er für Melanchthons Meinung hält. — [2] Zeller, Phil. der Gr. II, 2. p. 586 f.

gegentritt. Die p. 232 beigebrachten Citate sind unglücklich gewählt und oberflächlich verwendet: sie beweisen für Herrlingers Sache nicht das geringste und bestätigen nur klar unsere Ansicht. Wenn das bonum morale a. a. O. definiert wird als die actiones, congruentes cum lege Dei seu cum Deo, so haben wir uns zu erinnern, daß gerade die lex Dei für Melanchthon die Zusammenfassung unseres sittlichen Wissens ist. Und wenn der lex Dei Gott selbst gleich gesetzt wird (seu cum Deo), so ist klar, daß Deus für den Inhalt und Ausdruck unsers höchsten sittlichen Wissens steht.[1] Was die Definition der iustitia universalis anlangt, so ist vorerst zu bemerken, daß sie nicht von Melanchthon stammt, daß er sie stets anführt als die Definition des Simonides, wie sie bei Plato sich finde. Sodann aber ist Melanchthons Exegese dieser Definition für ihn sehr charakteristisch. Das „constans et perpetua" deutet er stets auf das sittliche Wissen gerade, XVI, 226 ff. 69 f.[2]

Übrigens behält daneben der Wille für das Zustandekommen der Tugend seine Bedeutung. Gerade im Einklang der sittlichen Kräfte besteht für Melanchthon die Tugend. Damit glaubt er sich wohl auch abgefunden zu haben mit der Lehre des Aristoteles von den μεσότης. Anders kann der Abschnitt XVI, 211 ff. de medietate kaum verstanden werden. Sehr oft bringt Melanchthon die eigentliche Tugenddefinition des Aristoteles aus der Nikom. Eth. II, 6: virtus est habitus electivus, in mediocritate consistens, secundum rectam rationem ut sapiens diiudicat, XVI, 210 cf. 56. Er bietet stets auch ausführliche Erläuterungen dazu.[3] Aber er giebt sie stets als die Definition des Aristoteles. Voll und ganz eignet er sie sich also nicht an. Er hatte doch wohl das Bewußtsein, daß seine μεσότης. d. h. der Einklang der sittlichen Kräfte, verschieden sei von der μεσότης des Aristoteles. Er verwertet den Grundsatz der Mitte und des Maßhaltens später noch in der Lehre von den Arten der Gerechtigkeit.[4] Im allgemeinen kann man sagen, daß er weit mehr als im Sinne des Aristoteles die Tugend im Geiste Platos faßt, eben als die innere Harmonie der Seele mit besonderer Betonung des sittlichen Wissens.[5]

---

[1] cf. unsere Ausführungen über den „Inhalt des sittlichen Wissens." — [2] Wenn Herrlinger im Anschluß an seine Ausführung p. 232 bemerkt, daß Melanchthon das beschauliche Leben in der Wissenschaft, die vita scholastica, nicht als die höchste Bethätigung des sittlichen Lebens preise, so ist das eine ganz andre Frage, die uns hier gar nicht berühren kann. [3] Zwigel p. 354: brevis est haec descriptio, sed dici non potest, quanto acumine ingenii et sagacitate sit composita: trotzdem weiß er darüber p. 356—388 nichts nennenswertes zu sagen. — [4] Nur erwähnt sei noch, daß er schließlich mit der μεσότης noch die ἰσότης identifiziert oder verwechselt. XVI, 213 f. bringt er eine Erörterung über den Satz Platos ὡς ἰσότης φιλότητα ἀπεργάζεται. Er interpretiert die ἰσότης ganz im Sinne der μεσότης und verwendet sie als den Maßstab zur Beurteilung alles sittlichen Handelns für die Ethik. Jedenfalls hat sie wenigstens in der citierten Stelle Platos nicht diesen Sinn. — [5] Zeller, Phil. der Gr. II, 1 p. 712. 745.

7*

b. Die Einteilung der Tugenden.

Auf die Definition der Tugend folgt die Einteilung der Tugenden. Der betreffende Abschnitt bildet den Übergang vom 1. zum 2. Haupt teil der Ethik Melanchthons, d. h. von der theoretischen zur angewandten Ethik. Bisher hat Melanchthon über die Tugend im Prinzip gesprochen und von der Tugend stets im Singular. Jetzt handelt er von den Tugenden im Plural. Er bringt die Einteilung der Tugenden je am Ende des 1. Buches sowohl der Elementa als auch der Epitome, XVI, 211—222. 60—64. Was er in der Epitome sagt, ist nicht so ausführlich und durchgebildet wie das in den Elementa gesagte. Sehr klar auch teilt er die Tugenden ein in seinem Kommentar zu Arist. Nikom. Ethik II, 7. 8. C. R. XVI, 321—326.[1]

Als Einteilungsgrund für die Tugenden giebt er in der Dialektik XIII, 569 ff. (divisio) die Rücksicht auf die „Objekte" an, nach denen die Tugenden zu unterscheiden sind. C. R. XVI, 325 stellt er aber seine eigene Einteilung der des Aristoteles entgegen, welche genommen sei ex proximis obiectis in quibus sit mediocritas.[2] Er konstatiert solche mediocritas 1) in den Affekten, 2) in den Dingen, 3) im Ge= spräch. Aber er referiert damit lediglich über eine fremde Aufstellung, die er nicht zu der seinen macht.[3] In Wirklichkeit konnte ihm Ari= stoteles kein Vorbild geben, weil dieser selbst keine Einteilung der ethischen Tugenden hat. Platos Teilung in die 4 Kardinaltugenden, die auf dessen Psychologie ruht, widerstrebte Melanchthons ethischer und psychologischer Gesamtanschauung.

Ein zweifaches Moment ist vielmehr für Melanchthons Tugenddisposition bestimmend. Einmal findet er die „voll= kommenste" Einteilung gegeben im Dekalog. Sodann aber behauptet er, die Tugenddisposition liege auch im sittlichen Wissen und sei aus diesem zu entwickeln. Beide Momente sucht er mit einander zu verbinden. Er meint, so die Ordnung im Dekalog noch besser und zwar „philosophisch" zu begründen. Thatsächlich hebt er diese Ord= nung dadurch auf.

---

[1] Herrlinger p. 238—240 über die „Einteilung der Tugenden," der in= dessen von falschen Voraussetzungen ausgeht. — Ganz am unrechten Orte handelt Strigel von der Einteilung der Tugenden: quae est divisio virtutum? 208—221. Dennoch bringt er noch einmal p. 388—398 eine enumeratio virtutum; p. 398 ff. handelt er sodann über die einzelnen Tugenden. Man sieht, er tappt überall in Unklaren. Was er p. 208—221 sagt, hat wenig Wert und verwirrt vielmehr. Quinque sunt, sagt er 208, virtutum divisiones. Aber nur von der 4. divisio p. 217 f. durfte er hier reden. Zu den übrigen steht Melanchthon zum Teil in direktem Gegensatz. — [2] cf. Nik. Ethik II, 7. Zeller, Phil. der Gr. II, 2. p. 633 ff. — [3] Strigel 388 f.: etsi non vitupero, sed potius laudo Aristotelis consilium qui in 2. lib. Ethic. sic distribuit virtutes u. s. w.: tamen quantum distat coelum a terra et ortus ab oc= casu, tantum discrimen est inter sapientiam Aristotelicam et inter de= calogi h. e. ipsius Dei sapientiam quae nunquam potest exhauriri.

Er folgt der Einteilung des Dekalogs in die Gebote 1—3 und 4—10. Demgemäß unterscheidet er die Tugenden der 1. und der 2. Tafel. Die Tugenden der 1. Tafel umspannen das Verhältnis und Verhalten des Menschen gegen Gott, die Tugenden, quibus immediate cum Deo agimus.[1] Melanchthon faßt sie zusammen unter dem Namen religio oder auch pietas. Ihr Inhalt ist die reverentia humana s. naturalis erga Deum. C. R. XVI, 60 ff. zählt Melanch=thon nach den 3 ersten Geboten die einzelnen Tugenden auf, wie sie unter den Begriff jener reverentia gehören — 1. Gebot: Furcht Gottes, Glaube, Liebe zu Gott, Gehorsam in gottgeschicktem Leid; 2. Gebot: Gebet, Dank, Bekenntnis, Predigt des Evangeliums nach der Be=rufung, Eidesleistung; 3. Gebot: Beobachtung heiliger Gebräuche, Ehr=furcht und Erhaltung des Dienstes am Evangelium.[2] Diese Tugenden zerfallen wiederum in 2 Klassen: das 1. Gebot nennt die inneren, das 2. und 3. Gebot die äußeren Pflichten gegen Gott (XVI, 321: externa officia erga Deum; cf. XXI, 429. 392. 690.).

C. R. XVI, 60 ff. sagt nun Melanchthon, daß wir auf diese reverentia humana s. naturalis erga Deum oder religio, die uns in den 3 ersten Geboten des Dekalogs offenbarungsmäßig gegeben ist, auch auf rein philosophischem Wege kommen, nämlich inspectis causis et effectibus propriis hominis, wodurch die Philosophen ja überhaupt die Naturgesetze gewinnen. Einen Anlauf zu einer solchen philoso=phischen Begründung finden wir schon an der citierten Stelle. Me=lanchthon meint damit den doppelten Weg der reinen Reflexion und der psychologischen Empirie. Unser angeborenes sittliches Wissen führt uns auf die religio, die psychologische Beobachtung aber auf die „Ge=setze, welche die übrigen Tugenden regieren."

Den ersteren Weg schildert Melanchthon ausführlicher XVI, 214 ff. Ein 3 faches Argument nennt er hier für die religio. — Das 1. lautet: Im natürlichen hängt die Wirkung von ihrer Ursache ab. Ein ge=waltsames Losreißen wäre unnatürlich und verderblich. Ebenso hängt der effectus intelligens von seiner prima causa ab: beide müssen mit einander übereinstimmen, sonst wird der effectus unmöglich. Der Mensch ist der effectus Gottes: also muß er mit Gott übereinstimmen. — Das 2. Argument heißt: das Bild muß mit dem Urbild überein=stimmen. Der Mensch ist nach dem Bilde Gottes geschaffen. Also muß er mit ihm übereinstimmen. — Das 3. Argument ist: Die mensch=liche Natur ist besonders zur Anerkennung Gottes geschaffen. Der Mensch schuldet Gott Gehorsam gemäß dem ganzen Naturgesetz. Das sind die vorzüglichsten und notwendigsten Werke des Menschen. Darauf führt uns das Urteil des Gewissens und die ganze moralische Welt=ordnung. Also muß der Mensch notwendig Gott gehorchen.

---

[1] Strigel 217. — [2] Strigel 147: unica virtus est huius praecepti — man fragt: warum?

Es sind das im wesentlichen dieselben Argumente, mit denen
Melanchthon schon den Inhalt des höchsten sittlichen Zieles begründet
hatte. Freilich betont er hier, wie unvollkommen unser natürliches
Wissen über die Tugenden der 1. Tafel sei. Die Philosophie (XVI,
60 ff.) verlange von uns nur die Anerkennung, daß Gott Einer sei,
der Schöpfer und Erhalter der Natur, daß er weise und gerecht sei.
Aristoteles sage über die Tugenden, die Melanchthon selbst mit dem
Prädikat verae schmückt, nichts. Die Philosophie überhaupt sage über
sie nur unzureichendes. Sie verlange keinen Glauben. Das Christentum allein schreibt jene Tugenden vor, und es beweist damit seine
Notwendigkeit.

Offenbar liegt hier ein gewisser Widerspruch zu früheren Ausführungen vor, in denen Melanchthon das natürliche sittliche Wissen
fast als unfehlbar hingestellt hatte. Er sieht sich in Kollision zwischen
seinem philosophischen und christlichen Standpunkt. Den Inhalt des
Dekalogs findet er schon im natürlichen sittlichen Wissen des Menschen
gegeben. Trotzdem muß er ihn von seinem christlichen Standpunkt aus
auch als den Gesetzeskanon der christlichen Sittlichkeit gelten lassen.
Er hilft sich durch eine immerhin nur äußerliche Teilung des Dekalogs.
Die beiden Teile desselben sind doch nicht so lose mit einander verknüpft, daß wir den einen Teil beliebig weglassen könnten. Sie hängen
vielmehr nach Deuteron. 6, 5 aufs engste mit einander zusammen:
für die Richtigkeit unsers Verhaltens gegen Gott ist unser Verhalten
gegen den Nächsten der Prüfstein. Aus der Liebe zu Gott soll unsre
Liebe zum Nächsten entspringen. Und auch Melanchthons philosophische
Ethik ist durchaus religiös bedingt. — Das Motiv, das ihn treibt,
beide Teile des Dekalogs zu trennen, ist klar. Er will dadurch für
die eigentlich christlichen Tugenden Raum schaffen. Zu den Worten
Melanchthons XVI, 214 immediate cum Deo agentes giebt Strigel
die im Sinn Melanchthons richtige Erläuterung: proprias ecclesiae
(p. 543). Das ist auch wieder ein Widerspruch gegen Ausführungen
an anderem Orte. — Thatsache aber ist zunächst, daß Melanchthon
mit der Zweiteilung des Dekalogs den Inhalt der konkreten christlichen
und philosophischen Ethik in ihrer richtigen Begrenzung gewonnen zu
haben glaubt und daß er in der weiteren Ausführung der konkreten
philosophischen Ethik nur von den Tugenden der 2. Tafel handelt.
Und Widersprüchen und Inkonsequenzen, die nach dem eben ausgeführten später notwendig auftreten müßten, entgeht er dadurch, daß er
aus dem 2. Teil des Dekalogs thatsächlich sofort ein ganz Neues schafft
und ihn dann im 2. Teil seiner Ethik völlig zurücktreten läßt.[1]

[1] Strigel verteidigt unnötig ausführlich p. 217 f. die Berechtigung der
Tugenden der 2. Tafel neben denen der 1. Tafel. P. 398—539 (cf. die Unter-
schrift p. 539), die Erläuterungen „in textum libelli Ethici" mit eingerechnet
p. 398—567 (welche allerdings ganz wertlos sind), bietet er sodann die doctrina de virtutibus dar. Er beweist mit allem und jedem in diesen Aus-

Von den übrigen Geboten der 2. Tafel scheidet er zuerst das 1. Gebot ab. Sein Inhalt ist ihm die iustitia universalis. Unvermittelt und überraschend taucht dieser Begriff hier auf. Daß wir es schon hier sagen, Melanchthon hat ihn von Plato. Was jetzt folgt, ist der Versuch, Plato und den Dekalog in Einklang zu bringen und so die Autorität beider zu stützen. Darum betont es Melanchthon, daß im 1. Gebote zuerst der Begriff der „Herrschaft" festgestellt werde, „durch welche Menschen von Menschen gelenkt werden" XVI, 216. Rede das Gebot zunächst von der Herrschaft der Eltern, diese sei die Quelle aller Machtvollkommenheit. Kurz, die allgemeine Gerechtigkeit est in gubernante et subdito: sie ist obedientia iuxta omnes leges.[1]

Und den Inhalt der iustitia universalis, der im 4. Gebot ihm offenbarungsmäßig gegeben ist, findet Melanchthon auch auf dem Wege der reinen Reflexion, XVI, 216: die menschliche Natur ist zur Gesellschaft geschaffen. Daher ist eine Ordnung der Herrschaft notwendig. Es darf nichts sein, was die Gesellschaft stört. Also ist Gehorsam notwendig, und dieser ist die allgemeine Gerechtigkeit. Melanchthon bleibt auf diese Weise durchaus in seinem System. Nicht ohne Grund hat er das Wesen der Tugend überhaupt schon als obedientia bezeichnet.

Alle andern Gebote sind ihm nun nur die Entfaltung des 1. Gebotes in seinem allgemeinen, weiteren Sinn. Alle andern Tugenden sind nur die Entfaltung der iustitia universalis. Diese Entfaltung nennt er nach Plato und Aristoteles die iustitia particularis.

Dahin gehört ihm schon das 4. Gebot in seinem engeren Sinn, sofern es das Verhältnis vor allem zwischen Eltern und Kindern regelt. Es ist klar, daß die Annahme dieses doppelten Sinnes im 4. Gebot willkürlich ist. Das rechte Verhalten der Kinder gegen die Eltern nennt Melanchthon pietas erga parentes, das der Eltern gegen die

führungen, daß er Melanchthon in seinen ethischen Grundanschauungen gar nicht verstanden hat. Ein Blick auf die Epitome XVI, 151 ff., wo einzelne Tugenden, wie veritas, beneficentia, gratitudo, amicitia von Melanchthon besprochen werden, hätte ihn belehren müssen, daß er die ausführliche Besprechung einzelner Tugenden bestenfalls erst im 2. Buch und zwar an dessen Ende hätte bringen können. Wenn weiter Melanchthon die Tugenden der drei ersten Gebote nicht bespricht (wir wissen, warum!; XVI, 60 ff. erwähnt er sie nur, um den Pflichtenkreis des Menschen vollständig zu beschreiben!), so mußte sich Strigel sagen, daß er, der Melanchthon kommentieren will, kein Recht zu ihrer Besprechung hat: was p. 398—457 gesagt ist, ist also vollständig zu streichen. Im einzelnen — wenn er als die 1. Tugend des 1. Gebotes unter den 7 Tugenden, die er findet, die vera notitia Dei (p. 398) nennt und in 3 Artikeln p. 399—405 bespricht, so hätte er sich doch besinnen müssen, daß diese Fragen bei Melanchthon schon an ganz anderer Stelle erledigt sind und erledigt werden mußten, daß auch er selbst schon längst darüber gehandelt. Es würde zu weit führen, alles zu tadelnde aufzuführen.

[1] cf. dazu besonders C. R. XVI, 321 ff.

minder pietas erga natos. Beides sind species iustitiae XVI, 216.
Das ist nun überhaupt der leitende und charakteristische Gedanke Me=
lanchthons, daß er alle Einzeltugenden, wie sie im Staate und in der
Gesellschaft möglich und notwendig sind, als Abarten der Gerechtigkeit
auffaßt. — In das 4. Gebot rechnet er noch die eheliche Tugend mit
ein (das 6. Gebot faßt er in anderem Sinne auf). Sie ist ihm iustitia coningum (inter se). Er schließt sich an die Auffassung der
Pythagoreer[1] an (XVI, 216 f.). Freilich macht er damit die Auf=
fassung der Ehe als eines vorwiegend rechtlichen Verhältnisses zu der
seinen. — Unter das 4. Gebot befaßt er endlich alle verwandtschaft=
liche Tugend, so namentlich noch die iustitia fratrum.[2]

Den Inhalt des 5., 6. und 7. Gebotes bezeichnet er ganz speziell
als iustitia particularis, XVI, 217. Was ihm diesen 3 Geboten
gemeinsam scheint, legt er in folgende Sätze nieder: Alles in der
Natur strebt mit Naturtrieb nach Erhaltung seiner Art; Mord, Ehe=
bruch, Diebstahl u. s. w. zerstören die Art; also müssen die entsprechenden
Tugenden an ihre Stelle treten.

Vom 5. Gebot betont Melanchthon, daß es auf den Schutz des
Körpers gehe. Doch teilt er die Tugenden der iustitia particularis
dann nicht weiter ein, wie man darnach erwarten könnte, in solche,
die die leiblichen Güter, und in solche, die die geistigen Güter des
Nächsten schützen. Zu den Tugenden des 5. Gebotes rechnet er die
Tapferkeit, die mansuetudo, die den Jähzorn zügelt, das Mitleid
($\varphi \iota \lambda o \sigma \tau o \rho \gamma \iota \alpha$) und die Freundschaft.

Unter das 6. Gebot befaßt er die Keuschheit und die temperantia.
Dies Gebot will das Werk der Zeugung regieren.

Das 7. Gebot verbietet rauben und stehlen und regelt Teilungen
und Kontrakte. Die positive Tugend dieses Gebotes als Art der
iustitia particularis ist die liberalitas. Mit ihr sind verwandt Spar=
samkeit und Dankbarkeit.

Einzeln behandelt Melanchthon dann noch das 8. Gebot. Es
verbietet Lügen, Sophismen und Verleumdung. Seine Tugend ist die
Wahrheit.[3] Mit hohen Worten rühmt er gerade diese Tugend. Das
erklärt sich aus Melanchthons Charakter und aus seinen besonderen
Lebensführungen und Lebenskämpfen. Verwandt mit der veritas ist
ihm noch die constantia in vera sententia XVI, 219 und die fides
in pactis et contractibus XVI, 62. — Das Argument für die veritas
ist ihm XVI, 218 f.: Gott und die vernünftigen Geschöpfe vermögen

---

[1] Bei Aristoteles Oecon. I, 4 citiert. — [2] Strigel schließt sich ihm in
diesen Einzelausführungen p. 458 ff. an. Aber schon aus der Art, wie er
p. 458 den Inhalt des 4. Gebotes darlegt, d. h. wie er die iustitia universalis
mit den genannten Einzeltugenden koordiniert, ersieht man, daß er Melanch=
thon nicht versteht. — [3] Neben der veritas nennt Melanchthon noch den can-
dor, giebt aber selbst zu, daß dieser kaum von jener zu unterscheiden ist,
XVI, 321 ff.

die Dinge zu erkennen. Sie sollen — das ist die zu denkende Fort=
führung des Gedankens — sie darum auch erkennen. Die veritas ist
darum notwendig, weil sie die Dinge darlegt, wie sie sind.

Von dem 9. und 10. Gebot macht Melanchthon für seine Ein=
teilung keinen Gebrauch. Beide Gebote richten sich ja gegen die Ge=
sinnung überhaupt, gegen das böse Begehren.[1]

Besonderen inneren Wert hat diese Tugendeinteilung nicht. Me=
lanchthon selbst scheint nicht völlig davon befriedigt zu sein: C. R. XVI,
220 f. fügt er an die Besprechung der einzelnen Gebote die Bemer=
kung an, daß zur Gerechtigkeit noch gehören die Wohlthätigkeit, Frei=
gebigkeit, Dankbarkeit, Enthaltsamkeit und Emsigkeit. Die Unterordnung
der verschiedenen Tugenden unter die einzelnen Gebote erscheint oft
gezwungen, oft willkürlich. Unberechtigt ist schon die Unterscheidung
eines engeren und weiteren Sinnes im 4. Gebot. Und den Eindruck
gewinnt man auch nicht, daß mit dieser Einteilung sämtliche Tugenden
getroffen seien. Aber thatsächlich hat Melanchthon an ihr nicht fest=
gehalten. Er begnügt sich damit, den Versuch gemacht zu haben, den
(Platonischen) Begriff der allgemeinen Gerechtigkeit am Dekalog erprobt
zu haben. Er hielt wohl damit für erwiesen, daß man aus diesem
Begriff alle Tugenden entwickeln könne und daß in ihm der Einheits=
begriff für alle Tugenden recht getroffen sei. Jener Versuch ist ihm
nicht voll gelungen. Aber wegen seiner Originalität verdient er alle
Beachtung. Und Melanchthon beweist damit seinen natürlichen freien
und weiten Blick. Der 2. Teil seiner Ethik hätte für uns größeren
Wert, als er in seiner uns vorliegenden Gestalt hat, wenn Melanch=
thon die dargelegte Einteilung durchgeführt hätte. So macht er große
Konzessionen an die Antike, speziell an Aristoteles, und verengt damit
seinen Gesichtskreis. Seine konkrete Ethik wird in der Hauptsache zur
sozialen Ethik im Sinne der Antike. Und wenn er im folgenden die
Ordnung des Dekalogs so gut wie ganz verläßt, dafür aber haupt=
sächlich nach dem Vorbild des Aristoteles die institia particularis in
ihrer Scheidung als iustitia commutativa und distributiva behandelt,
so rettet er zwar die Übersichtlichkeit der Darstellung, tritt aber in
Widerspruch zu seiner Grundanschauung und zu seinem System Plato=
nismus und Aristotelismus, einfach neben einander gestellt, ergeben noch

---

[1] Eine Pflichteneinteilung hat Melanchthon nicht, weil er den Be=
griff der Pflicht nicht hat. Auch Herrlinger giebt zu p. 246: „Eine irgendwie
wissenschaftlich ausgeführte Pflichtenlehre findet sich bei Melanchthon nicht.
Man darf mit Feuerlein sagen: Der Begriff der Pflicht gehört schon einer
reflektierteren Zeit an, als der des Urprotestantismus." „Aber," so fährt
Herrlinger fort, „die Elemente desselben ergaben sich doch schon dem Stand=
punkt der Reformatoren in der Polemik gegen die katholische Veräußerlichung
und Atomisierung des Gesetzes." Jedoch was Herrlinger unter II, 1 p. 246—248
„vom Wesen des Pflichtgebotes" und unter II, 2 p. 248—251 von „der Ein=
teilung der Pflichten" (nach dem Dekalog) sagt, thut Melanchthon Gewalt an
und beweist für das Dasein des Pflichtbegriffes bei ihm nicht das geringste.

fein geschlossenes Ganze. Dennoch wahrt sich Melanchthon auch im
2. Teile seiner Ethik im einzelnen seine Selbständigkeit, und das sichert
diesem Teile seinen Wert. Es ist auch hier schließlich die Autorität
des Aristoteles, die den Geist Melanchthons am freien Fluge hindert.

Wir haben hier zu untersuchen, wie Melanchthon im 2. Teile
seiner Ethik seine endgültig angenommene Disposition durchführt.

Zunächst ist festzustellen, daß er (XVI, 63) wirklich davon Ab-
stand nimmt, von der religio, den Tugenden der 1. Tafel, zu handeln,
weil sie christliche Tugenden seien.

Er überschreibt den 2. Teil seiner Ethik: de iustitia und kommt
zurück auf die am Ende des 1. Buches gegebene Einteilung in
iustitia universalis (in genere) und iustitia particularis.

Wir haben gesehen, daß nach der ganzen Anlage der Ethik Melanchthons das 2. Buch derselben die spezielle, konkrete Ethik enthält,
während das 1. Buch von der abstrakten handelt. Schon daraus erhellt,
daß sich Melanchthon im 2. Buche bei der „allgemeinen Gerechtigkeit"
ausführlich gar nicht aufhalten kann. Wenn er hier über die iustitia
universalis spricht, so ist das nur eine Ergänzung zu dem im 1. Buche
„von der Tugend" gesagten. War dort die Tugend nach ihren Faktoren
als das Resultat von sittlichem Wissen und Wollen dargestellt, so wird
sie hier nach ihrem Inhalt als „Gerechtigkeit" bezeichnet und zwar,
weil sie das legale Verhalten des Menschen überhaupt, seinen Gehorsam
gegen sämtliche Gebote meint, als iustitia universalis.

Durch das 4. Gebot gewinnt Melanchthon den Begriff des Staates
und der Gesellschaft, wonach er als die Tugend des 4. Gebotes das
rechte Verhalten aller Untergebenen und aller zu Recht Übergeordneten
zu einander angiebt. Das ist ihm die iustitia particularis, von der er
nunmehr im Gegensatze zur iustitia universalis sprechen will, die Gerechtigkeit im Staat und in der Gesellschaft.

Er kennt sie wiederum als eine 2fache, als institia distributiva
und iustitia commutativa. Jene „ordnet Personen, diese Sachen."
Jene „teilt Personen das ihrige zu" und zwar nach der Norm des
positiven Rechtes, des Gesetzes. Diese befaßt sich vornehmlich mit den
„Kontrakten." Darnach disponiert sich der Stoff im 2. Buche der
Ethik Melanchthons.

Mit der Lehre von den Kontrakten, die bei Melanchthon einen
ziemlich großen Raum einnimmt, schließen die Elementa ab. Die
Epitome bringt noch die Besprechung einzelner Tugenden, XVI, 151 ff.,
der veritas, beneficentia, gratitudo, amicitia. Sie werden als Abarten der „Gerechtigkeit," natürlich der iustitia particularis, behandelt.
Melanchthon hält ihre Besprechung in der Ethik nicht für wichtig;
cf. die Worte C. R. XVI, 152, mit denen er diese Tugenden ankündigt:
est autem de iustitia plus aliquanto disputationum quam de ceteris
virtutibus, ideo deinceps tantum brevem catalogum virtutum reli-
quarum addam, quas prodest quidem illustrare et amplificare

oratione, sed id non tam requirit subtiles disputationes quam rhetorica ornamenta, ut earum magnitudo aliquanto magis conspici possit, recitabo igitur u. j. w. Nach diesen Worten in der Epitome dürfen wir uns nicht wundern, daß Melanchthon die Besprechung dieser Tugenden in den Elementa ganz wegläßt. Eine eigentliche Kasuistik fehlt also in seiner Ethik. Nicht als ob der moralphilosophische kasuistische Stoff bei ihm sich nicht fände (cf. viel mehr oben den Nachweis des ethischen Stoffes)! Aber aus der citierten Stelle geht deutlich hervor, daß er diesen Stoff nicht für wert und geeignet hält, daß er in der Ethik, sofern sie ihm eine Wissenschaft ist und ein System bietet, behandelt werde. Er ist ihm gerade gut genug zum Material für rhetorische Übungen. In „orationes" ist er auch hauptsächlich bei ihm niedergelegt. Das ist ein schwerer Mangel an seiner Ethik. Aber er ist da. Und wenn auch mit leichter Mühe sich viel kasuistischer Stoff in den Fächern der von ihm gegebenen Einteilung der Tugenden unterbringen ließe, wir haben dazu hier nicht das Recht, wenn wir die „philosophische Ethik" Melanchthons gerade in seinem Sinn darstellen wollen. Gerade in der Kasuistik liegt für ihn ja die Gefahr auch sehr nahe — und er entgeht ihr durchaus nicht —, die ganz speziellen kasuistischen Fragen der Ethik immer sofort von seinem christlichen Standpunkt aus zu behandeln und zu entscheiden.

Aber wenn wir unsern Überblick über das 2. Buch der Ethik Melanchthons noch einmal zusammenfassen und ergänzen, so ergiebt sich für das 2. Buch der Elementa (und entsprechend für das 2. Buch der Epitome) folgender Gang.

I. Die Tugend in concreto als institia universalis.

II. Die institia particularis.

Das 2. Buch der Melanchthonischen Ethik handelt nun von der institia particularis.

IIa. im allgemeinen: das Prinzipielle.

1) die Teilung der institia particularis (institia distributiva und institia commutativa).

2) ihre Normen: das ius (naturae, gentium, positivum) und die leges.

IIb. im besonderen: die institia particularis in der „Kasuistik."

1) die institia distributiva in der Kasuistik.

2) die institia commutativa in der Kasuistik.

B. Bethätigung
der Tugend als Gerechtigkeit.

.

I. Die Tugend in concreto als iustitia universalis.

Melanchthon unterscheidet eine 3 fache Gerechtigkeit: 1) die iustitia in genere als den „Gehorsam gegen alle Gesetze," 2) die Gerechtigkeit als diejenige Tugend, die in Urteilen und Verträgen jedem das seine giebt, d. h. die iustitia particularis, und endlich 3) die Gerechtigkeit im Sinne der Schrift, d. h. die Gerechtigkeit aus dem Glauben vor Gott.[1]

Die Teilung in iustitia universalis und particularis giebt, wie Melanchthon sagt, die Dialektik an die Hand, XIII, 539 ff. Thatsächlich hat er sie von der Antike überkommen, von Plato und Aristoteles.[2]

Er betont es, daß man diese Unterscheidung fest halten müsse. Als Hauptgrund dafür giebt er XVI, 222. 64 an, daß durch solche richtige Unterscheidung in „theologische Kontroversen" Licht falle. Man könnte meinen, daß Melanchthon damit an die kirchen= und staatsrechtlichen Fragen seiner Zeit denkt: cf. das entsprechende Material im 2. Buch besonders seiner Epitome. Aber schon daß er unter dem usus vocabuli iustitiae den dogmatischen (Paulinischen) Begriff mit erwähnt, beweist, daß er auch an eigentlich dogmatische Fragen denkt; cf. bei Strigel 578 den 1. Satz des Abschnittes de usu vocab. inst.: multum omnino refert discernere iustitiam legis a iustitia evangelii. Sicher schien ihm von seinem christlichen und reformatorischen Standpunkt aus der alte Begriff besonders empfohlen. Der bewegende Gedanke der Reformation war die iustitia fidei. Ob Melanchthon nicht eine Gleichförmigkeit zwischen der philosophischen und christlichen Ethik dadurch herbeiführen wollte, daß er sie beide sich um den gleichlautenden Begriff bewegen ließ?! Er hatte ja immer wieder Veranlassung, zwischen der bürgerlichen und der Paulinischen Gerechtigkeit eine Parallele zu ziehen. Einerseits hatte er in den steten theologischen Disputationen namentlich mit katholischen Gegnern viel die protestantische Rechtfertigungslehre zu vertreten; cf. XVI, 222: an derselben Stelle, wo er die Notwendigkeit betont, die 3fache Gerechtigkeit auseinander zu halten, erinnert er an den Dominikaner Peter Malvenda, der auf dem Wormser Gespräche 1546 im Gegensatz zur protestantischen Rechtfertigungslehre

---

[1] C. R. XVI, 221—223, jedoch bezeichnenderweise zunächst ohne besondere Überschrift; cf. Strigel p. 578—582 de usu vocabuli iustitiae (ganz nach Melanchthon). — [2] Strigel 583.

den Grundsatz der Werke durch die Liebe vertreten hatte. Andrerseits hatte er stets auch zu kämpfen gegen antinomistische Richtungen in der evangelischen Kirche, wie er endlich noch gegenüber katholischen Gegnern und auch protestantischen Heißspornen sehr viel mit Rechtsfragen zu thun hatte: welche Rechte die protestantische Kirche gegenüber der katholischen habe, auf welchen Rechten positiv sich die erstere erbauen müsse, wie sie überhaupt zu Recht und Obrigkeit stehe. Der Begriff der „Gerechtigkeit" legte sich so von allen Seiten ihm immer wieder nahe.

Aber zu fragen ist noch, von wem in der Antike er hier am meisten abhängig sei, ob von Plato oder von Aristoteles. Er stützt sich ausdrücklich auf beide. Er erinnert daran, daß Aristoteles die Gerechtigkeit für schöner erkläre als der Abend- und Morgenstern.[1] Aber damit ist noch nicht die centrale Bedeutung erklärt, die gerade Melanchthon der Gerechtigkeit in seiner Ethik zugesteht. Diese Bedeutung hat sie bei Aristoteles nicht. Dieser behandelt sie nicht an der Spitze der Tugenden, sondern in deren Mitte. Mehr noch: Melanchthon kritisiert selbst die Definition des Aristoteles XVI, 64, erkennt ihre Vorzüge an, behauptet aber ihre Unzulänglichkeit und geht darum auf Plato zurück: Plato subtilius quaerit fontem. Wenn auch Aristoteles (Nik. Eth. V, 1—5) von einer „allgemeinen Gerechtigkeit" handelt, so erkennt Melanchthon doch sehr fein seine Verschiedenheit von Plato. Nach diesem gehorchen wir den Gesetzen, weil wir wissen, daß sie Gottes Ordnung sind, und weil wir wissen, daß unsere Natur dadurch beherrscht werden muß. Plato begründet also die Tugend der Gerechtigkeit psychologisch (primum ipsam naturam hominis aspicit). Auch hier ist der Ausgangspunkt das sittliche Wissen des Menschen. Also ist unser Gehorsam gegen die Gebote und Gesetze eine Tugend nicht nur gegen die Menschen, sondern auch gegen Gott, der jenes Wissen uns gegeben. Davon weiß Aristoteles nichts. Darum wendet von ihm Melanchthon sich zu Plato und nimmt dessen Definition der institia universalis XVI, 223 (cf. Platos Lehre von den Harmonien — ὑπάτη, μέση, νήτη — XVI, 65) auf als der obedientia omnium virium erga rectum iudicium rationis, i. e. conservatio ordinis divinitus instituti. Das letztere ist ein erklärender Beisatz Melanchthons, den er aber für notwendig hält. Darum nimmt er ihn ohne weiteres in seine eigene Definition der institia universalis auf: obedientia omnium virium in homine, necessario praestanda Deo conditori iuxta omnes leges, ab ipso propterea insitas naturae humanae, ut congruat nostra natura cum mente et voluntate Dei, et non congruens destruatur, et ut in hoc iudicio agnoscatur, qualis ipse sit et a malis discernatur. Nur aus der Abhängigkeit Melanchthons von Plato, nur daraus, daß bei diesem die Gerechtigkeit

[1] Nikom. Eth. V, 3: C. R. XVI, 63.

die Tugend schlechthin, die Wurzel und Krone aller Tugenden ist,[1] erklärt es sich daß ihr Begriff auch die ganze konkrete Ethik Melanchthons beherrscht.[2]

II. Die iustitia particularis.

IIa. Das Prinzipielle.

1. Die Teilung der iustitia particularis.

Zum Ausgangspunkt für seine weiteren Ausführungen nimmt Melanchthon die Definition des Simonides von der iustitia, die sich bei Plato findet: constans et perpetua voluntas suum cuique tribuens.[3]

Wieder kommt es ihm zunächst darauf an, im Begriff der Gerechtigkeit in Erläuterung der citierten Definition die 2 Hauptfaktoren der Tugend nachzuweisen. In „voluntas" findet er das genus angegeben, in den Worten constans et perpetua die causa efficiens: in dieser spreche sich certa notitia naturalis aut consentanea principiis naturalibus aus. Die Worte suum cuique tribuens endlich enthalten nach Melanchthon die causa finalis.

Das Neutrum suum erfüllt er nunmehr mit einem doppelten Inhalt. Darnach teilt er die „besondere Gerechtigkeit" in iustitia distributiva und iustitia commutativa. Wir sehen, nur zögernd und gleichsam widerwillig geht er aus der ursprünglichen Weite seines

---

[1] Zeller, Phil. der Gr. II, 1. p. 749 f. — [2] Strigel p. 458 ff. Quid est iustitia universalis? weiß nicht, was Melanchthon unter iustitia universalis versteht und was bei ihm die Unterscheidung zwischen iustitia universalis und particularis sagen will. Er bleibt p. 458 bei der Definition des Aristoteles stehen. Ebenso kehrt er an der gerade hierher gehörigen Stelle p. 584 f. quid est iustitia universalis? die Ordnung der Definitionen völlig um, bringt zuerst die endgültige Definition Melanchthons, dann die Platos, endlich an 3. Stelle und nach seiner Anschauung als die endgültige Definition die des Aristoteles. Wiederum dennoch unterscheidet er p. 586 f. diese Definitionen als Christiana, Platonica, Aristotelica. Erstere Bezeichnung ist natürlich ganz unzutreffend: auch führt er die „christliche" Definition immer wieder auf Cicero zurück, p. 584. 586. Ja, unvermerkt verwechselt er mit der iustitia universalis noch die particularis: cf. die Erläuterung zu „in societate quae honestis legibus regitur" p. 458. Strigel ist in jeder Beziehung hier unklar. Er beginnt sodann sein 2. Buch mit 3 Abschnitten p. 571—577 (578), die ebenfalls auf die besondere Bedeutung der iustitia universalis hinweisen wollen: de necessitate iustitiae 571—574, de dignitate iustitiae 574 f., de utilitate iustitiae 576 f. Daß diese 3 Stücke sich nicht auseinanderhalten lassen, liegt auf der Hand. Auch hier wieder gilt, daß er bedenklich dazu neigt, die iustitia universalis mit der particularis zu identifizieren. — [3] cf. C. R. XVI, 226—230. 69 f.; außerdem 223—225. 65—67. XVI, 370 ff.; der Abschnitt bei Strigel: quid est iustitia particularis? 589—591 ist ohne Bedeutung: dasselbe gilt von seinen Anmerkungen zum Text des Melanchthon p. 622—631.

Systems in die Enge antiker ethischer Anschauung über. Dadurch, daß er an die Formel des Simonides anknüpft und sie in Einklang setzt mit seinen ethischen Prinzipien, sucht er den Bruch mit seinem System zu verdecken. Aber es ist klar, daß es ganz willkürlich ist, aus dem neutralen summ jener Formel die 2 Arten der „besonderen Gerechtigkeit" herauszudeuten. Er folgt damit einfach Aristoteles. Im Anschluß an Nik. Eth. V, 5. 6 behauptet er nun: die verteilende Gerechtigkeit ordnet die Personen, die ausgleichende die Dinge. Jene weist den geeigneten Personen die geeigneten Stellen und Ämter in Staat und Kirche an. Diese ordnet den niederen, äußeren Besitzstand: ihr Gebiet sind die Kontrakte. Jene wirkt nach der geometrischen Proportion, diese nach der arithmetischen oder wenigstens vorzugsweise nach der arithmetischen. Diese Unterscheidung bringt Melanchthon immer wieder und in sehr umständlicher Weise.[1] Der Grund dafür liegt eben in der Behandlung des Gegenstandes bei Plato und namentlich Aristoteles. Melanchthon rechnet zwar die ganze Lehre ausdrücklich Plato zum Verdienst an (XI, 424). Thatsächlich aber legte er seinen Ausführungen die Nikomachische Ethik zu Grunde. Scheidet Aristoteles[2] so zu sagen zwischen dem öffentlichen und Privatrecht,[3] so bewegt sich auch, von gewissen Nuancen im Gedanken abgesehen, die konkrete Ethik Melanchthons um diese beiden Gebiete. Worauf es ihm wohl dabei noch besonders ankam, ist: nachzuweisen, daß im Gebiete der iustitia distributiva und der proportio geometrica das sittliche Urteil und Wissen viel mehr von nöten ist, als auf dem andern Gebiete. In jenem Gebiete ist in jedem konkreten Fall ein besonderes sittliches Urteil nötig. Deshalb wird die iustitia distributiva der commutativa immer vorangestellt. Und die Ausführungen selbst lassen jene Erwägung immer wieder hindurch klingen.[4]

---

[1] Strigel thut es ihm nach: quomodo geometrica proportio congruit ad iustitiam distributivam 599 f., quare optimus status reipublicae requirit geometricam proportionem 600—603 (als Grund giebt Strigel hier p. 601 an: haec proportio fugit et reformidat duas reipublicae pestes, ἀναρχίαν et tyrannidem) und in den folgenden Abschnitten über die iustitia distributiva p. 603—613, über die iustitia commutativa p. 613 ff., cur necessaria est communicatio 614 f., quare arithmetica aequalitas in contractibus efficienda est 615 f., quomodo congruit arithmetica proportio ad communicativam 616 u. s. w. — [2] Nikom. Eth. V, 5 ff. — [3] Zeller, II, 2. p. 641. — [4] Der Gegensatz zwischen Personen und Dingen wird von Melanchthon mehr betont als von Aristoteles — in nicht unbedenklicher Weise! Ein strenger Gegensatz ist das ja nicht. Die Dinge gehen doch immer die Personen an und werden von diesen besessen. Freilich Strigel, secunda divisio iustitiae 592—594, schließt sich allenthalben Melanchthon an, ohne sich weitere Gedanken dabei zu machen. Er beruft sich auf die Rechtswissenschaft: tota doctrina iurisconsultorum versatur aut circa personas aut circa res 592). Es mag sein, daß Melanchthon auch von hier aus sich mit bestimmen ließ, jene Einteilung anzunehmen. Wenigstens nennt er die Definition des Simonides die „juristische;" cf. die Überschrift C. R. XVI, 69: de definitione iustitiae apud iurisconsultos.

2. Die Normen der iustitia particularis.

Diese Überschrift rechtfertigt sich aus den Worten Melanchthons C. R. XVI, 227: cum de iustitia dicitur, necesse est, notitias illas aspici quae sunt normae iustitiae, hae nominantur leges. Saepe autem appellatione iuris pro legibus utimur; cf. XVI, 70. Die Frage über diese Normen wird in den folgenden Abschnitten der Ethik Melanchthons behandelt XVI, 227—240. 70—85.[1]

Melanchthon unterscheidet ein doppeltes Recht: das natürliche (Völkerrecht) und das positive.

1. Das Naturrecht.[2]

Die Definition des Naturrechtes wird genommen a notitiis immotis ex doctrina de principiis practicis, XVI, 227: d. h. sie ist uns mit unserm sittlichen Wissen gegeben. Sie selber lautet XVI, 227 f. cf. 70: Die Naturgesetze sind die Kenntnisse der praktischen Grundsätze und der aus ihnen aufgebauten Schlüsse über die Führung der Sitten, die übereinstimmen mit der ewigen und unbeweglichen Norm des göttlichen Geistes und die uns von Gott eingepflanzt sind, damit sie Zeugnisse seien, daß Gott ist und wie er ist, und daß sie uns regieren, damit unser Gehorsam zusammenstimme mit dem Willen Gottes. Wir betreten damit bekannten Boden. Das Naturrecht ist die Summe unsers sittlichen, von Gott gegebenen Wissens. Und eben damit finden wir wieder den alten Satz: der Dekalog bietet die beste Zusammenfassung des Naturrechtes, 228. 70.

Bekannt sind ebenfalls die weiteren Bestimmungen. Weitere Erläuterungen giebt Melanchthon zu dem Satze, daß der Inhalt des Naturrechtes uns von Gott gegeben ist. Er stellt sich damit in Gegensatz zu den „Juristen," die das Naturrecht für Naturtrieb erklären.[3] Er verwirft solche Definition als zu unbestimmt und schwankend.[4] Er erklärt vielmehr die Definition der Juristen vom ius gentium als den notitiae naturales (XVI, 70) zugleich für die vom ius naturae, setzt beide also identisch und nennt das den Standpunkt der „Philosophen" XVI, 71. Mit Nachdruck betont er aus diesem Gegensatz heraus die Unveränderlichkeit und Gewißheit des im ius naturae uns gegebenen Inhaltes 228, 72 f. (in einem eignen Abschnitt: estne ius naturae semper immutabile?) Und daraus folgert er weiterhin (230) die göttliche Autorität gegenüber dem positiven Recht: dem Naturrecht

---

[1] Über den Stoff handelt Strigel p. 634—752, ohne daß er weiß, warum dieser Stoff hier behandelt wird: in breiter Wiederholung bringt er schon Dagewesenes. — [2] Strigel de lege naturae p. 634—648: er hat keine Ahnung von dem Zusammenhang, in dem Melanchthon diesen Stoff im 2. Buche der Ethik bringt. — [3] 228: iuris consulti sumpserunt definitionem ab inclinationibus: ius naturale est quod est commune hominibus cum bestiis, 70: vocant ius naturae στοργάς bonas communes hominibus cum reliquis animantibus. — [4] 228: inclinationum magna confusio est.

sind auch die Könige unterworfen, XVI, 265 269. 124 128 (der Fall Naboth). Ganz ähnliche Ausführungen finden sich vor allem noch XVI, 383—392 in der Kommentierung von Aristoteles Nikomach. Ethik V, 10. Es ist auch wirklich diese Stelle, an die Melanchthon in seiner Ethik sich anschließt. Nur hat er die Unterscheidung von natür=lichem und positivem Recht, die Aristoteles bloß andeutet, durchgeführt.

Die Frage aber ist, warum Melanchthon diese schon bekannten Materien im 2. Buch seiner Ethik überhaupt wiederbringt. Er mußte ein Interesse daran haben. Denn er verläßt damit den Gang des 5. Buches der Nikomachischen Ethik. Kapitel 8 und 9 läßt er unbe=rücksichtigt. Auch für die Aristotelischen Begriffe des väterlichen, häuslichen und Herrenrechtes (Kap. 10) hat er keine Verwendung. Er scheidet eben aus, was nicht in seine Gedankengänge paßt. Aber was ihm die Lehre vom natürlichen und positiven Recht schon besonders empfehlen mußte, war wohl die Beobachtung, daß hierin Aristoteles mit Plato übereinstimmte.[1] Aber er mußte auch den ganzen Stoff an unserer Stelle wiederbringen gemäß seiner ganzen ethischen Grund=anschauung. Was diese sei, tritt ja auch hier ganz klar zu Tage. Das sittliche Wissen ist die Quelle und Voraussetzung für alles sittliche Leben. Abstrakt hatte er im 1. Buche ausgeführt, wie es zu sittlichem Leben, zu sittlichen Handlungen überhaupt kommt: der Hauptfaktor der sittlichen Handlung ist das sittliche Wissen. Konkret hat er seeben im 2. Buch gezeigt, welche Form das sittliche Handeln in der Wirk=lichkeit hat, die der Gerechtigkeit. Er zeigt nunmehr, wodurch die Gerechtigkeit im Leben möglich wird: durch das ius naturae. Dieses ist daher noch mehr als „norma" iustitiae, als welche Melanchthon es angekündigt hatte. Strigel sagt p. 634 (cf. p. 639) richtig: hae notitiae sunt normae rectrices disciplinae et vitae piorum; denique fontes sunt iuris positivi et universae philosophiae quae de moribus graviter disserit. Aus dem ius naturae wird erst die Norm im engern Sinne abgeleitet: das positive, geschriebene Recht. Melanch=thon will darthun, daß natürliches und positives Recht zusammenge=hören. Das natürliche Recht ist uns nicht nur die Kraft zum sitt=lichen Handeln, es ist auch die Quelle für unsere Beurteilung des Sittlichen, der Maßstab, den wir an jede sittliche Handlung anlegen können und auf den wir immer zurückgreifen müssen, wenn das positive (geschriebene) Recht in gewissen Fällen aufhören sollte, uns Maßstab zu sein. Sofort fügt auch Melanchthon bei diesem Gegenstande das andere, auch schon bekannte hinzu, daß die assensio cordis propter pravas inclinationes languidior est et coecae cupiditates turbant assensionem. Das ist eine Art Apologie des Grundprinzipes seiner Ethik: er zeigt die Hindernisse auf, die dieses Prinzip sich nicht rein und voll im Leben durchsetzen lassen.

* Zeller, Phil. der Gr. II, 1. p. 762 f. II, 2. p. 645 f.

2. Das positive Recht.[1]

Melanchthon behandelt das positive Recht in steter Beziehung auf das natürliche: den notwendigen Zusammenhang beider will er vor allem darthun.

Zuerst stellt er den Begriff des positiven Rechtes fest XVI, 229: est decretum legitimae potestatis, und sofort folgt die Beziehung auf das natürliche Recht: non pugnans cum iure naturae, sed addens ad ius naturae circumstantiam aliquam probabili ratione, non necessario definitam. Also das positive Recht ist das natürliche Recht, unser allgemeines sittliches Wissen, angewendet auf den speziellen Fall und in dieser Anwendung niedergelegt im geschriebenen Gesetz (ius scriptum gebraucht Melanchthon identisch mit positivem Recht).[2]

Wichtig ist ihm die Frage nach Autorität und Wert dieses positiven Rechtes, besonders wieder im Verhältnis zum natürlichen Recht. Valet lex, heißt es XVI, 229, propter duo, praecipue propter magistratus auctoritatem, deinde et propter rationem probabilem.[3] — Was den 1. Grund angeht, so war es eine Grundanschauung Melanchthons, daß die obrigkeitliche Gewalt göttlicher Einsetzung sei. Sein ganzes Leben brachte ihm genug Anlässe, diese Anschauung zu prüfen, sie in offiziellen Gutachten Fürsten und Völkern ans Herz zu legen und sie dadurch sich selbst immer gewisser zu machen. So kommt er auch hier auf den Schluß: böswillige Übertretung obrigkeitlicher Gesetze ist Todsünde, XVI, 230. Der 2. Grund könnte zunächst etwas unklar scheinen. Fast ist es, als ob ratio hier die doppelte Bedeutung hätte: Vernunft und Grund. Das positive Recht kommt XVI, 229 zu stande dadurch, daß gubernator politicus addit (sc. ad ius naturale) speciem, videlicet modum poenae in quo constituendo sequitur probabilem rationem. Den ihn bestimmenden Grund aber schöpft er doch erst wieder aus seinem sittlichen Wissen, aus seiner sittlichen Vernunft, d. h. aus dem ihm angebornen Naturrecht. Das positive Recht genießt darum Autorität, weil die Vernunft des Naturrechtes in ihm einen Niederschlag gewinnt. Aber eben daraus geht die Inferioriät des positiven Rechtes gegenüber dem natürlichen hervor. Die objektive Wahrheit des letzteren geht durch den subjektiven Geist des einzelnen Menschen hindurch: seine Gründe sind immer nur probabiles: cf. die Definition und XVI, 230: cum autem iuris positivi rationes tantum probabiles sint, non necessariae, possunt in eo genere dissimiles leges esse aliis temporibus et apud alias gentes.

---

[1] Strigel de iure positivo p. 648—652 und die Anmerkungen zum Text. [2] Mit Recht weist Strigel auf die Bedeutung hin, die der menschlichen Thätigkeit im positiven Recht eingeräumt wird („decretum") 648. — [3] Wenn Strigel dazu bemerkt: haec descriptio fit illustrior consideratis officiis quae gubernatores humanae societatis sustinent, 649, so führt das von dem Gedanken Melanchthons nur ab, cf. Strigel 649—652.

Dem gegenüber macht Melanchthon für das Naturrecht das Doppelte geltend: valet immediate propter auctoritatem divinam, quia est radius sapientiae et iustitiae divinae, congruens ad normam mentis divinae immotam, und, was aus letzterem Wort folgt, es hat sein Ansehen durch seine Unveränderlichkeit. Dieser letzteren Frage widmet Melanchthon in seiner Ethik noch einen besonderen Abschnitt, der eigentlich den Zusammenhang stört, da vom positiven Recht schon gesprochen ist, XVI, 231: estne communis usus rerum iuris naturae? (Strigel 668—681) und dem entsprechend XVI, 72 f.: estne ius naturae semper immutabile? Es ist für Melanchthon Bedürfnis, diesen Kardinalpunkt seiner Ethik noch einmal zu sichern, da er schon im Begriffe steht, näher in das einzelne einzugehen. Der Abschnitt in den Elementa ist kürzer, aber auch unklarer, unklar schon in der Überschrift, unklar auch in der Durchführung. Dennoch will er auf dasselbe hinauskommen wie der Abschnitt der Epitome.[1] Sein Inhalt ist: es giebt Grade der sittlichen Erkenntnisse, den höheren müssen die niederen weichen, XVI, 72. Über dem Naturgesetz: gieb das zur Aufbewahrung anvertraute zurück, steht das andere: verletze niemanden — dieses korrigiert jenes, wenn z. B. ein Wütender sein Schwert zurückverlangt. Also jede Erkenntnis hat an ihrem Orte einzutreten. Weiter hat man bei natürlichen Wahrheiten und Ordnungen zu fragen nach der sittlichen Notwendigkeit; XVI, 73: quaedam naturalia sunt ita necessaria, ut si mutentur, praesertim universaliter, sequatur corruptio naturae. Haec proprie sunt immutabilia et sunt vere principia practica. Aber es ist auch naturgemäß, sich vorzugsweise der rechten Hand zu bedienen, aber keine Sünde und ziemlich gleichgültig, die linke zu bevorzugen. Melanchthon spricht in dieser Beziehung von principia physica, die er den principia moralia entgegenstellt, XVI, 73. Sein letztes Wort in dieser Sache ist: die moralischen Prinzipien sind fest (firma), nur die Verderbtheit unserer Natur hindert uns, ihnen unbedingt zuzustimmen. Im allgemeinen folgt er hierbei Aristoteles.[2]

3. Natürliches und positives Recht als Normen der iustitia particularis.[3]

Natürliches und positives Recht fordern sich gegenseitig, sofern sie Normen der besonderen Gerechtigkeit sind.

---

[1] Strigel a. a. O. versteht den Zusammenhang bei Melanchthon gar nicht, p. 669: occasio huius quaestionis haec est - Plato disputat, necessarium esse generi humano communem usum omnium rerum, non modo facultatum, sed etiam uxorum. Daher folgt bei Strigel p. 670—681 „Solutio aliquot argumentorum, quibus aliqui laudant et ornant Platonicam et Anabaptisticam rerum communionem." — [2] cf. die Zusammenfassung bei Strigel p. 665. — [3] Strigel über diese Frage p. 681—730.

Zunächst kann das positive Recht nicht ohne das natürliche sein.[1] Eine 3fache Handhabung des ersteren kennt Melanchthon. Die erste ist die calumniosa interpretatio iuris, die ränkevolle böswillige Deutung und Deutelung des Gesetzesbuchstabens. Stehende Beispiele dafür sind der Vertrag der Thrafer mit den Böotern über einen dreißigtägigen Waffenstillstand (die Feinde verwüsteten in der Nacht die Äcker der Gegner) und der Vertrag mit Antiochus III., dem Großen, nach welchem ihm die Hälfte der Schiffe gelassen werden sollte (man zerschnitt die Schiffe). Diese Ausbeutung des Gesetzesbuchstabens ist nach Melanchthon nicht das summum ius. Dieses aber, recht verstanden, ist die 2. Handhabung des positiven Rechts. Es ist die strikte Befolgung des Gesetzesbuchstabens in guter, lauterer Absicht. Geschichtliche und eben falls oft wiederkehrende Beispiele dafür sind für Melanchthon (XVI, 74) das Verhalten des C. Fulvius Flaccus im 2. punischen Kriege nach der Eroberung Capuas und das des T. Manlius Torquatus, der als Consul und Feldherr das Todesurteil am eignen Sohn vollstrecken ließ. Als die richtige Handhabung aber des positiven Rechtes — und das ist das dritte — erklärt Melanchthon die Befolgung des Geistes des Gesetzes: die Milderung des Buchstabens des Gesetzes durch die ἐπιείκεια oder aequitas, durch das höhere Gerechtigkeitsgefühl, das uns angeboren ist — eben was Melanchthon sonst das natürliche Recht nennt. Die Bestimmungen für beides, für den Begriff der ἐπιείκεια und des ius naturale decken sich sachlich vollkommen: ἐπιείκεια non approbat delicta nec abolet leges, sed alicubi mitigat circumstantiam aliquam in casibus de quibus lex non principaliter loquitur. Den konkreten Inhalt der ἐπιείκεια bestimmt Melanchthon als die Mitte zwischen crudelitas und indulgentia XVI, 233. Das deckt sich mit Kap. 14 der Nikomachischen Ethik. Doch wächst die Lehre von der Billigkeit hier viel natürlicher aus dem Zusammenhang heraus als bei Aristoteles. Melanchthon rundet sie auch besser ab.[2]

Die Notwendigkeit der „Billigkeit" begründet er 4fach. 1) sie hat die Lücken des positiven Gesetzes zu ergänzen, XVI, 232: nulla enim lex complectitur omnes casus et omnes circumstantias; ebenso n. 236. Einzig diesen Grund hat Aristoteles. 2) wird die Notwendigkeit der ἐπιείκεια bewiesen durch die Menge von Beispielen für ihre Anwendung in Heils- und Profangeschichte. 3) findet sie

---

[1] C. R. XVI, 231—234. 73—78 discrimen inter summum ius et ἐπιείκεια, XVI, 399—411 als Kommentar zu Aristoteles Nikom. Ethik V, 14 f. cf. C. R. XVI, 226 ff.; Strigel 681—700: die Beispiele (meist die auch von Melanchthon gegebenen) sind mit besonderer Liebe ausgeführt p. 710—724.

— [2] Strigel hat einen besonderen Abschnitt: qui sunt fontes aequitatis p. 700—703. Die Antwort auf diese Frage heißt: duo sunt fontes ex quibus hauritur aequitas. Unus est collatio legum superiorum et inferiorum. Alter est consideratio circumstantiarum. Das sind aber keine „Quellen," sondern nur Thätigkeiten, die aus der Einen Quelle fließen, welche Melanchthon allein kennt, aus unserm sittlichen Wissen.

Melanchthon geboten in der Schrift: XVI, 234: nachdem er Stellen aus dem Alten Testament angeführt, immo universum evangelium est miranda et ingens ἐπιείκεια legis, quia affirmat Deo in credentibus propter Mediatorem placere hanc inchoatam obedientiam, quamquam procul abest a perfectione legis et multum sordium adhuc in nobis haeret; mit demselben Gedanken schließt er die ganze Frage XVI, 237 ab. Endlich 4) begründet er die Notwendig= keit der ἐπιείκεια mit dem Nutzen für die „allgemeine Ruhe" XVI, 234.

Nicht als ob damit der subjektiven Willkür das Wort geredet würde! Neben der ἐπιείκεια bleibt dem „geschriebenen Rechte" sein volles Recht. Diese Frage wird erledigt im folgenden Abschnitt XVI, 234—237. 78—81: für Melanchthon ist es abgemachte Sache (res manifesta), daß das geschriebene Recht notwendig ist.[1] Die citierten Abschnitte bei Melanchthon lassen die Polemik erkennen, in der er gegen die Antinomisten seiner Zeit gestanden: sciendum est hanc barbaricam opinionem detestandam esse. Das geschriebene Gesetz ist ihm ein Zaun gegen alle leidenschaftlichen und herrschsüchtigen Ge lüste von Richtern und Herrschern. Es hat für ihn göttliche Sanktion: Gott selbst gab seinem Gottesstaate, dem theokratischen Volke geschriebene Gesetze XVI, 79. Es hat die Sanktion der Geschichte: Attika und Rom haben sie als unerläßlich für die Erhaltung des Friedens er= probt 79. Daher sind ihm die Gesetze gravi auctoritate geschrieben. Sie sind legum oracula, nicht privatae indicum opiniones 79. Aristoteles hat sie ja auch unbedingt befürwortet, wobei Melanchthon an III. Pol. c. 11 § 4 erinnert.

Mit dem Erweis der Notwendigkeit des geschriebenen Rechtes erledigt sich für Melanchthon die andere Frage (hic duae quaestiones sunt 234. 78): an ex scripto iure iudicandum sit an vero quaerenda aequitas extra scriptum XVI, 235. 79.[2] Er giebt darauf die Antwort 235: in der Regel ist zu urteilen nach dem geschriebenen Recht, namentlich bei solchen Fällen, über die das Gesetz besondere Bestimmungen hat. Nur wenn letzteres nicht der Fall ist, tritt das natürliche Recht und die „Billigkeit" ein, p. 236. Das höchste Ideal, das sich Melanchthon denken kann, ist die scripta aequitas XVI, 236.

Was er damit meint, kann auch uns noch als das Ideal in der Ausübung von Recht und Gerechtigkeit gelten. In unserer Zeit ist das Ideal auch so gut wie erreicht. Uns mag das Erreichte als selbst= verständlich erscheinen. Aber Melanchthon wußte, wenn er auch die ganze Untersuchung selbst eine explicatio puerilis (XVI, 237) nennt und wenn ihm die Antike die betreffenden Gedanken an die Hand gab, daß diese „elementare Entwicklung" aditus est ad prolixiores aliorum

---

[1]) Strigel p. 703—706: an necesse sit scriptas leges esse und p. 721—730. — [2]) Strigel p. 706—709, doch mit gewissen Abweichungen von Melanchthon 704 f.

disputationes, in quibus multa dexterius judicari poterunt his initiis cognitis. Fast übertrieben ist Strigel, wenn er seinen Kommentar über diese Materie p. 681 beginnt: utilissimus locus est non tantum in doctrina iuris, sed etiam in philosophia et in tota vita explicatio discriminis inter ius summum quod Aristoteles nominat ἀκριβοδίκαιον et ἐπιείκειαν seu aequitatem. Jedenfalls erwarb sich Melanchthon, wenn er solche Gedanken betonte, ein Verdienst um seine Zeit, die eben erst die Gesetzessammlung Karls V., die Carolina, hervorgebracht hatte.

1. Die sittliche Beurteilung von Handlungen nach den beiden Normen der institia particularis.

Das Zuwiderhandeln gegen die Normen der Gerechtigkeit ist nach Melanchthon ein Vergehen, ein delictum. Es fragt sich nun: ist ein solches entschuldbar und wann? Mit dieser Frage beschäftigen sich die folgenden Abschnitte: De gradibus delictorum consulto et inconsulto factorum XVI, 237—239 und de voluntariis et involuntariis delictis XVI, 239 f. Klarer scheiden die Überschriften in den entsprechenden Abschnitten der Epitome noch nach den ethischen Faktoren, auf die Melanchthon natürlich wieder zurückkommt: Quando excusat erratum ignorantia? p. 81—83, quae dicuntur voluntaria delicta? p. 83—85.[1] Nur von hier aus erklärt es sich, daß Melanchthon plötzlich wieder in das 3. Buch der Nikomachischen Ethik zurückgreift: am 10. Kapitel des 5. Buches, das hier noch mit in Betracht kommt, war er ja auch schon vorübergegangen. Was jetzt folgt, hätte man wie bei Aristoteles bei der Besprechung der Willensfreiheit erwarten mögen. Aber Melanchthon betrachtet es vom Gesichtspunkt der sittlichen Wertschätzung aus.

Selbständig steht er auch weiterhin dem Aristoteles gegenüber. Er verbindet Nikom. Eth. III, 1—3 und V, 10 und führt nicht unrichtig an, daß Aristoteles 3 Stufen von Vergehen annehme: in voluntaria i. e. violenta, — voluntaria, cum prorsus nec iudicium nec voluntas impeditur — mixta, cum metu aut ira fiunt actiones p. 240. Folgerichtig nach seinen Grundanschauungen lehrt Melanchthon selbst, daß es nur 2 Klassen Sünden giebt, Vergehen des sittlichen Wissens und des Wollens.[2]

---

[1] Strigel de gradibus delictorum 730—738. 738—752. — [2] Strigel polemisiert gegen die Lehre der Stoiter: omnia peccata esse paria p. 732—735. Er giebt zu sehr die „theologische" Lehre von den einzelnen Sünden und ihrer jedesmaligen Beurteilung. p. 735 kommt er auf die Auffassung im bürgerlichen Rechte: in doctrina civili tres gradus delictorum traduntur. dolo facta, culpa, item casu facta: et culpae gradus sunt lata, levis et levissima. Aber die Ausführung p. 735—788 entspricht dieser vorausgeschickten Zusammenfassung nicht. Es scheint, als ob Strigel auf die Gedanken Melanchthons hinauskommen wollte, aber er thut es jedenfalls nicht klar und bewußt, cf. noch p. 738—752.

Zuerst — was sind wissentliche, was unwissentliche Sünden? Man kann von einer solchen 2. Klasse reden. Die allgemeine Regel aber, die Melanchthon überall in Geltung weiß, heißt: ignorantia facti, non iuris excusat. Unter ius ist hier das ius naturae, die lex divina (XVI, 238) zu verstehen. Und das versteht sich ohne weiteres, warum eine Unkenntnis des Naturrechtes überhaupt nicht entschuldigen kann. Seine Kenntnis ist uns angeboren. Es liegt am Willen des Menschen, wenn er es nicht kennt; die ignorantia ist affectata et culpanda XVI, 238. Es sind Sünden „gegen das Gewissen," und (XVI, 237) ruentes contra conscientiam, i. e. scientes et volentes non manent in gratia.

Auch die ignorantia facti ist nicht in jedem Falle entschuldbar. Es entschuldigt z. B. nicht die Trunkenheit: Melanchthon neigt fast dem Aristoteles zu, der sie doppelt bestraft wissen will, „weil die häßliche Entschuldigung die Schuld noch erhöht" p. 238. Ebenso wenig entschuldigt die Dummheit und Unwissenheit, ignorantia circumstantiae, praecipue in proprio facto (der Verkäufer darf einen abgeschlossenen Verkauf nicht umstoßen wollen, wenn er auch den Wert des Verkauften nicht gekannt haben sollte). Es entschuldigt aber die ignorantia facti, wenn — das ist wohl Melanchthons Meinung XVI, 238 f. — es sich um Übertretung von lokalstatutarischen Bestimmungen handelt und der Übertretende ein Fremdling ist. — Zu beachten ist dabei, daß die peccata ignorantiae doch schließlich nur dem Willen zur Schuld fallen. Das deckt sich wieder mit dem, was oben über das Verhältnis von Wissen und Willen bei Melanchthon gesagt ist.

Was die Unterscheidung von voluntaria und involuntaria delicta angeht, so sind allein die letzteren entschuldbar. Das sind die Handlungen, quae fiunt aut impedito iudicio aut principium habent extrinsecus XVI, 239. Die ersteren berühren sich eng mit den delicta ignorantiae facti: es handelt sich um ein wirkliches Nichtwissenkönnen thatsächlicher Verhältnisse (Beispiel ist der Vater, der seinen Sohn im Testament übergeht, weil ihm fälschlich dessen Tod gemeldet ist). Hier hätte wohl die Frage der Geistesgestörtheit noch mit behandelt werden müssen. Im andern Falle (principium habent extrinsecus) hört die sittliche Verantwortlichkeit überhaupt auf, weil hier von Willensfreiheit nicht mehr die Rede sein kann (Beispiel ist der Schiffbrüchige, der im Sturm an die Klippe geschlagen wird). — Alle Vergehen, die im Zorn, aus Liebe, aus Haß, aus Furcht, sind delicta voluntaria, also nicht entschuldbar. Nur atrocissimo timori venia datur XVI, 240. Das Sündigende ist wiederum der Wille, hier mehr commissiv: er schlägt das bessere Wissen geflissentlich nieder, während er bei den delictis ignorantiae — mehr omissiv — es unterließ, das rechte sittliche Wissen präsent zu haben. Ein Vergleich mit Aristoteles[1] er-

---

[1] A. a. O.: Zeller, Phil. der Gr. II, 2. p. 590.

giebt, daß Melanchthon zwar im allgemeinen sachlich mit ihm übereinstimmt, aber viel weniger geneigt ist, Vergehen zu entschuldigen. Es
verrät das den tieferen Ernst des Mannes der Reformationszeit. Zudem
ist er noch entschiedener und klarer als jener. Und seine Unterscheidung
ist folgerichtig aus seinen Grundanschauungen entwickelt.[1]

IIb. Die iustitia particularis in der Kasuistik.

1. Das Gebiet der iustitia distributiva.

Ganz unvermittelt geht Melanchthon von den allgemeinen Fragen
über die Normen der Gerechtigkeit zu ganz speziellen über. An die
Frage über die gradus delictorum C. R. XVI, 237—240 schließt sich
unmittelbar die an, ob die Bulle Bonifacius VIII. Unam sanctam sich
billigen lasse, ob es einen obersten Bischof gäbe u. s. w. 241 ff. Die
Behandlung beginnt nur mit den Worten: hanc quaestionem ideo
propono, ut iunioribus in conspectu sint discrimina utriusque
potestatis, politicae et ecclesiasticae quarum confusio non solum
errores, sed etiam saepe ingentia bella peperit. Plurimum autem
ad veram reverentiam et ad flectendos animos ad pacem con-
ducit, font s huius doctrinae nosse de utriusque potestatis dignitate et officiis in genere. Ganz ähnlich heißt es in der Epitome
XVI, 85.

Strigel fühlt, daß damit zum Zusammenhang gar nichts gesagt
ist. Er sucht einen solchen herzustellen. Vor seiner Besprechung der
constitutio Bonifatii p. 753 ff. schaltet er einen überleitenden Passus
ein p 752 ff. Er betont, daß die Theorie erläutert werden müsse
durch Beispiele, und sieht damit richtig, daß Melanchthon sich jetzt zur
eigentlichen Kasuistik wendet. Aber Strigel fehlt der tiefere Einblick
in die Anlage der Ethik Melanchthons. Er weiß nichts von einer
Disposition der Kasuistik, nichts davon, daß Melanchthon sie eben behandelt nach der Teilung der iustitia particularis in distributiva
und commutativa. Wenn Melanchthon zuerst Staat und Kirche, besonders auch in ihrem gegenseitigen Verhältnis, behandelt, so will er
damit das Gebiet der iustitia distributiva beschreiben, das Gebiet der
iustitia commutativa aber mit der dann folgenden Lehre von den
Kontrakten. Das aber wiederum ist keine Ablösung der philosophischen
Ethik nunmehr durch die theologische, soll es wenigstens nicht sein nach
Melanchthons Gedanken selbst.[2] Seine ganze spezielle Ethik ist vielmehr

---

[1] Bei Herrlinger findet sich über diese Fragen nichts, wie er überhaupt
überall dort im Stiche läßt, wo er in unsern Ausführungen nicht genannt
wird. Von „Gesetzgebung" und „Naturrecht" spricht er p. 309 f., aber nur
andeutend, nur ganz kurz und dürftig und in anderm Zusammenhange: er
handelt p. 309 ff. von den „Funktionen des Staates" und deren „rechtlicher
Seite."   [2] So scheint es aber Strigel aufzufassen a. a. O.

ein energischer Versuch, von den allgemeinen ethischen (philosophischen) Prinzipien aus die ethischen Gebiete, die ihn in seiner Zeit umgaben, zu begreifen und darzustellen und die in ihnen entstehenden ethischen Fragen zu entscheiden. Darin liegt die Bedeutung und zwar die große Bedeutung dieses letzten Abschnittes der philosophischen Ethik Melanchthons. Der Stoff selbst im einzelnen mag dagegen fast gleichgültig erscheinen, vielleicht an manchen Stellen auch undankbar und unfruchtbar sein. Zu Grunde liegt übrigens den nun folgenden Einzelausführungen die Nikomachische Ethik V, c. 5—8. Aber Melanchthon bewegt sich hier sehr frei.

Wie schon aus seinen oben angeführten Worten hervorgeht, kommt es ihm vor allem darauf an, die Grenzen zwischen den beiden großen ethischen Institutionen, Staat und Kirche, klar herauszustellen.[1] Daß die Lehre vom Staate in der philosophischen Ethik eine Stelle habe, ist von vornherein klar. Die Ethik Melanchthons ist überhaupt sozial-politisch. Dem Staate wird unbedingt eine selbständige sittliche Aufgabe zugesprochen. Diese Aufgabe wird unterschieden von der der Kirche.[2] Aber auch an der Kirche unterscheidet Melanchthon eine doppelte Seite, die menschliche und die göttliche, oder nach seinen Worten: die sichtbare und unsichtbare, wie wir diese Unterscheidung namentlich auch in den Bekenntnisschriften finden.[3] Nach der letzteren Seite behandelt sie Melanchthon in seinen Schriften über philosophische Ethik nicht. Der Grund dafür liegt in der Voraussetzung, daß die Kirche nach dieser Seite, sofern sie den Dienst des Evangeliums betreibt, der Dogmatik und „theologischen Ethik" zuzuweisen ist. Es sind geradezu die Grundzüge einer „theologischen Ethik," die Melanchthon giebt gelegentlich des Bestrebens, den Unterschied der politischen und kirchlichen Gewalt nachzuweisen (in schöner klarer Weise besonders XVI, 243 f.). Er spricht von den Organen der Kirche, dem minister evangelii: est persona a Deo ordinata ut inxta vocationem sonet vocem evangelii ac sacramenta administret, in qua functione Deus est vere efficax in credentibus, commendet etiam vocatis ministerium evangelii, et sit index doctrinae, annuntiet remissionem peccatorum poenitentibus. Darin liegen die Keime für weitere Entwicklung. Die Objekte der kirchlichen Gewalt und Thätigkeit sind die „Herzen, die

---

[1] Herrlinger behandelt Melanchthons Lehre von Kirche und Staat in dem „2. Abschnitt" des „2. Hauptstückes" der Ethik Melanchthons („die einzelnen Hauptgebiete der Ethik" p. 227 ff.) unter der Überschrift: „die sittlichen Gemeinschaften" p. 252—343. Daß Melanchthon nach ganz andern Gesichtspunkten diesen Stoff in seine Ethik einordnet, als Herrlinger schon in jener Überschrift thut, bedarf nach dem Gesagten keiner Erläuterung mehr. Zu einer Scheidung zwischen theologischer und philosophischer Ethik (wie auch zu einem durchgehenden Vergleich zwischen Staat und Kirche) macht Herrlinger auch hier keinen Versuch. Seine Ausführungen können daher nur teilweise hier verwendet werden. — [2] Herrlinger 309—314; C. R. XVI, 421. XXV, 759. — [3] Herrlinger 252—254.

das Evangelium überführt und heilt," die „Gläubigen." Ihre Wirt jamteit (beneficia) ist: per vocem evangelii Deus dat aeterna bona. remissionem peccatorum et spiritum sanctum et vitam aeternam. Gott sammelt sich damit die ewige Kirche. Ihr Strafmittel ist das „Wort," d. h. legitima excommunicatio. Ein Recht, Gesetze zu geben und weltliche Herrschaft zu üben, hat sie nicht. Die Ansprüche Bonifatius VIII. und des Papsttums überhaupt sind damit abgewiesen. Soweit das uns angeborne Wissen ausreicht, soweit geht die politische Gewalt. Die Quelle aber der positiven geschriebenen Gesetze ist das natürliche Recht. Von Sündenvergebung u. s. w. weiß die Vernunft nichts. Hier bedarf es einer besonderen göttlichen Offenbarung. Das ist das Evangelium. Das wäre das Gebiet der theologischen Ethik. — Melanchthon beschreibt dasselbe an der oben citierten Stelle, um nachzuweisen: haec prorsus aliena sunt a potestate politica XVI, 244, und um eben damit weiter zu beweisen, daß diese Stoffe nicht in die philosophische Ethik gehören. Herrlinger sagt p. 265 f.: Staat, äußere Kirche und die unsichtbare Gemeinde der Heiligen verhalten sich als die Gebiete der disciplina, der fides generalis, der fides iustificans, als konzentrische Kreise einer von außen nach innen sich weiterbildenden ethischen Entwickelung XXIV, 3. XXI, 1011. Aber so ansprechend dies Bild erscheint. Melanchthon selbst bestimmt das Verhältnis doch anders. Der Staat und die unsichtbare Kirche sind gegensätzlich und ohne Berührung mit einander. Zwischen beiden steht die konkrete, sichtbare Kirche und vermittelt den Zusammenhang. Sie arbeitet für die unsichtbare Kirche: in diesem Bezug gehört sie der Dogmatik und „theologischen Ethik" an. Damit ist ungefähr getroffen, was Herrlinger behandelt p. 268—302: 1) Kirche und Amt, 2) Kirche und Kirchen. Nach ihrer äußeren rechtlichen Seite gehört die Kirche dem Staat zu. Ihm dient sie, von ihm wird sie beherrscht, so daß bei Melanchthon der Begriff der politischen Gewalt den der kirchlichen fast verschlingt. Von daher nimmt sich Melanchthon das Recht, die Kirche in der philosophischen Ethik zu behandeln.[1]

Und zwar gelingt ihm dies ziemlich gut in den Elementa. Hier fehlen die Erörterungen, die in der Epitome XVI, 85—116 sich finden: An principes debeant mutare impios cultus cessantibus aut prohibentibus episcopis aut superioribus dominis p. 85—105 (in den 3 ersten Ausgaben stand dieser Abschnitt am Ende: cf. denselben Stoff C. R. XVI, 469 ff. 570 ff.) — liceatne privatis interficere tyrannos? 105. 106. — Iurene Constantinus bellum affini et collegae confoederato Licinio intulit, exercenti saevitiam in Christianos p. 106—108. — Utrum praescriptio excuset conscientiam p. 108 f. (am Schlusse der Elementa). — An leges civiles h. e. edicta magistratuum civilium violare sit peccatum mortale? p. 109—116 (dieser

---

[1] Herrlinger 3) Verhältnis von Kirche und Staat p. 302—305.

Abschnitt deckt sich auch schon fast in der Überschrift mit dem der Elementa p. 247 f.: de discrimine edictorum civilium et traditionum quae conditae sunt humana auctoritate in ecclesia). Der Epitome und den Elementa gemeinsam ist der Abschnitt über die Constitutio Bonifatii VIII. Außer diesem und dem vorhin erwähnten Abschnitt weisen die Elementa noch 2 Abschnitte auf: De institutione et approbatione scil. ministerii evangelii p. 244 f. und de expressa politicae potestatis institutione p. 245—247: aber sie gehören notwendig zu dem Abschnitt über die Bulle Bonifatius VIII., und ihr Stoff wird in der Epitome auch dort behandelt. Jedenfalls aber ist die Anordnung in den Elementa viel klarer als in der Epitome, der Stoff viel kürzer und präziser behandelt, so daß nichts fehlt, was in die Besprechung gehörte, und so daß die Epitome nur bisweilen eine Ergänzung bietet, und das Ungehörige ist ausgeschieden.

Melanchthon gruppiert den Stoff nach einem 3fachen Gesichtspunkt. Er spricht 1) von den Aufgaben der politischen und kirchlichen Gewalt; cf. über die Constitutio Bonifatii XVI, 241—244; sehr ausführlich XVI, 116—124: rectene Bonifatius VIII. constituit quod iure divino Papa habeat utrumque gladium;[1] ausführlich handelt über die ganze Frage auch der Abschnitt in der Epitome: an principes u. s. w. p. 85—105. Aber die Ausführungen in den citierten Stellen sind fast durchgängig beherrscht von zeitgeschichtlichem Interesse. Sie wollten schließlich doch nur das reformatorische Vorgehen der Evangelischen gegen die römische Kirche rechtfertigen. Melanchthon versucht diese Rechtfertigung zum Teil mit Belegen aus der Schrift, noch mehr aber vom allgemein sittlichen und rechtlichen Standpunkt aus. Nur das letztere kann von uns berücksichtigt werden. Im übrigen leiden die angezogenen Ausführungen sehr an lästigen Wiederholungen: die einzelnen Beweise und die Widerlegungen der Einwände decken sich vielfach. — 2) spricht Melanchthon von der Einsetzung der politischen und kirchlichen Gewalt, de institutione et approbatione p. 244 f.[2] und de expressa u. s. w. XVI, 245—247. — 3) endlich von ihrer Autorität, de discrimine u. s. w. XVI, 247 f.[3] Die Quelle steht gleichsam in der Mitte: das ist der Beruf, die Einsetzung, die (göttliche) Sanktionierung der beiden Gewalten. Aus ihr fließt der Strom der entsprechenden Thätigkeit. Aus beiden wieder entspringt die Autorität, die Geltung unter den Menschen. Dieses 3fache liegt auch in der Definition, mit der Melanchthon beginnt (ordiar a definitione XVI, 242): Potestas politica est potestas a Deo ordinata, ut sit custos disciplinae et pacis, coercens et puniens poenis corporalibus contumaces, XVI, 117 f.

---

[1] Die Erläuterungen Strigels dazu p. 753—768 sind ohne Wert. — [2] Strigel p. 768—777 ohne Wert. — [3] Strigel p. 777—787 wiederum ohne Wert.

1. Die Aufgabe der politischen (und kirchlichen) Gewalt.[1]

Die Aufgabe der politischen Gewalt stellt Melanchthon als eine vierfache dar, XVI, 242:

1) ut sit velut vox decalogi 213. Wiederum sagt Melanchthon, was wir schon wissen, daß er den Dekalog gleichbedeutend gebraucht mit „Naturgesetz." Die Obrigkeit wird dadurch eine „Dienerin Gottes," quia legem Dei sonat quam vult Deus immotam normam esse actionum humanarum, quia haec lex est vox sapientiae et iustitiae Dei. Es ist das Verhältnis der Obrigkeit zum ins naturae. Die Obrigkeit ist Trägerin des allgemeinen Rechtsbewußtseins, Vertreterin des Gerechtigkeitsgefühls, der ἐπιείκεια, Hüterin der 2 Tafeln, XVI, 243.

Der Niederschlag des ius naturae ist, das hatten wir oben gesehen, das positive Recht. Die Aufgabe der politischen Gewalt ist, den allgemeinen Inhalt, der uns angeboren ist, ut feste Formen zu gießen, damit er für den Einzelfall verwendbar werde.

2) ut suas quasdam leges ferat, sed non pugnantes cum naturalibus XVI, 243. 118. In der Epitome betont Melanchthon mehr die der Obrigkeit dadurch gezogene Schranke: die Schranke aber ergiebt sich ohne weiteres aus der 1. Aufgabe der Obrigkeit.[2] Es ist das römische Recht, dem Melanchthon vor allen andern Gesetzgebungen den Vorzug giebt. Der Codex des Justinian wird immer und immer wieder citiert. Auf die Lehre und die Definitionen der Juristen wird beständig eingegangen. „Selbst die Kommentare zum Corpus Juris sind eine wahre Wohlthat, weil das römische Rechtsleben uns so fern liegt und schwer verständlich ist XI, 221 und weil dieselben eine ununterbrochene Tradition des juristischen Studiums darstellen XI, 362. Und die Sätze der Pandekten vollends werden mit Recht sämtlich für göttliche Orakel gehalten I, 838. Deshalb heißen die von Luther so schlimm angesehenen Juristen der allerehrenvollste Stand XI, 218."[3] Ja, Melanchthon stellt das römische Recht selbst noch über das Alte Testament: gedacht ist dabei natürlich nur an das Civil= und Ceremonialgesetz, das Gott nur für die Juden gegeben hatte (I, 733. XXI, 201). Was aber Melanchthon am meisten am römischen Rechte rühmt, ist der „philosophische Geist," XVI, 446. XI, 78. XII, 22. 25. Und das ist bemerkenswert für unsere Fragen. Der Einfluß des Humanismus auf Melanchthon ist dabei klar ersichtlich. Auch klingt jenes Wort an Plato an.[4]

3) aus der Gesetzgebung folgt die Vollstreckung und Durchführung der gegebenen Gesetze. Die Obrigkeit soll die Widersetzlichen strafen,

---

[1] Dr. Carl Hagen, Melanchthon als Politiker in R. E. Prutz' literarhistorischem Taschenbuch 3. Jahrg. 1845. p. 157—182. — [2] Über die Aufgabe des Staates, Gesetze zu geben, Herrlinger p. 309—311. — [3] Herrlinger 310.
[4] Zeller, Phil. der Gr. II, 1. p. 760 f.

XVI, 213. Was Herrlinger p. 311—313 ausführt, ist für uns zum Teil unverwendbar. Er behandelt nur die Stellung des Christen, ob er Recht vor Gericht suchen und Recht in der Strafe üben darf. Freilich, da Melanchthon diese Frage bejaht, so ist zugleich auch die andere entschieden, daß der Staatsbürger als solcher überhaupt dasselbe Recht, ja die entsprechende selbe Pflicht im Staate habe. Doch ist das so selbstverständlich, daß Melanchthon eben darum jene Frage gar nicht erst aufwirft. Im übrigen opponiert Melanchthon hier gegen die Wiedertäufer.

„Über den Zweck der Strafe, sagt Herrlinger 312 f., lassen sich bei Melanchthon Ansätze zu allen später aufgetretenen Theorien nachweisen." Zweck der Strafe ist darnach 1) „Durchsetzung des absoluten Willens gegenüber dem gesetzwidrigen Willen und insofern Aufrechterhaltung der Herrlichkeit des Gesetzes," XVI, 473: Deus poenas corporales per magistratum instituit, quia vult destrui pugnantia cum sua iustitia, ut conspiciatur qualis sit ipse. XIV, 570. 616 (tolli iniustos). — 2) „Sicherung des Staates, der ganz zerrüttet würde, wenn nicht Mord, Raub und andere Ausbrüche der Leidenschaft gebändigt würden" XXI, 998. — 3) zur Abschreckung, nach Deuteron. 19, 19. C. R. XXI, 721. — 4) zur Besserung, XII, 21. XIV, 616. XI, 908. — Auf die beiden letzten Punkte legt Melanchthon selbst weniger Wert, mehr auf die beiden ersten. Insonderheit das Moment der „allgemeinen Ruhe" kehrt oft wieder. Die beiden ersten Punkte liegen auch schon angedeutet in der oben citierten Definition (XVI, 242. 117 f.): cohercens (2. Zweck) et puniens (1. Zweck). Durch das Zuchtrecht erreicht der Staat seine sittlichen Aufgaben.

4) zu der unter 3) genannten mehr negativen Aufgabe kommt die positive Kehrseite: quartum officium, ut magistratus sit custos obedientium, i. e. defendat eos contra iniustam violentiam. — Hierher gehört die Frage nach der Berechtigung des Krieges. Melanchthon hatte hierüber sehr oft, von Fürsten befragt, sein Gutachten abzugeben. Hatte er anfangs (bis etwa 1530) sich prinzipiell gegen jeden Krieg ausgesprochen, so vertrat er später die Ansicht, daß der Verteidigungskrieg erlaubt und im Naturrecht begründet sei; Herrlinger 313 f. Gut charakterisiert Herrlinger p. 313 Melanchthons schließlichen Standpunkt: „In einer guten Sache, zur Verteidigung von Glauben und Sitte, zum Schutz der Schwachen ist der Krieg ein gutes Werk und der Soldat nicht bloß der Obrigkeit, sondern Gottes Diener" (Cons. l. II, 173 von 1552, XVI, 566).

Wenn wir die genannten 4 Punkte zusammenfassen sollen, so wird mit ihnen allen als die Aufgabe der Obrigkeit die externa disciplina bezeichnet; XVI, 244: potestas politica versatur circa externam disciplinam quam tueri debet; XVI, 87. cf. 570: magistratus est custos primae et secundae tabulae legis, quod ad externam disciplinam attinet, h. e. prohibere externa scelera et punire sontes

debet et proponere bona exempla. Das deckt sich mit dem öfters
wiederkehrenden Satze, daß die Obrigkeit nicht nur armentarius et
custos ventris sei XVI, 570. 91 f. Vermöge dieser Auffassung legt
Melanchthon dem Staate beständig (XVI, 85—105) die Fürsorge für
Kunst und Wissenschaft und den Schutz der Kirche ans Herz. Bemerkenswert ist insbesondere, wie er bestrebt ist, die Aufgaben und
Pflichten der obrigkeitlichen Gewalt für das Werk der Reformation
aus allgemeinen ethischen Gründen zu erweisen.[1] Die Selbständigkeit
der Kirche in ihrem eigentlichen Gebiete wollte Melanchthon damit nicht
antasten: ihre Aufgaben gehen auf die iustitia spiritualis. Die Aufgaben des Staates für sie beziehen sich auf den äußeren rechtlichen
Bestand der Kirche. Freilich liegt, wenn dem Staate einmal so viel
zugestanden und zugemutet wird, die Gefahr nahe, daß er sein Gebiet
überschreitet.[2] Die Möglichkeit, Melanchthon mit Aristoteles und Plato
zu vergleichen, hört in dem vorliegenden Punkte fast völlig auf.

2. Die Einsetzung und göttliche Sanktion der politischen (und kirchlichen) Gewalt.[3]

In dieser Frage kommt Melanchthon in gewisse Verlegenheit.
Zwar für den Dienst am Evangelium trägt er kein Bedenken, die Begründung allein in der Schrift, speziell im Neuen Testament zu suchen,
cf. de institutione et approbatione XVI, 244 f. (Dieser Abschnitt
handelt nur über das evangelicum ministerium.) Aber unsicher wird
er de expressa politicae potestatis institutione XVI, 245—247.
Über die Sache selbst konnte er sich nicht unklar sein. Es war der
Reformation von Anfang an eigen, den Staat möglichst hochzustellen
als göttliche Ordnung. Es geschah dies im Gegensatz zu der Theorie
des Papsttums, die die weltliche Gewalt von der geistlichen abhängig
machte, und im Gegensatz zu den revolutionären Bestrebungen des
Anabaptismus im Zeitalter der Reformation.

Wir wissen, wie diese Bestrebungen Melanchthon stets tief zuwider
waren und wie sie doch ihm gerade immer besonders nahe traten.
Wir wissen nicht minder, wie er fast von seinem ersten öffentlichen
Auftreten an ihnen entgegentrat und wie er energisch das göttliche Recht
des Staates verfocht. Aber wenn Herrlinger p. 306—309 nur das
nachzuweisen sucht, daß für Melanchthon die Berechtigung des Staates
nur um der Vernunftnotwendigkeit des Staates willen feststand, so ist
das viel zu wenig. Dann wäre Melanchthon über die Antike nicht

---

[1] cf. 3. Grund p. 87 f., 4. Grund 88 f. nach Analogie der Familie,
7. Grund 91—93 ex iure naturali und die Widerlegung des 1. Einwandes
95 f., cf. XVI, 570. — [2] Zu vergleichen ist Herrlinger p. 302—305: „Verhältnis von Kirche und Staat," mit vielen Citaten besonders aus Melanchthons
Briefen. — [3] Herrlinger: der Staat in seiner Totalität p. 306 ff. — Göttlicher Ursprung des Staates p. 306—309.

hinausgegangen. Aber gerade in der religiösen Begründung des Bestandes und der Autorität des Staates unterscheidet er sich von Aristoteles sowohl wie von Plato grundsätzlich.[1] Und Herrlinger übersicht die Schwierigkeit, die Melanchthon selbst in der Frage fand und in der Überschrift XVI, 245 mit dem Worte expressa andeutet. Ihm kam es darauf an, die „ausdrückliche" Einsetzung des Staates als göttlicher Ordnung darzuthun. — Er spitzt nun die Frage XVI, 245—247 dahin zu, daß er die Berechtigung für die Todesstrafe als den nervus potestatis politicae praecipuus et summus nachzuweisen sucht. Er findet sie zunächst im sittlichen Bewußtsein, in der Vernunft 245: ratio, legem natura intelligens, videt aequalitatem esse, cum vita eripitur homicidae.[2] Die Vernunft, das sittliche Bewußtsein, ist ein Ausfluß der Weisheit Gottes. Die sittlichen Ideen, die im Staat sich wirksam zeigen, weisen auf einen ewigen Geist hin, aus dem sie stammen. Der Bestand des Staates selbst ist ein Beweis für Gottes Dasein. Aber Melanchthon findet das nicht ausreichend. Er fährt p. 215 fort: tamen homo modestus non auderet, interficere hominem etiam sontem, si non sciret se cogi mandato divino. Um ein ausdrückliches mandatum divinum ist es ihm also zu thun. Von neuem opponiert er gegen die, welche ein solches für überflüssig halten, p. 246 f., nachdem er schon den Schriftbeweis gebracht: multi frigidius locuti sunt qui dixerunt politicam potestatem ideo valere quia intellectus legis et ordinis in homine sit opus Dei. Hoc etsi verum est, tamen u. s. w. Dem entsprechend wird in der Epitome XVI, 115 f. als Beweis für den Satz „Deum vere esse auctorem imperiorum" das Doppelte hingestellt: et quia rationi naturali monstravit legem de ordine politico et impulit heroicas mentes ad constituenda imperia.

Es mag nun auffallen, daß Melanchthon den Schriftbeweis für die göttliche Einsetzung und Stiftung des Staates fast ausschließlich dem Alten Testament entnimmt: Gen. 9, 6 (nach dem hebräischen Grundtext), Exod. 22, 28. Deuteron. 19, 19 f. Daniel 2, 44. 4, 14. 5, 21. Prov. 8, 15. 16, 11.: aus dem Neuen Testament wird nur Röm. 13, 5 citiert. Ein Vergleich mit Epitome XVI, 115 f. lehrt es, daß er ausschließlich auf die Eine Stelle Gen. 9, 6 alles Gewicht legte. Sie redete ihm eben ganz ausdrücklich von dem bestimmten, einstigen Akt Gottes, durch welchen er das Recht der Todesstrafe und damit aller politischen Gewalt ein- und festsetzte. Mit der aus dem Alten Testament genommenen Begründung glaubte er wohl außerdem nicht aus der Sphäre des „Philosophischen" herausgetreten zu sein. Das göttliche Recht des Staates war ihm damit jedenfalls unerschütterlich bewiesen.

---

[1] Zeller, Phil. der Gr. II, 1. p. 757 ff. II, 2. p. 672 ff. — [2] Herrlinger p. 308. 306 f.

3. Die Autorität der politischen (und kirchlichen) Gewalt
unter den Menschen.

Sie ergiebt sich aus den Aufgaben und der Einsetzung der beiden
Gewalten. Klar führt auf diese Frage der in den Elementa folgende
Abschnitt XVI, 247 f.: De discrimine edictorum civilium et traditionum quae conditae sunt humana auctoritate in Ecclesia. Die
Frage wird auch in der Epitome behandelt: doch ist der Stoff hier
in verschiedene Artikel verstreut. Das Resultat in den Elementa ist
kurz das, daß den Gesetzen der politischen Gewalt, da diese kein la-
trocinium, sondern conservatio ordinis divini ist, mögen jene Gesetze
unmittelbar von Gott (im Detalog) oder nach einem vernünftigen Grund
gegeben sein, von seiten des Menschen Gehorsam gebühre und daß die
Verletzung beider Arten Sünde sei. Es werden durch diese Gesetze
die „Gewissen verpflichtet" (cf. Röm. 13, 5), während der kirchlichen
Gewalt Melanchthon das Recht abspricht, mit eigenen, d. h. eigenmächtig
aufgestellten Satzungen die Gewissen zu belasten. Daß dies letztere
hinzugefügt wird im Gegensatz zur römischen Kirche, ist klar; cf. XVI,
111—114: An leges civiles h. e. edicta magistratuum civilium
violare sit peccatum mortale?

Es ist die Epitome, die zu dem Gesagten in manchem die Ergänzung bietet. Dies besonders in dem citierten Abschnitte p. 109—
116: An leges civiles violare sit peccatum mortale? Diese Frage
wird bejaht. Und von dem ernsten Satze aus, daß die Verletzung der
bürgerlichen Gesetze Todsünde sei, wird nun die rechte Innerlichkeit in
der Gesetzeserfüllung gefordert: nach Röm. 13, 5 wird Gehorsam gegen
die Gesetze verlangt nicht nur propter iram, sondern auch propter
conscientiam. Die Ehrfurcht (reverentia) gegen die Gesetze sei ἠθικὸν,
virtus ἠθική. Die Notwendigkeit solcher Ehrfurcht wird mit dem
Hinweis auf die bedenklichen Folgen des Ungehorsams gegen die Gesetze
begründet; XVI, 114: in legibus civilibus semper valet ratio cari-
tatis et scandali. Das böse Beispiel wirkt verderblich und ansteckend,
und der Ungehorsam stört die allgemeine Ruhe: non dubium est, quin
multi tristes casus sint poenae huius barbaricae libertatis quam
sibi multi sumunt, XVI, 110. — Allen diesen Sätzen liegt die Voraussetzung zu Grunde, daß der einzelne immer den Gesetzen zu gehorchen hat, die gerade in dem Staate gelten, dem er angehört. Für
eine bestimmte Staatsverfassung als etwa die beste entscheidet sich Melanchthon nicht. Er denkt hier eben nicht aristotelisch und nicht pla-
tonisch, sondern christlich.[1] Aber die Autorität der jeweiligen Gesetze
und der jeweiligen obrigkeitlichen Gewalt steht ihm fest. Wir betonen
dies im Gegensatz zu dem Satze Hagens, mit dem er p. 181 seine
Abhandlung über Melanchthon als Politiker gleichsam abschließt: „Von
einem unbedingten Gehorsam gegen die deutschen Fürsten, den er früher

---

[1] Herrlinger p. 338 ff.

gepredigt, gelangte er zu der tiefsten Verachtung derselben, zu der Bevorzugung desselben demokratischen Elementes, welches er ehedem bekämpft." Mit den Fürsten seiner Zeit gerade mochte Melanchthon ja in manchem nicht zufrieden sein. Aber er selbst spricht den Grundsatz aus: Functio ipsa et mandatum Dei coli debet, etiamsi quid in privatis moribus vitii est, XXI, 549. cf. 987. Er wußte zu unterscheiden zwischen der obrigkeitlichen Gewalt als solcher und ihrem Träger. Hagen fährt p. 181 fort, daß diese Änderung von Melanchthons politischer Gesinnung keinen Einfluß auf die Zeit und die Begebenheiten hatte, daß er sich nicht getraute, seine Gesinnung offen auszusprechen, daß er sie nur in den Busen seiner vertrauten Freunde niederlegte. Indessen seine „Gesinnung" und Überzeugung war eben eine ganz andere. Seine ethische Grundanschauung kann nicht aus persönlichen, privaten Äußerungen in seinen Briefen allein festgestellt werden. — Freilich, auch Melanchthon kennt eine Schranke des Gehorsams gegen die Gesetze. Dann tritt sie ein, wenn die bürgerlichen Gesetze in Widerspruch stehen zu den Geboten Gottes 110 f. Aber auch dann darf man sich gegen die bürgerlichen Gesetze nicht auflehnen in leichtsinniger Vermessenheit (petulantia). Nur passiver Widerstand wird also erlaubt.[1]

Die Frage nach dem Widerstand gegen die Obrigkeit, welche Melanchthon bei der Zartheit seines Gemütes besonders anlag, hat er schon in einem früheren Abschnitt der Epitome behandelt, XVI, 105 f.: Liceatne privatis interficere tyrannos? Ein Zeugnis für seinen zarten Geist ist es, wie bedenklich und schwankend er in dieser Frage steht. Er unterscheidet, ob Obrigkeiten oder Privatleute gegen einen Tyrannen auftreten, ob dessen Schuld erwiesen ist oder nicht, ob er im Amt ist oder nicht, und ob er gegen seine eigenen Gesetze handelt oder nicht, ob man auf christlichen oder nicht-christlichen Standpunkt sich stellt. Falsch ist jedenfalls die Behauptung Herrlingers p. 339: „Melanchthon verwirft entschieden den Tyrannenmord, da der Unterthan nicht bloß durch einen auf Privatübereinkunft beruhenden Vertrag, sondern durch Gottes Gebot der Obrigkeit unterworfen sei." Wenn Herrlinger sich hierfür auf XVI, 440 beruft, so übersieht er, daß Melanchthon hier ganz ausdrücklich den christlichen Standpunkt darstellt: de hac quaestione facilis est responsio Christianis. Melanchthon schließt, nachdem er daran, daß das Evangelium alle private Rache untersage, und an das Wort Christi Matth. 26, 52 erinnert hat: hoc sequi tutissimum est Christiano. Aber schon in dem Superlativ tutissimum liegt das Zugeständnis, daß andere in dieser Frage anders stehen mögen und dürfen. Und so bleibt für den Standpunkt der philosophischen Ethik die Frage so entschieden, wie sie XVI, 105. 106 entschieden wird. Den Tyrannen, der als Privatmann die Gewalt usurpiert hat, dürfen patriotische Männer in Verbindung mit der legitimen

---

[1] XX, 649 ff. XVI, 449. XXI, 323 f. 543. Herrlinger 339 f.

Gewalt töten. Ist aber der Tyrann schon im Besitze der Gewalt, so ist jene Abwehr nur gestattet, wenn sie Notwehr (defensio) ist, d. h. die iniuria des Tyrannen muß atrox und notoria sein: erinnert wird an die Ermordung Geßlers durch Tell. Ist endlich die iniuria des Tyrannen nicht notoria, so muß sie ruhig getragen werden. Und das um der Autorität willen! Melanchthon erläutert das an Beispielen aus der Geschichte und erklärt das als die Lehre der Rechtsgelehrten und die Meinung der Dichter. Er giebt damit eine Entscheidung, die er nicht seit kurzem erst gewonnen hatte. Wie oft hatte er den ihn befragenden Fürsten den offenen, aggressiven Krieg wider den Kaiser widerraten!

Jene Frage für den Fall einer atrox iniuria ac notoria führt er noch weiter in dem Abschnitt XVI, 106—108: Iurene Constantinus bellum affini et collegae confoederato Licinio intulit exercenti saevitiam in Christianos? Die Bedrängnis der Unterthanen, so lautet die Antwort, hebt einen Fürsten hinweg über die Schranken der Blutsverwandtschaft und des Vertrags: Bündnisse können nicht verpflichten gegen das Naturrecht. Die zeitgeschichtliche Bedeutung dieser Frage erkennt man wiederum ohne weiteres. Die Konsequenz in Melanchthons Ausführungen wird man ebenso anerkennen.

Melanchthon streift sodann nur noch XVI, 107 f., was hierher noch alles für Fragen gehören. Er zählt die einzelnen Gebiete nur auf: de officio potestatis, de iure belli, de iure foederum. Welch eine Fülle ethischen Materials bietet sich damit wieder dar! Wir bewundern Melanchthon, der eine so geschlossene und vollständige Ethik wenigstens fertig in seinem Geiste trug.

In einer andern Frage noch schwankt Melanchthon darüber, an welcher Stelle er sie behandeln soll — in der Frage der praescriptio, der Verjährung. In der Epitome folgt XVI, 108 f.: Utrum praescriptio excuset conscientiam? Die Elementa haben diesen Abschnitt an der entsprechenden Stelle nicht. Dafür aber finden sich an ihrem Schlusse 2 Abschnitte XVI, 272 f.: Utrum praescriptione acquiratur dominium et an coram Deo iuste teneantur res quarum domini sumus praescriptione und p. 273—276: de metis praescriptionis, aber nur ganz lose angehängt. In der That, da es sich um Dinge, um den Erwerb und Besitz von Gütern handelt, sollte man meinen, diese Frage müsse von Melanchthon in das Gebiet der institia commutativa verwiesen werden. Aber in der Epitome behandelt Melanchthon die Frage von einer andern Seite aus, im Zusammenhang mit der Hauptfrage nach der Autorität des bürgerlichen Gesetzes bei den Menschen: wie weit und auf wie lange eine Entscheidung der bürgerlichen Gesetze die Gewissen bindet und wann eine neue Entscheidung der Gesetze, wie die der praescriptio, die Gewissen von Bedenken befreit, die in die Vergangenheit zurückreichen. Melanchthon entscheidet: die praescriptio entschuldigt das Gewissen, auch sie ist ja ein Gesetz und damit göttlicher Ordnung. Das ist allerdings mehr ein Zirkelbeweis, mit wenig beweisender Kraft. Aber die Frage ist nicht von besonderer Bedeutung, ziemlich singulär und fast ausschließlich eingegeben von zeitgeschichtlichem Interesse. Jener Zusammenhang, wie er hier klar gelegt worden ist, muß übrigens mehr erraten werden, als daß der Abschnitt ihn klar ausspricht.

2. Das Gebiet der iustitia commutativa: die Kontrakte.

In den Elementa folgt auf die Erörterungen über politische und kirchliche Gewalt ohne alle Verknüpfung XVI, 248 der Abschnitt: Iustene mandavit Nehemias, ut Iudaeis reddant usuras centesimas? An der entsprechenden Stelle der Epitome findet sich der Abschnitt XVI, 128: An foenus exercere pugnet cum iure naturae. Aber über dieser Überschrift steht die andere, welche weiter ist: De contractibus. Über Kontrakte und Zinsen u. s. w. handeln in der That die nun folgenden Abschnitte.

Der Zusammenhang mit dem Vorhergehenden ist klar. Auch Strigel hat ihn erkannt; De contractibus p. 781 ff.: Ut iustitia distributiva ordinat personas et suum cuique locum assignat (das Gebiet der politischen und kirchlichen Gewalt): ita iustitia commutativa est gubernatrix contractuum. Quare, so fährt er p. 782 fort, nemo existimet nos peregrina dicere aut aliena a proposito, sed hoc potius persuasum sit omnibus: nihil posse in Ethicis proponi utilius, nihil eruditius quam doctrinam dulcissimam de contractibus. Schon daß Strigel diese Rechtfertigung überhaupt für nötig hält, beweist, daß er doch wohl selbst bedenklich war gegen die Aufnahme dieses Stoffes in die Ethik, wenigstens in der Ausführlichkeit, in der Melanchthon ihn bringt. Er bekennt dies dann auch offen, wenn er fortfährt: Etsi autem haec consideratio videtur esse propria Iurisconsultorum: tamen bonum est, inventutem in scholis philosophorum praeparari ad disputationes uberiores et subtiliores artificum. Loquemur ergo more scholastico et philosophico de contractibus nec persequemur omnia quae ad hanc materiam amplissimam pertinent, et de ea utiliter dici et solent et possunt, sed continebimus nos intra metas methodi dialecticae et summa rerum explicata redibimus ad libellum et in eo pagellas optimas percurremus more usitato, cf. p. 783. Wir haben ebenso das Recht, Melanchthons Lehre von den Kontrakten nur kurz darzustellen. Der Stoff fällt wenigstens in seinem Detail der Jurisprudenz zu. Er war ein Erbe, das Melanchthon von der Scholastik überkam, wenngleich Aristoteles mit dem 8. Kap. des 5. Buches der Nikomachischen Ethik der Anlaß war, daß Melanchthon diesen Stoff aufnahm. Wir müssen es beklagen, daß er das Gebiet der iustitia commutativa, das er noch mit anderem Inhalt hätte füllen können, ohne weiteres identifiziert mit dem Gebiet der

Kontrakte. Er selbst schien schwankend, so oft und so ausführlich er diesen Stoff auch bringt, ob und wie weit er ihn in die Ethik auf nehmen soll. Die Dissertation de contractibus erschien zuerst als Anhängsel an die Ausgabe der Epitome von 1546, C. R. Proleg. 19 f. 13 f., cf. den Separatabdruck de contractibus C. R. XVI, 495—508.

Strigel giebt p. 782 eine Disposition des Stoffes, 1) Begriff des Kontraktes, 2) Einteilung der Kontrakte, 3) Ursachen der Kontrakte, 4) Unterschied der Kontrakte, 5) de accidentibus contractuum, quorum alterum est honestum, alterum turpe (Zinsen und Wucher). Diese Disposition ist willkürlich. Bei Melanchthon findet sie sich nicht, wie es überhaupt nicht gelingen will, eine solche hier zu finden.

Melanchthons Lehre von den Kontrakten ist zu verstehen im Zusammenhange seiner nationalökonomischen Ansichten überhaupt.[1]

Der oberste Grundsatz, von dem Melanchthon in der Lehre von der institia commutativa ausgeht, ist der vom Recht und von der Notwendigkeit der Arbeit in der bürgerlichen Gesellschaft. Er verdankt ihn der Reformation. Diese hat der Arbeit erst wieder ihre Ehrenstelle errungen und gebrochen mit der alten Mönchsmoral. Melanchthon empfiehlt sie energisch auch in den Elementa und der Epitome dadurch, daß er sie als selbstverständlich voraussetzt. Er würde sonst die ganze Zinsfrage nicht erst diskutabel finden.

Von hier aus erklärt sich seine Stellung zu dem, was durch die Arbeit erreicht wird, — zu den äußeren Gütern des Lebens. Diese Frage ist schon damit erledigt, daß jene Güter als Nebenmotive für unser Handeln mit gelten. Sie sind ja auch von Gott geschaffen. Praktische Bedeutung hatte für Melanchthon die Frage in seinem Gegensatz und Kampf gegen die „Besitzlosigkeit" der Mönche und ihre daraus abgeleitete vermeintliche Heiligkeit und gegen die Gütergemeinschaft der Wiedertäufer.

Nachdem Melanchthon so das Recht des Besitzes gesichert hat, geht er weiter über auf die Arten seines Erwerbes. Er ist hier ein Kind seiner Zeit und seines Volkes. Seine Zeit konnte sich noch mit den einstigen Aufstellungen der Antike begnügen. Melanchthon hält sich an Aristoteles, zu Pol. I, 3, C. R. XVI, 427: naturalis ratio comparandae rei familiaris has habet species: pecuariam, agriculturam, venationem, mercaturam. XVI, 557 nennt er noch legitimae hereditates. Eine Beschränkung bringt er nur zum Handel:

---

[1] Darüber handeln H. Wiskemann, Darstellung der in Deutschland zur Zeit der Reformation herrschenden nationalökonomischen Ansichten, gekrönte Preisschrift, Leipzig 1861, p. 64—68, Herrlinger p 329—331 (die bürgerliche Gesellschaft) und Erhardt, die nationalökonomischen Ansichten der Reformatoren, Stud. u. Krit. 1881, I, p. 118—129. Sie haben die Sache richtig behandelt, so daß wir ihnen folgen können. Nur wollen wir nicht ohne Not aus dem Rahmen der Elementa (Epitome) heraustreten.

der sei nur berechtigt, soweit er auf dem unmittelbaren Bedürfnis ruhe und eine permutatio aequalium, ein „Tausch gleicher Werte" sei. Mit Recht weist Erhardt p. 124 darauf hin, daß dieser Satz eigentlich „allen Handel und Verkehr aufhebe." Doch läßt der gesunde Sinn Melanchthons auch Ausnahmen von dieser Regel zu. Indessen — bei dem Satz bleibt er: bezweckt der Handel nur Gewinn, so ist er calliditas odiosa XVI, 428.

Damit ist ihm auch schon die Frage nach der Stellung und Verwendung des Geldes in der bürgerlichen Gesellschaft beantwortet. Der Satz, von dem er ausgeht, heißt: das Geld ist nicht res fructificans. Von hier aus verwirft er das „Zinsnehmen" und billigt den „Zinskauf." Und das ist wohl der innere Grund, warum er die Lehre vom Zinskauf als von etwas ethisch Zulässigem so ausführlich aufnimmt in den Zusammenhang der Ethik (de contractibus XVI, 248 ff. 128 ff.).

Das Zinsnehmen wird verworfen mit philosophischen, bez. ökonomischen Gründen und mit Gründen aus der Antike und aus der Schrift: Aristoteles verwerfe es, XVI, 427, die Schrift ebenso XVI, 129, 249, es habe große offenbare Schäden im Gefolge, sauge das Volk aus (dies wird sehr oft geltend gemacht!), begünstige die Verschwendungssucht der Fürsten VIII, 645 und sei und bleibe im letzten Grunde unnatürlich, weil das Geld doch etwas Totes sei und nicht produzieren könne. Ebenso wenig wird nach Melanchthon das Zinsnehmen dadurch gerechtfertigt, daß es thatsächlich vom Staat geduldet wird. Auch der Staat erkenne es als Übel, lasse es aber zu, um größeren Übeln zu entgehen XVI, 141.

Den Zinskauf nennt Herrlinger p. 331 eine „Umgehung des alttestamentlichen Buchstabens" und bezichtigt Melanchthon, der ihn billigt, der Inkonsequenz in seinen Anschauungen. In der That unterscheidet sich der Zinskauf, wenigstens in den Formen, die Melanchthon zuläßt, wenig von dem Zinsnehmen. 3 Formen kennt er. Entweder werden ein gewisses Grundstück unter der Bedingung des Rückkaufes oder gewisse Einkünfte auf ein gewisses Grundstück gekauft (XVI, 130 ff., Proleg. in Offic. Cic. XVI, 582 ff.). Oder endlich — das ist die 3. Form — alle Güter des Schuldners haften für die Abgaben XVI, 134 ff.[1]

Damit stimmt es weiter, wenn Melanchthon die Frage: an ratione eius quod interest, peti aliquid possit in mutuo supra sortem? (C. R. XVI, 137—139, gestützt auf die Bestimmungen des römischen Rechtes und der Dekretalen, sowie ihrer Erklärer Baldus, Nicolaus Siculus und Hostiensis, für den Fall des damnum emergens oder

---

[1] cf. die 4 Gründe, mit denen Melanchthon die „3. Form" verteidigt, bei Wiskemann a. a. O.

lucrum cessans bejaht, und wenn er den „Gesellschaftsvertrag, wonach
der eine das Kapital hergiebt und der andere die Unternehmung leitet
und einen Teil des Gewinnes abgiebt," billigt C. R. XVI, 141 f.
Wiskemann weist noch darauf hin, wie Melanchthon mit diesen seinen
Ansichten in der Mitte zwischen Luther und Calvin steht und wie er
damit der modernen Nationalökonomie vorgearbeitet hat. Wir aber
bewundern seinen freien Blick und seinen edlen, milden Geist, der auch
hier sich zeigt, wenn wir nur auf die allgemeine Bedeutung jener
Fragen sehen. Weiter auf diesen Stoff einzugehen lohnt sich nicht.

⁕⁕⁕⁕

Schlußwort.

Wir fassen die Resultate unserer Untersuchungen kurz zusammen.

Melanchthon hat das Problem über das Verhältnis von theo=
logischer und philosophischer Ethik wenigstens so weit gelöst, daß der
letzte Schritt zur vollen Trennung der beiden Gebiete leicht zu thun
ist, und darnach hat er die philosophische Ethik auch wirklich behandelt.
Es giebt bei ihm eine philosophische Ethik. Als Wissenschaft hat er
sie eigens behandelt in seinen Ethicae Doctrinae Elementa, die eine
weitere Durchführung und Vervollkommnung der früher erschienenen
Philosophiae Moralis Epitome sind. Diese Schrift, die Elementa,
ist darum bei der Darstellung seiner Ethik in die Mitte aller seiner
Schriften und Abhandlungen mit ethischem und philosophischem Inhalt
zu stellen. Die in den Elementa gegebene Ethik ist das Resultat einer
ganzen Lebensarbeit und das Spiegelbild des reichbewegten Lebens Me=
lanchthons selber und seiner ganzen großen Zeit. Sie nimmt ihren Inhalt
zunächst aus der Antike (Arist. Nikom. Eth.!): aber er wird von Melanch=
thon, der in seinen ethischen Grundanschauungen mehr noch von Plato
als von Aristoteles angeregt ist, dargeboten in schöner, edler Sprache, be=
freit von scholastischem Wuste, mehr noch, umgeschaffen zu einem neuen
Ganzen. Melanchthon steht seinen Vorbildern und Quellen selbständig
gegenüber, nur bisweilen durch ihre Autorität eingeengt: er vertieft
die ethischen Anschauungen der Antike und biegt sie in seinem Sinn
für seine Zwecke um. Und in seinen Elementa — dadurch werden
sie ganz besonders wertvoll — liefert er den Beweis, daß er auch in
der Ethik Systematiker ist. Die Ethik ist als Wissenschaft bei ihm
fest eingefügt in das System der Wissenschaften, die Krone derselben.
Sie baut sich auf Dialektik, Physik und Psychologie auf. Ihre tragenden
Grundgedanken sind: sittliches Wissen und sittliches Wollen sind die

Faktoren des sittlichen Handelns, der Tugend, und die Tugend in ihrer Bethätigung ist „Gerechtigkeit." Man mag sagen, daß diese Anlage nicht allzutief und nicht großartig ist. Aber sie ist klar und gesund. Und Melanchthon baut das aufgestellte Gerüste mit bewußter Klarheit und Ordnung und einer Konsequenz aus, die wir bewundern im Blicke auf seine Zeit und die Zeit vor ihm, die ihm hierin kein Vorbild gelassen. Wenn Melanchthon diesen Bau nicht ausdrücklich als „System" ankündigt, so begreifen wir das aus seiner Zeit und aus seinem be sonderen Geist, dem es schließlich nur natürlich war, die Wissenschaft der Ethik nicht anders als systematisch darzustellen. Als System hätte seine Ethik dennoch von der nachfolgenden Zeit erkannt werden können. Wohl ist Melanchthon in der Ethik nicht ohne Nachfolger und Schüler geblieben. In der lutherischen Kirche waren es[1] Paul von Eißen, Chyträus, Strigel, Pezel, Henning, in der reformierten Kirche[2] sämt liche Ethiker von Danäus bis Amyrauld. Melanchthon hatte das Un= glück, gleich von seinen ersten Kommentatoren nicht verstanden zu werden. An Strigel ist es von uns nachgewiesen worden, daß er die Ethik Melanchthons nicht verstanden, sondern fast nur breit getreten hat: von einem Pezel sei ganz geschwiegen. Der letzte und bedeutendste Biograph Melanchthons, C. Schmidt (Elberfeld 1861) nennt in ganz unzutreffender Weise die Elementa einen „merkwürdigen Versuch einer theologischen Moral," „in denen Melanchthon keine rechte systematische Ordnung befolge und nach Art der Scholastiker allerlei kasuistische Fragen einmische" (p. 689). Und der am letzten und am ausführ= lichsten mit Melanchthons „Theologie" sich befaßt hat, Herrlinger, giebt sein letztes Urteil über Melanchthons Ethik in Herzogs Realencyklopädie, 2. Aufl., Leipzig 1881, Band IX, p. 513 dahin ab, daß er in ganz dürftiger und falscher Weise von den Elementa nur zu sagen weiß: die Behandlung bleibe auch in ihnen eine ziemlich schematische. Und auch Hartfelder, dessen ausführliches Werk über Melanchthon als den Praeceptor Germaniae eben noch erschien, als die vorliegende Abhand= lung dem Druck übergeben werden sollte, wagt, indem er Worte Lut hardts zu den seinigen macht, nur ein ganz allgemeines und darum ungenügendes Urteil über Melanchthon den Ethiker abzugeben.

In Wahrheit gebührt diesem in der Geschichte der Ethik ein Ehrenplatz.

---

[1] cf. Schwarz, Stud. u. Krit. 1853, Heft I. — [2] cf. Schweizer, Stud. u. Krit. 1850, Heft I.

VITA.

— ·

Ich, Franz Heinrich Költzsch, wurde geboren am 13. Septbr. 1861 in Plauen i. V. als erstes Kind und einziger Sohn des Leinwandhändlers Gustav Adolf Költzsch. Gott hat mir meine Eltern bis jetzt gesund und rüstig erhalten. Ich bin evangelisch-lutherischer Konfession. In meiner Vaterstadt besuchte ich von Ostern 1867 bis Ostern 1872 die Bürgerschule, von da ab bis Ostern 1881 das Gymnasium. Von Ostern 1881 an studierte ich in Leipzig Theologie und bestand daselbst Sommer 1884 das Examen pro candidatura et licentia contionandi. Michaelis 1884 trat ich als Mitglied in das Predigerkollegium zu St. Pauli in Leipzig ein, setzte gleichzeitig meine Studien fort, beschäftigte mich besonders noch mit Philosophie und erteilte außerdem bis Ostern 1885 zur Aushülfe für die vakante 3. Religionslehrerstelle am Königlichen Gymnasium zu Leipzig Religionsunterricht. Michaelis 1885 verließ ich das Predigerkollegium, um am Gymnasium zu Zwickau die Stelle des 1. provisorischen Oberlehrers und 3. Religionslehrers zu übernehmen. Im Herbst 1886 bestand ich in Dresden die theologische Wahlfähigkeits-Prüfung und wurde am 1. Februar 1887 zum Diakonus an der Domkirche zu Freiberg gewählt. In dieser Stellung, in die ich Sonntag Judica 1887 eingewiesen wurde, befinde ich mich jetzt noch.